U0606377

21

世纪文学之星

丛书 2021年卷

中短篇小说集

游荡者

马 亿⊙著

作家出版社

顾 问

王 蒙　王巨才　袁 鹰　谢永旺

编审委员会

主 任　徐贵祥

副主任　何建明

委 员　（按姓氏笔画排序）

叶 梅　叶延滨　李一鸣　何向阳

吴义勤　邱华栋　施战军　阎晶明

梁鸿鹰　彭学明　鲍 坚

出版委员会

主 任　路英勇

副主任　鲍 坚　张亚丽

委 员　（按姓氏笔画排序）

李亚梓　赵 蓉

作者简介：

马亿，生于 1992 年，湖北浠水人，湖北省作家协会第十三届签约作家，2020 年入读北京师范大学与鲁迅文学院联办研究生班。有小说发表于《作家》《天涯》《广州文艺》《雨花》等杂志，获第四届"紫金·人民文学之星"短篇小说佳作奖。

目
录

总　序

袁　鹰

中国现代文学发轫于本世纪初叶，同我们多灾多难的民族共命运，在内忧外患，雷电风霜，刀兵血火中写下完全不同于过去的崭新篇章。现代文学继承了具有五千年文明的民族悠长丰厚的文学遗产，顺乎20世纪的历史潮流和时代需要，以全新的生命，全新的内涵和全新的文体（无论是小说、散文、诗歌、剧本以至评论）建立起全新的文学。将近一百年来，经由几代作家挥洒心血，胼手胝足，前赴后继，披荆斩棘，以艰难的实践辛勤浇灌、耕耘、开拓、奉献，文学的万里苍穹中繁星熠熠，云蒸霞蔚，名家辈出，佳作如潮，构成前所未有的世纪辉煌，并且跻身于世界文学之林。80年代以来，以改革开放为主要标志的历史新时期，推动文学又一次春潮汹涌，骏马奔腾。一大批中青年作家以自己色彩斑斓的新作，为20世纪的中国文学画廊最后增添了浓笔重彩的画卷。当此即将告别本世纪跨入新世纪之时，回首百年，不免五味杂陈，万感交集，却也从内心涌起一阵阵欣喜和自豪。我们的文学事业在历经风雨坎坷之后，终于进入呈露无限生机、无穷希望的天地，尽管它的前途未必全是铺满鲜花的康庄大道。

绿茵茵的新苗破土而出，带着满身朝露的新人崭露头角，自然是我们希冀而且高兴的景象。然而，我们也看到，由于种种未曾预料而且主要并非来自作者本身的因由，还有为数不少的年轻作者不一定都有顺利地脱颖而出的机缘。其中一个重要的原因，乃是为出书艰难所阻滞。出版渠道不顺，文化市场不善，使他们失去许多机遇。尽管他们发表过引人注目的作品，有的还获了奖，显示了自己的文学才能和创作潜力，却仍然无缘出第一本书。也许这是市场经济发展和体制转换期中不可避免的暂时缺陷，却也不能不对文学事业的健康发展产生一定程度的消极影响，因而也不能不使许多关怀文学的有志之士为之扼腕叹息，焦虑不安。固然，出第一本书时间的迟早，对一位青年作家的成长不会也不应该成为关键的或决定性的一步，大器晚成的现象也屡见不鲜，但是我们为什么不在力所能及的范围内尽力及早地跨过这一步呢？

于是，遂有这套"21 世纪文学之星丛书"的设想和举措。

中华文学基金会有志于发展文学事业、为青年作者服务，已有多时。如今幸有热心人士赞助，得以圆了这个梦。瞻望 21 世纪，漫漫长途，上下求索，路还得一步一步地走。"21 世纪文学之星丛书"，也许可以看作是文学上的"希望工程"。但它与教育方面的"希望工程"有所不同，它不是扶贫济困，也并非照顾"老少边穷"地区，而是着眼于为取得优异成绩的青年文学作者搭桥铺路，有助于他们顺利前行，在未来的岁月中写出更多的好作品，我们想起本世纪 20 年代和 30 年代期间，鲁迅先生先后编印《未名丛刊》和"奴隶丛书"，扶携一些青年小说家和翻译家登上文坛；巴金先生主持的《文学丛刊》，更是不间断地连续出了一百余本，其中相当一部分是当时青年作家的处女作，而他们在其后数十年中都成为文学大军中的中坚人物；茅盾、叶圣陶等先生，都曾为青年作者的出现和成长花费心血，不遗余力。前辈们关怀培育文坛新人为促进现代文学的繁荣所作出的业绩，是永远不能抹煞的。当年得到过他们雨露恩泽的后辈作家，直到鬓发苍苍，还深深铭记着难忘的隆情厚谊。六十年后，我们今天依然以他们为光辉的楷模，努力遵循他们的脚印往前走去。

开始为丛书定名的时候，我们再三斟酌过。我们明确地认识到这项文学事业的"希望工程"是属于未来世纪的。它也许还显稚嫩，却是前程无限。但是不是称之为"文学之星"，且是"21世纪文学之星"？不免有些踌躇。近些年来，明星太多太滥，影星、歌星、舞星、球星、棋星……无一不可称星。星光闪烁，五彩缤纷，变幻莫测，目不暇接。星空中自然不乏真星，任凭风翻云卷，光芒依旧；但也有为时不久，便黯然失色，一闪即逝，或许原本就不是星，硬是被捧起来、炒出来的。在人们心目中，明星渐渐跌价，以至成为嘲讽调侃的对象。我们这项严肃认真的事业是否还要挤进繁杂的星空去占一席之地？或者，这一批青年作家，他们真能成为名副其实的星吗？

当我们陆续读完一大批由各地作协及其他方面推荐的新人作品，反复阅读、酝酿、评议、争论，最后从中慎重遴选出丛书入选作品之后，忐忑的心终于为欣喜慰藉之情所取代，油然浮起轻快愉悦之感。"他们真能成为名副其实的星吗？"能的！我们可以肯定地、并不夸张地回答：这些作者，尽管有的目前还处在走向成熟的阶段，但他们完全可以接受文学之星的称号而无愧色。他们有的来自市井，有的来自乡村，有的来自边陲山野，有的来自城市底层。他们的笔下，荡漾着多姿多彩、云谲波诡的现实浪潮，涌动着新时期芸芸众生的喜怒哀伤，也流淌着作者自己的心灵悸动、幻梦、烦恼和憧憬。他们都不曾出过书，但是他们的生活底蕴、文学才华和写作功力，可以媲美当年"奴隶丛书"的年轻小说家和《文学丛刊》的不少青年作者，更未必在当今某些已经出书成名甚至出了不止一本两本的作者以下。

　　是的，他们是文学之星。这一批青年作家，同当代不少杰出的青年作家一样，都可能成为 21 世纪文学的启明星，升起在世纪之初。启明星，也就是金星，黎明之前在东方天空出现时，人们称它为启明星，黄昏时候在西方天空出现时，人们称它为长庚星。两者都是好名字。世人对遥远的天体赋予美好的传说，寄托绮思遐想，但对现实中的星，却是完全可以预期洞见的。本丛书将一年一套地出下去，十年二十年三十年五十年之后，一批又一批、一代又一代作家如长江潮涌，奔流不息。其中出现赶上并且超过前人的文学巨星，不也是必然的吗？

　　岁月悠悠，银河灿灿。仰望星空，心绪难平！

1994 年初秋

序

马亿作品谈

彭学明

要读马亿，不是睁一只眼就能读懂的，睁两只眼，翻来覆去地读，也未必完全能读懂。马亿在他的作品里，蒙太奇式地、意识流式地、还有先锋式地，建造了一个独异的文学世界。这个独异的文学世界里，多是钢筋水泥的城市，光怪陆离的城市人。不，应该说是城市边缘人，是从他乡飞来城市打拼的候鸟。城市表情的新鲜与奇异，城市边缘人生的形形色色，让马亿的作品成了一个异数，没有人跟他相似或相近，使得他在中国文学的生态里，算是一棵独苗。拔掉他，你不会发现他的销声匿迹；有了他，你肯定一眼认出。

说他是异数，是因为他的艺术表达手法。

马亿的每一部作品，都没有按规矩出牌。比如故事、情节、人物形象、主题等，都不是大众化的套路。不是情节推动故事，故事塑造人物，人物凸显主题，而是信马由缰，横冲直撞，想停就停，想走就走。人物也好，情节也好，故事也好，主题也好，都像集束的霰弹，看似漫无目标，实则发发命中。我不知道马亿的每一部作品是否事先有构思、腹稿，是不是事先人设了一个故事走向和主题，但就我的阅读理解，马亿是精心设计了的。

这种精心就是他的叙事和叙述看起来无拘无束、没有人设，其实是山重水复、悬念重重，每一个故事都像是一个迷宫，每一个人物都像是一种魔幻。要么设了包袱，不给你答案；要么给了答案，也是最后。有如异度空间。

《游荡者》是马亿这部集子里的开篇。用这部作品开篇，我想，不只是他对这部作品的看重，也是整部集子的题眼和灵魂。"我"和张展都是一个城市的奋斗者、蜗居者，是在奋斗中漂泊的游荡者。"我"爱好写作，张展爱好摄影；"我"以文字在这个城市谋生，张展以镜头记录这个城市的人生。我们同租一室，却交往不多，知之甚少。"我"对张展的诡异行为充满了好奇，常常悄悄跟踪，直到张展失踪、警察找上门来，"我"依然对张展知之甚少。于是，"我"怀着更为强烈的好奇心，根据张展委托警察交给我的硬盘，像侦探一样开始了寻找张展之旅，探寻张展的秘密。顺着张展硬盘里照片和日记的蛛丝马迹，"我"找到了张展老家的村长、张展父亲的合伙人林老板、张展的同学陈秀娴、与张展父亲离异了的母亲。马亿给人的奇妙是，这些人他们一出场都似是而非地与张展的失踪有着某种关联，却又似是而非地与张展的失踪没有任何关联，他们都因为张展日记里片言只语的诡异描述而像一个影子、一个谜语。作品的最后，我们也没有看到张展失踪的答案。张展的诡异行为是一种悬念，张展的失踪是一种悬念，张展照片和日记留下的蛛丝马迹是一种悬念，张展最后没有答案也是一种悬念，这些看似无意实则匠心的悬念，就成了作品的艺术张力。

《遗嘱》也是一开始就弥漫着一种神秘的气息。"我"按照"老板"的旨意去一个神秘的地方，见到了一个个行色匆匆的神秘人，这些行色匆匆的神秘人都是去遗嘱办立遗嘱的。"我"在立遗嘱的过程中，遇到了也来立遗嘱的李寒。李寒是夜总会上班的夜场女，是跟她男朋友一起来立遗嘱的。当她偷听到男朋友在北京有四套房产，却让她一起租房时，十分郁闷、光火。"我"找她要烟，她给了"我"烟，并请"我"吃了饭、喝了酒，还吻了"我"。"我"建议她买一些登山设备，跟她男朋友一起登山散心。结果，她男朋友在登山过程中，绳子断了，摔死了。而登山设备，居然是李寒在一场酒局之后灌醉"我"，让"我"在笔记本上记录下了所需购买的登山设备，让"我"在登山绳上画了圈，还用小刀挑断了登山绳。这样，小刀、绳索和笔记本，都留下了"我"谋财害命的证据。原来，"我"早就是老板和李寒嫁祸的猎物，老板和李寒是一丘之貉，他们在合谋想霸占李寒男朋友的四套房子。更具戏剧效果的是，李寒的男朋友其实根本就没有四套房子。老板和李寒最终是竹篮打水一场空。而且李寒的男朋友其实也是老板所谓公司的人。而这个公司，马亿到最后也没有告诉是什么公司，老板是什么老板。留下悬念，你自己去猜。

这种悬念和神秘，几乎贯穿了马亿这部集子里的所有作品。《亲爱的爸爸妈妈》里，妈妈为什么离家出走，离家出走后到底在干些什么，马亿没有交代。《父亲的河流》里，父亲为什么每次伐木放排之后，要在寺庙里跟和尚住上十天半月，马亿没有交代。《飞地》以一种玄幻，把外星人小柯的失踪也是天一句地一句地留下一连串的悬念。

马亿艺术的神秘莫测和异度空间，不但让我们看到了马亿的艺术灵气、智慧和才华，还让我们看到马亿文学成长的未来。一个未来有广阔成长空间的作家，才会是能成大器的作家，否则容易江郎才尽。文学的气数，是靠才情支撑的。马亿有着丰沛的文学才情。

马亿的文学才情不仅是其独到的艺术设置所带来的张力，还在于其艺术指向所带来的精神含量。他的故事看似散乱和漫无目的，指向却总是意味深长，况味无穷。作品的最后，总在于无声处，有一道闪电在读者心中突然划过。

《游荡者》里，马亿之所以要零零碎碎地写那些日子的无聊，实则是写"我"跟张展精神的空虚与无望。即便是《游荡者》里散乱记叙的一些植物和日记的片言只语，看似无关作品的任何痛痒，甚至是瞎扯淡，实则是另一种精神的漫游、思绪的漫游，从另一个侧面助攻了张展和"我"在这个城市的孤独、无聊和无所皈依，昭示着张展和"我"在这个城市永远是一个陌生人。

《北方情侣》讲述的是陈才和王颖一对城市候鸟的恋爱故事，是恋爱中的鸡毛蒜皮。这对城市候鸟在生活的重压下，脾气和性格都在不知不觉地发生变化，陈才变得小气，跟合租者连一个电灯泡、一桶桶装水都斤斤计较，觉得自己吃亏。小鸟依人的王颖则动不动就无端地来一次脾气大爆发，让人不知所措。作品的最后，两人都租了婚房，开始装修和谈婚论嫁了，却依然在这个城市找不到归属。两人的对话，直戳心窝："你说北京到底是一个什么地方？""网上不是说了吗？这里现在已经成了一个不养穷人的地方。""那我们怎么办？"这简单的几句对话，像含在口里的一个刀片，一下子就划开了一个小小的口子，让人心疼。情侣有情，城市无义。

《21楼的风景》里，方念、婉华、王存几个年轻人在城市里的职场遭遇，更是让人唏嘘不已。失业和破产的方念在虚拟的网络世界里，因为都喜欢猫而认识了婉华，而婉华的男朋友王存是方念的大学同学，三脚猫引出了三角恋。职场的忙碌、职场的拼杀，让三个年轻人的人生风景支离破碎，他们只能在虚拟的网络世界里寻求慰藉，在小猫小狗的温存里找到温暖，在惺惺惺惺惺的相互安慰里释放生活的沉重和现实的压力。方念本来只是到了邻近北京的古北水镇，却编织出到香格里拉旅游的浪漫谎言，这个谎言，是城市打拼者于心不甘的最好写照。

马亿作品里的这些城市候鸟，都是生活与精神的游荡者，有看不见的伤口和抚不平的隐痛。但是，他们依然负重坚守着，忍痛前行着，他们尘埃一样的人生，是尘埃一样的风景。

与城市候鸟形成巨大反差的是那些真正的都市人。《都市人》讲述了三个人的三个故事。一个是开"无意义有限公司"的后浪，一个是离不开耳机的孙波，一个是维修电信网络的邓志勇。开无意义公司的后浪，专门做无意义的事，比如找出蟑螂身上的56个优点，比如在烂尾楼里住一年，都是后浪无意义公司的订单。孙波一天 24 小时离不开耳机，如果不戴耳机，他连汗毛都不舒服，因此，他辞职了，沉浸在耳机带给自己的世界里。当人们说他孤僻和自闭时，他说出无数理由说谁不孤僻和自闭？而邓志勇则在一个雨天关心的是一只猫，他在雨天里去找那只猫时，一个忘情地打手机的年轻人，不小心把雨伞的伞尖抵住了邓志勇的腰，邓志勇以为是谋财害命的尖刀，产生了各种幻觉，最后是一笑了之。这三个故事，三种人设和三种人生，看似诡异，却以一种黑色幽默，揭示都市人的人生百态。他们的百无聊赖，他们的无所事事，正是都市人的精神空虚所在。

无疑，马亿的文学本领是扎实的，但我想说的是，马亿所人设的叙事迷宫还是有些凌乱和粗糙，还缺乏强烈的代入感和牵引力。如果不是马亿迷和马亿的研究者，普通读者很可能会选择放弃阅读。叙事迷宫，带有一种迷人的魔幻，但如果头绪纷繁，会让读者产生是生拉硬扯的错觉，也容易一头雾水、不知所向。所以，盼望在马亿今后的创作中，能够少一些纷乱的头绪，像《父亲的河流》一样，抓住一枝一叶，往深处着墨，往细处上色。

另外，我不知道马亿是无意的还是有意的，几部毫不相干的作品中常常出现同样的场景、意象和人名。比如猫，几乎是每篇作品里都出现的一个意象，养猫，几乎是每一部作品里都有的细节。《游荡者》里"我"跟妈妈养猫、找猫、猫被东风卡车撞死，与《21楼的风景》里，方念跟妈妈养猫、找猫、猫被东风卡车撞死的情节和大篇幅的文字居然完全一致！人物身份，除了《都市人》里的邓志勇和《引力》里没有姓名的男人，都是电信网络维修工，都喜欢猫爱猫以外，在《飞地》和《遗嘱》里，那个叫陈实的人也像影子一样相继昙花一现。这就使得作品出现了严重的同质现象，也凸显了作者的生活面和视野的有限。

我想，这是马亿今后创作中应该注意的。

相信马亿会是未来文坛的一匹黑马和骏马，一骑绝尘，纵横驰骋。

游荡者

> 小说的诞生地乃是离群索居之人，这个孤独之人已不再会用模范的方式讲出他的休戚，他没有忠告，也从不提忠告。所谓写小说，就意味着在表征人类存在时把不可测度的一面推向极端。
>
> ——本雅明

第一章 失踪

那天午饭后，我和营销部门的两三个同事站在天台旁边抽烟。从五楼往远处看去，北京的这一片写字楼总让我想到很久以前在某篇小说里面写到过的那个庸俗的毫无创意的比喻，"我们坐在办公楼里，就像鸟儿坐在树杈上。"有时候吃午饭的时候，我故意在楼下磨蹭，等这几个同事先站上天台，我以旁观者的角度去观察那几个单薄的身影，他们靠在天台的围墙旁边，像是几个准备抽完手里的那根烟就跳楼的人，在我的想象中，他们抽烟时的情绪比我加入他们跟他们站在一起的时候要高涨很多。或者说，难道正是因为他们是在讨论当时没有参与进去的我，所以才会有此情绪？

我回头，看到拍我肩膀的是那个短发的公司前台，公司好多同事都在传言，这个前台显然跟大老板有一定的暧昧关系，究竟暧昧到什么程度，他们又都是语焉不详的。如果他们真的是这样的关系，我倒对这个前台有了一份尊敬，按理说大可不必，但是看得出来，前台是真的喜欢自己的这份工作。

前台有些兴奋，把身体移开，原来她矮胖的身体后面挡着两个穿制服的人，他们两个像是刚刚突然从虫洞里钻出来似的。

我看着身后两套规整的警察制服，愣了一秒钟，最近我干什么违法犯罪的勾当了吗？如果当时现场有摄像头就好了，就可以拍下我生动的具有表现力的表情。我竟然笑了，我不知道我为什么笑，如果有视频资料，我可以将视频发给网上那些付费的微表情专业人员帮我分析一下我的心理变化过程，我对此很感兴趣，我有一种没来由的感觉，对当时那个不那么合时宜的笑容的描述，会成为我小说里面一个比较生动的细节描写。虽然我完全不确定我还会不会再真正动手去写一篇小说。

既然有两个警察，简单地按照体形来区分，总是有一胖一瘦的，按照某种哲学理论，这世界上不可能存在两片一模一样的树叶，也不可能存在两个一模一样胖瘦的人。瘦子一般都行动敏捷一点儿，于是是瘦警察首先向我出示了证件，当然，胖警察也干了他该干的那份活儿，他屏退了我身边的同事，也屏退了前台。

我把手里抽了一半儿的烟按灭在绿萝旁边的烟灰缸里面，一边按我一边在思考，要是我犯大罪，我是不是应该直接从天台这里跳下去自裁以谢天下？但是两位警察的制服看起来虽然规整，但是又很普通，跟在地铁站入口处经常查我身份证的那些警察好像没什么区别。

"你是陈乔伟吧？"瘦警察问。

"是的，我的身份证在办公室，我过去拿来？"我问。

"不用不用。"瘦警察说。两个警察一下子都笑了起来。瘦警察从黑色皮包里抽出来一张照片，递给我。"你认识照片上的人吗？"

我接过照片，一眼就认出来是张展。是一张他在野外环境的单人照片，他的身子半倚在一块大石头上，右手的五个指头紧紧抓住大石头的边缘，以他惯用的一副"无辜"的表情对着摄像头。这显然是一张调整好角度的摆拍，不知道是谁按下的拍摄键。

"认识，是张展。"我说。我将照片还给瘦警察。

瘦警察把我带到公司的小会议室里，向我讲述了他所理解的张展失踪这件事情目前的情况。临走前，按照张展夹在他日记本里的留言条的要求，警察将张展的一个 U 盘和一个日记本留给了我。他在留言条里写的还是我为数众多的"上一份工作"的地址，警察找到那个公司，顺着那个公司给的信息，可以说是跋山涉水才找到正在天台抽烟的我。根据留言条上的信息，我有权利自由处理日记本和 U 盘，无论是立即丢进马桶冲走还是以任何形式进行传播。以瘦警察的理解，张展极有可能是找地方自杀，或者已经自杀，正躺在祖国大地某个还未被认领的冰冷停尸房里面。但是胖警察似乎不是这么认为的，无奈他的作用更像是一个充当瘦警察保镖的工具人，中途没什么说话的机会，要是让他开口讲，我感觉会是另外一个故事，我心想。就在瘦警察即将起身的那一瞬间，胖警察终于逮住了来之不易的说话机会，"失踪者执意将 U 盘和日记本留给你，是不是有什么深意，他的行踪会不会藏在了日记本和 U 盘的这些照片里面。我看过 U 盘里面的照片，有些说不出来的意思。"胖警察说。

我望着胖警察，压抑着心里的激动，我更加确信自己看见他第一面就产生的那种模糊的感觉，胖警察虽然穿着警察制服，但他是一个有意思的人。

"我们先走，不耽误你上班。"瘦警察从人体工学靠背椅上站起来，椅背回弹的弹簧响了几下。

"你要是想起了什么或者发现了什么新的线索，随时跟我们保持联系。"瘦警察说。他递给我一张名片。

我坐在自己的工位上，一种无可抑制的感觉充斥着我，让我兴奋，这种感觉已经远离了我很久，只有在我短短的写作生涯中极少数的时候才会出现。我想到了一个绝妙的构思，但是我不想在键盘上敲下关于这个作品的任何一个字，于是我变得无比激动，比写作毫无头绪时还要激动，我开始不停地刷毫无任何内容的短视频，起身去喝水，然后坐上马桶到双腿发麻，最后不得不回到我的书桌前坐下，开始慎重地敲下第一个字。

桌上的 U 盘还未插进电脑的 USB 接口，张展的日记本也还保持着警察递给我时的原貌，它们被一大一小两个透明密封资料袋密封着。该做的事情我都已经做了，现在轮到在键盘上敲下作品的第一个字——打开它们，并进入它们，通过它们到达另外一个人的整个世界。这就是我的预感。相比于日记本，我知道 U 盘里的照片才是关键所在，从某种程度上说，我也部分地参与了这些照片的形成过程，但是不知道为什么，在我跟他合租在一起的时候，张展从未将他的照片慎重地作为完整作品给我看过，我也从未提过这种要求。回想起来，他多次跟我谈到过他所谓的"摄影理念"，作为交换，我也多次跟他谈过我的"写作理念"，这么一细想，我还从没有将我写过的任何一篇小说发给他看过。我们像两个理论家或者文学批评家那样谈论从未深入了解的"视角""观念"等浮夸空洞的词语，有点儿"以其昏昏，使人昭昭"的意思。哪怕是后来，有一段时间他带着我在街上四处晃荡，名义上是在为他寻找可供拍摄的素材，可惜的是我不善此道，我站在街上能看到的都是支离破碎的细节，就像我喜欢的一位作家讲过，每个作家都有自己的素材抽屉，相邻抽屉与抽屉里的素材很可能是完全不相干的，而作家的工作就是在他随机打开抽屉抽出素材的时候，有能力将它们剪切、拼装到一起，让它们看似形成一个不至于奇怪的整体。在写作者这里，对素材的处理方式和处理时间基本上是毫无限制的。而拍摄者则不然，特别是街拍者，要借住某个打动自己的细节来构建一个整体画面，人群、鸟雀、车辆、光线这些画面里的素材都是会动的，这种创作既需要对细节和整体敏锐的洞察能力，又需要瞬间创作完成的能力，而后者是我最欠缺的。有好几次，我看着张展按下拍摄键，而我顺着他镜头对着的方向看过去，那边什么也没有，都是最常见的大城市景观，我看不出来有什么值得记录下来的。

我把U盘插进主机的接口，电脑桌面上多出来一个"Zhangzhan"的新文件夹，点开文件夹，一排排小的照片整齐排列着，最上面的一张照片文件名是"20190716037"。我按住鼠标往下拖动，整个文件夹有999张照片，最后一张照片的文件名是"20140705001"。看来这些照片是直接从数码相机里面导出来的，连文件名也没改，拍摄的时间跨度在2014年7月5日到距离一个多月前的7月16日，最后三位数是相机当天拍摄的顺序码。我从最后一张点开，也就是这些照片里最早的一张。粗略一看，这张照片没什么特别的，就是一条卖水果蔬菜的小街，细一看，我的嘴角就不自觉地泛出了笑，在画面的角落里有一个穿着棉质平角短裤的女人的后背，从女人的两腿之间伸出来一只完整的哈士奇的脑袋，它伸长舌头笑嘻嘻地看着镜头，好像是在说，"被我发现了吧，哈哈哈。"由于"借位"的关系，哈士奇的身子和腿完全被女人光着的大腿所遮挡，那个狗脑袋是浮在空中的。

照片我看了，也笑了，然后呢？创作者或者说张展拍下这张照片的时候是想要表达什么吗？还是仅仅觉得好玩儿？

第二张照片的光线昏暗，看得出来是在大清早拍的，看环境是在一个公园的僻静处，由于光线不足，照片里的树只剩下黑漆漆的剪影，不远处正好有一条光线充足的小道，小道旁边的树上挂着一条围满五颜六色彩灯的条幅——"追梦路上，青春飞扬"。仔细搜索我才在那些树木的剪影旁边看出来有一条长椅，椅子上是一个什么人趴着睡着了，一顶牛仔帽的轮廓从椅子的一端显现出来。我在心里为这张照片命名为"梦"，张展大概是想拍出在椅子上睡着的那个人的"梦"。

接下来的一整个下午，我连厕所都没去，看着一张张这些名义上属于我的照片。我感觉得出来，坐在我附近的几个同事有些好奇我在干吗，警察寻上门来，但是又没把我带走，反正不是一件容易猜透的事吧。大概又觉得不知道是什么事情，这么贸然问我，会把双方都搞得很尴尬。到这个公司来半年，这是我过得最清净的一个下午。

第二章　日记

2012 年 10 月 7 日

晚上下班之后，我终于下定决心，将相机从商场拿了回来。我本来没想到要发票，但是卖相机的老板问了我，我就答应了。回来的路上，我又觉得我还是太冲动了，这台相机对于现在的我来说，真的是太贵了，几乎是我不吃不喝两个月的工资，但是即使我不吃不喝把这笔钱留着又能干什么呢？

既然相机有了，我总能拍点儿什么吧？

2012 年 10 月 8 日

背着相机的第一天，我一张照片也没拍，我有一点儿怕？

2012 年 10 月 15 日

等了好久终于又到周末，今天我上街拍了几张照片。

虽然我感觉得到我背上的相机，与其说我是一个在街上寻找拍摄对象的摄影者，不如说我是一个无所事事的游荡者，这种感觉随着我在街上游走的时间的拉长，变得特别明显。有的时候，我看到一个吸引我的场景、人、动物，或者建筑，我却一点儿也不想伸手去取相机。既然如此，那我为什么要花费巨款去买这台相机呢？但是最终我还是取了几次相机，拍下了现在电脑显示屏上的这几张照片。

要不是因为我随意滚动了几下鼠标的滑轮，我就不会看到照片里面的这些细节。这张在人行道旁边拍下来的绿色垃圾桶，当时只觉得透过垃圾桶盖子看那位穿着亮橙色制服的环卫工人，就像是在看电视，图像放大之后，我才看清，在工人的身后伸出来两根"天线"，是由两把笤帚的木头手柄构成的。这样一来，电视机就变成了一艘宇宙飞船。另外一张小孩子的照片，在我拍摄的时候，只觉得这两个穿红色卫衣的小孩子在城市废墟中玩耍的画面让我有一种伤感，经过放大之后，远处的高楼被画面截掉之后，竟然呈现出一种被战火摧毁后的城市面貌，小孩子的红色衣服，以及小孩子坚毅的神情，共同构成了这不完整（因为被截掉了一部分）的照片某种完整意义的表达。

突然想起一句话，"我们迟早会变得迟钝和木然，这并非由于生活所迫，更多来自各种欲望的叠加，而摄影者就是那些仍然保持优雅，在一刹那准确无误地捡走那些即将溜走的人情。"

2012 年 12 月 2 日

我在街上走得越多，我越迷茫。

2013 年 4 月 6 日

从今天起，我重新拥有了我的生命，我真的有这种感觉，至少当我从人事部门那里拿到离职协议的时候，我就是这么想的。我究竟在这个城市里做什么？

2013 年 4 月 8 日

我到底要拍什么？布列松引用过一句话，"天空属于所有人"，他所指的天空究竟是哪一种天空？我怀疑说这句话的人没有见过北京的天空。这一整天，我老是想拍一朵我梦见过的云，但是根本不存在我想象的那朵云。今天我拍了一些照片，也许没什么用。晚上回来之后，我果然将它们全部删了。照片是有生命的吗？照片里面的场景究竟是谁规划的？我拍下，它们占据了我相机内存卡的十几兆储存空间，然后我删掉，这十几兆储存空间又空了出来，之前的照片存在过吗？我看着空荡荡的文档，我甚至怀疑我的精神出了问题，这一切都是我想象出来的，我躺在床上做了一天的梦，我没有出门，也没有将相机背着。

2013 年 7 月 28 日

我仍然出门，但是不再带着相机，我毫无目的。我要删掉我的所有照片，它们消耗了我的生命，所有的生命。

2013 年 7 月 28 日

我已经删掉了所有照片，一张不剩。

2013 年 11 月 13 日

我睡着了吗？如果我睡着了，那这篇日记是谁写的？
秀娴老是出现在我的记忆里，我记得初一刚开学不久，班主任也就是语文老师，带着秀娴她爸爸，秀娴跟在她爸爸的身后，像一只惴惴不安的小白兔。由于教室太小，秀娴的课桌就放在讲台的左边。我坐在中间小组的第四排，从我的座位往前看，刚好可以看到秀娴的脖子。看得出来，她喜欢她那件紫色的薄外套。上课的时候我经常盯着她后脖子上那颗小小的淡灰色的痣看，我也不知道为什么，看着她的脖子我好像就能闻到花香。我从小就鼻塞，我从来没闻过花香。

……

2016 年 12 月 29 日

我在网上认识了一个写作的人。

2017 年 3 月 15 日

最近北京有很多事，本来我搬到这个地下室就是为了图清静和便宜的，现在看来这有可能是一个错误。听房东说，附近好几个地下室都被清空了，他们都去了哪里？不知道为什么，我想到之前被我删掉的那些照片，它们去了哪里？房东今天晚上又跑过来，让我做好准备，可能检查的人随时会来，他会提前电话通知我。

2017 年 3 月 18 日

看来今天要在肯德基里面过一个通宵，带着我剩下的唯一的行李箱，能扔的东西全都扔了。刚刚，我把手机微信通讯录里面的两百多个人从头到尾都翻了一遍，好像找不到一个可以立即联系的人。我之前怎么从来没有发现，肯德基里面的油味儿这么重。好几次我差一点儿就要吐出来了。

2017 年 3 月 19 日

看着我脚边的行李箱，我觉得有些假，这里是哪儿？我重新住进了地上的房子，而且价格在我能承受的范围内。我也不知道为什么会联系他，我跟他仅有的几次联系是因为有两三次共同标记过两三本很冷门的书籍，然后互相关注了彼此。今早正好看到他发布找室友的帖子，便联系了他。难道这就是所谓的天注定？看他兴高采烈的样子，不知道为什么，我有点儿伤心。我没问他为什么而高兴，我只是觉得有些似曾相识。他很年轻，比我至少要小好几岁，这是我没想到的。重要的是他是一个写作者。

……

第三章　室友

我应该怎样去定义自己，直到现在，目前这一刻，我有像一个真正深刻的写作者那样"认识我自己"吗？以我个人的感觉，从某种程度上来说，人是无法通过自我反思来认识自己的，而需要借助他人，具体的他人，或者是书籍，这些都是认识自己的梯子，是解几何问题时做出的辅助线，在解题过程之中是至为重要的，但是一旦题目得以解答，辅助线便可以擦掉。对这一点，我确实有过一定程度的反思。我记得很久以前读过的陀思妥耶夫斯基未完成的著作《卡拉马佐夫兄弟》，那位行将就木的长老最后一次要给他的信众答疑解惑，他教导问话者不要去爱幻想中的虚构的人，而要对现实中活生生的人感兴趣。这是我迄今为止不短的阅读生涯中，具有一定的决定性时刻的节点，因为他指出了我的真正问题，在此之前，甚至在这之后很长的一段时间，我不爱真实的人，我谁也不爱，甚至我连自己都不爱。很久之后，我又读到了《荒原狼》，讽刺的是，这本书是我一个不太熟悉的写童话的朋友送给我的，因为我们约好了见面，但是在一个小时以前，他在书店买错了书，他以为那是一本关于自然的荒原中一匹狼的故事。

写作有目的吗？越思考我越疑惑，像奥古斯丁对"时间"发出的感叹那样，当这个问题没被提出的时候，我以为我是知道的，一旦它被提出，我就无所适从。我听过最好的回答就是"写作就是自杀本身"。我想写作，我渴望一种真正纯净的写作，所以基本上可以理解为我想自杀。那位叫"哈尔"的荒原狼也想自杀，古今中外所有伟大的人物都想要自杀，加缪也说"自杀是唯一的哲学问题"。一个写作者，就连不写作的时候也在写作，那些不能坐下来写作的时候，我这么告诉自己。

雨涵离开我的时候，她说我在利用她，把她当做写作的素材，我没有辩解。在她说出来这个事实之前，我没有这么想过，但是她说出来之后，我确实是认同她的看法，她的离开，即使在我看来也是应该的。她没有当面要求我删掉那些日记，是因为她知道总有一天我会用上它们，在我未来的某部作品里面，幸运的话，她会以这个日记里面的名字和身份永远活在纸上。

最开始的那几篇日记里面，雨涵的症状还不明显，我单纯地只是觉得她有些过于敏感，情绪波动明显有些异常。到后来，她开始严重失眠，甚至一个人半夜爬起来酗酒。到第二天早上，她起床比我还早，已经坐在阳台上喝咖啡。好几次，我看着坐在阳台上的她对我笑，总觉得下一秒钟她就会优雅地放下手里的水杯，跳下去。我不知道是不是她的这种"平静"让我产生了想要原原本本记录下来的冲动。"跳下去"，是需要力量的，我被这种"力量"所吸引，我变得敏感，我急切地想要去搞清楚这"力量"究竟是从哪里来的，我想要掌握某种事情的全貌。

最初的变化是很缓慢的，只有在雨涵受到刺激情绪变化达到峰值的时候，我才能感觉得出来事情是在进展。和她在一起的时候，我变得更加木讷，我不再跟她讨论任何关于自己心里在想什么的内容，我们只谈具体的生活问题。平时是工作和吃饭的事情，假期是电影的问题，除此之外，我什么都不跟她谈。最初的时候，她以为我是厌倦她反复的喜怒无常，担心我的谈论会触及她敏感的神经，从而造成她的情绪波动，她以为这是一种体贴的表现。到后来，她越来越无法控制自己，甚至有一次用水果刀尝试着割破手腕。难道在当时，我应该从掩着的门后面冲过去夺下她手里的水果刀？如果我这样做，那我之前的那些木讷和不以为意又是怎么回事？我在日记里面如实记下我的这些想法，我只是做了一个写作者必然会做的事。我期待亲眼看着她崩溃吗？不，我从来没这种期待，我只能看着事情不可避免地朝着某个方向进展下去，无论是什么方向都好。

雨涵从来不看我的电脑和手机，但是那天她的电脑送去维修了，她用我的电脑看剧，而我在午睡。所有的故事都需要一个巧合，或者一个穿起故事的纽扣。她读了日记，并且她直接告诉我，她读了日记。她当然没有我现在讲述得这么平静，但是最后她还是平静下来，从我们合租的房子里面搬了出去。是她先从公司辞的职，然后才是我。我辞职不是因为她，而是为了写作。

在我辞职写作之前，我能够感觉得出来我的写作冲动，特别是在工作特别忙乱一天有 20 个所谓的"内容策划会"要开的时候，我的脑子里会源源不断地冒出来合适的细节，我错误地以为我已经到了要写真正严肃作品的时候了，就像树上的果子一样，熟透的时候就要及时摘掉，所以我才辞职的，我以为我是理性的。我做了规划，搬到环境更好的郊区住房，制定了写作内容，包括规定了每天详细的作息时间。如果我仍然无法写出真正满意的作品，那就是我缺乏写作的天赋，我在心里告诉自己。

新的房子在南四环外，按道理是两家合住，但是我搬过去的时候，另外一家是没有住户的。房东是一个老头儿，我住进来后不久，老头儿委托我在网上发一下招租信息。刚好那段时间北京不太平，网上闹得沸沸扬扬的，北京在清理住在地下室的那些人。

我没想到会收到他的私信，他说在肯德基待了一晚上，问我房子租出去没。联想到当时北京如火如荼的清理运动，我立刻回复他，房子还在。我们是几个月前在网上加的互相关注，有好几次，我在找几本年代久远的图书，都搜到是他发出来的资源，我添加他为好友，并向他表示感谢，他也关注了我，大概就是这样。他很少发布什么动态，只是偶尔发几张黑白的街拍照片，照片上既没有署名也没有水印，大概就是他自己拍摄的。他在那个网站上几乎没什么好友，没有点赞也没有评论，但是我感觉得出来他是有一些自己的想法的，也有一些森山大道的味道，仅此而已。当天下午，这个在网上叫"一人"的人就站在我面前，变成了"张展"。我有些发愣，因为我打开大门后他对我说的第一句话就是"什么味道这么好闻"。他的行李很少，一个双肩包加上一个行李箱。他的长相和奇怪的颓废气质（颓废气质并不是因为他在肯德基坐了一晚上而产生的），再加上他说出来的这句话，荒原狼，我瞬间就想到了那本"薄薄的小册子"里的男人。他笑着说他自己给自己上班，我也笑了笑，我认出了他笑里隐藏着的意思，就像一个在黑夜里行走的人认出了另外一个在黑夜里行走的人。

最初的时候，我严格按照自己贴在书桌上方墙面的作息时间表，每天7点起床写作到11点，我研究过很多写作者的写作时间，上午是绝大多数人的黄金时间，而不是深夜。4个小时也是有生理学上的讲究，对于需要精力高度集中的创造性工作，4个小时是最适宜的，无论从精力还是创造力来说。午饭过后，我则去距离小区不到 100 米的小公园散步，在这个小小的公园里竟然还有一个池塘，围着池塘走两三圈，然后在池塘旁边的秋千上坐一会儿，回去，这一套流程走下来会花掉我一个小时的时间。下午是读书时间，因为我的房间是朝南的主卧，有一扇很大的落地窗，午后的阳光迷人，我就这么在咖啡的香味儿中充分享受阅读的乐趣。每天我最喜欢的就是下午的阅读时光，与其说是在阅读，不如说是在休闲放松，在以前需要去上班的时候，我从来没有过如此放松的感觉。一切都是宁静安详的，我有一种重回子宫的错觉。

　　几天之后，我发现一个问题，隔壁是有一个叫张展的人住在里面吗？他似乎从来没有发出过一丁点儿声音，在厨房、客厅和卫生间，我也一次都没有碰到过他，难道他把行李搬过来之后就去了其他地方住？或者是我分手辞职独居之后精神状态出了问题，根本就不存在张展这么一个人，是我想象出来的？我需要一只《盗梦空间》里面那种能分清现实和梦境的旋转陀螺。我放下手边所有的时间规划去寻找张展存在的证据。到第三天才搞清楚他的作息时间，他早上 5 点 10 分就起床出门了，甚至连厕所都没进，不可能洗过脸刷过牙，然后会在中午 12 点准时进门，之后他再也不会离开他的房间一步，连上厕所也不曾有过。我有一种强烈的冲动，在他下次早上出门的时候跟他在客厅"偶然"碰上，不知道他会作何反应。最终我还是放弃了这种过于巧合的碰面，我打算跟着他，看看他每天上午出门到底在干什么。

第四章　非虚构

　　窗外已经有鸟叫声，我最后再确认了一遍这 9 张照片，我也不知道这么做究竟有什么用，从这999张照片里面挑出它们。一种类似"悼念"的情绪占据着我，如果张展真的已经在这个世界上的某个地方自杀了，就像那位胖警察所说的那样，这些照片和日记就算作是他的遗作了。"遗作"这个词语用在他身上可能不太恰当，因为张展似乎从未在任何地方有过一丁点儿的正式亮相。在这一点上，甚至连我都不如，无论如何，我还有在文学杂志上发表的短短的几篇小说，在小说的标题下面有我的名字。而张展在网上发出来的不多的几张照片，属于那个叫"一人"的网名，没人知道"张展"是谁。

我按下发送键。看了一眼手机，两个多小时之后闹钟就会像往常一样响起。我躺到床上，意识很快就变得模糊。

上午开部门会的时候，我感觉裤兜里已经静音的手机一直在振动。我昏昏沉沉的，连伸手去按熄都懒得动，眼睛虽未闭上，我的思绪基本处于一种类似神游的半睡半醒状态。直到开完会坐在地下一层的公共食堂，我才终于有时间去看一眼手机。按开手机的一瞬间，一种从未见过的页面出现在我手机屏幕上，我差一点儿以为拿错了手机。占据我手机页面的全部都是那个App的消息通知，私信、评论、关注，我看着一个个"999+"有些发愣。用这个App的人并不多，而且经常跟我互动的人没有超过两位数。

这9张照片被如此多的陌生人喜欢，我是完全没有丝毫心理准备的。我一条条翻着照片下面的评论，有人说我是被埋没的街头艺术家，甚至将我和日本、美国的那几个类似风格的摄影大师相比。当然，他们说的其实是张展，而不是我。在转发的这些人里面，有好几个是超级大V和影响力巨大的视频号，正是由于他们的关键转发才造成了现在的局面。我的私信里面也是爆满，让我发出更多照片的、找我合作的机构、要买我照片版权的，各种各样的消息看得我都麻木了。我就这么在手机上划来划去，直到食堂里面的人全都散去，我面前洋铁皮方格饭盒里面的饭菜也凉得透透的。

下午继续开会，只要我走进公司的大门，至少有六七成的时间我得待在会议室。小小的会议室就像一个密闭的监牢，将我困在里面。有的时候我觉得这跟写作中的我很像，写作的时候我也是将自己关进房间，至少得将自己跟人群隔离开来，写作是享受一个人的孤独，开会是有一群人跟我一起孤独。总监又开始夸夸其谈，事先制定的讨论计划早就变了形，没人记得我们开会是有什么目的和需要解决什么问题，我们是为了陪总监开心而开会，或者纯粹是为了满足他毫无边际夸夸其谈的癖好？

"无聊。"我的耳边突然传来这两个字。我抬起头往会议室的其他方向看，却看到所有人朝着我的方向看着，好几个同事露出诧异的表情。

"无聊。"我感觉到自己嘴唇的运动，我不知道该怎么办，我能向他们解释什么吗？真的不是我说的。看着他们更加惊诧的表情，我的胃里泛起一阵恶心，我赶紧捂住自己的嘴巴，往洗手间的方向冲出去。

第二天我睡到中午才自然醒，从枕头底下摸出手机看了一眼，在办公的 App 里面，有好几位同事私信问我昨天的事情。我回想昨天开会的场景，像是在做梦，从洗手间呕吐完之后我就径直走出办公室坐地铁回家了。当时我完全是蒙的，不知道该怎么样或者以什么方式去找谁解释，我只想回家睡觉，我感觉太累了。我仔细在 App 里面翻找，想看看有没有总监或者人力资源那个整天笑呵呵的中年女人给我的消息，但是并没有。我可能得辞职，我心想。就在这个时候，我的手机收到一条短信，我的手指还没来得及反应，那条短信已经被点开了。可能真的是有什么东西在作祟，在看完那条邀约短信后，我竟然鬼使神差地回复了一个"好"字。难道仅仅是短信里邀约我见面的咖啡馆在东三环，离我住的地方不远，或者是因为那条短信的语气像是一个女人发出的？发出短信的一瞬间我就后悔了，我想收回这个"好"。我在床上继续发了半个小时的呆，才起床洗漱，出门去坐地铁。

不得不承认，她是一个很有气质的女人，跟我在众多公司里看到的女人有很大的不同。但是她已不再年轻，可能已经超过四十岁。她问那几张照片是我拍的吗。我看着她的眼睛，有些心虚，从这个问题就能看得出来，这是一个聪明的女人。很明显，她喜欢那些照片，但是她并没有很莽撞地先入为主那些照片是我创造的。我甚至怀疑，她仅仅是通过跟我见一面就已经判断出照片不属于我。我说不是我拍的，属于我的一个朋友。我们越聊越多，我甚至将最初偷偷跟踪张展的事情都告诉了她。说完一大通话之后，我突然意识到，整个对话过程都是我一个人在说，我对眼前这个叫李静媛的女人几乎还一无所知，她在短信里也只是说想见面聊一聊，不知道她是有什么目的。

"你是怎么拿到我手机号的？"我问。

"我是记者，这是基本功。"她笑着说。李静媛从她的手包里拿出来一张名片递给我，原来她是国内最好的那份社会新闻报纸的记者。"刚刚你讲话的时候，我一直在想，张展这个人很有意思，也许我们可以试着合作。对了，我们集团最近抽调人手，准备让我牵头做一个新媒体项目，主要是国内的非虚构写作还完全停留在稍微比报告文学好一点儿的水平上，而国外早就在文学写作和非虚构之间找到了某种平衡，我们想要出品类似卡波特的《冷血》这样的优质作品。"她说。

"你们的项目跟我有什么关系？"我问。

"你不觉得张展是一个横亘在我们面前的谜题吗？"李静媛说，"也许你可以试着去了解张展，把整个过程都如实记录下来，这就是一个挺有意思的文本。别忘了你是一个写作者。"

我没跟她说过任何关于我写作的事情，但是似乎她对我了解得比较多，我都懒得去追问，大概他们记者有自己的门路。

"我从来没写过非虚构作品，我连散文也都没写过。"我说。

"这个没什么，你的小说我看过，我觉得很不错。"

我低下头，有点儿心虚。

"你不用现在答复我，回去想一想，下周一告诉我就行。"李静媛说。

分别前，她加了我的微信，发过来一只红玫瑰的图片。

在回程的地铁上，我点开发表那 9 张照片的 App，发现照片的热度竟然没有丝毫减退，甚至还登上了 App 热搜榜的前三名，评论、点赞和转发的数字还在持续不断地增加。有人甚至在 App 里新开了一个话题，专门分析讨论这些照片。我点开照片，重新一张张地仔细看过来，它们真的有那么好吗？值得获得这么多人的讨论和关注？

事情的发展完全出乎我的意料，在这个周末，我的生活完全被照片搞乱了。因为我不回复私信，铺天盖地的邮件和电话搞得我有些不知所措。照片已经完全不受我控制地被复制到各个活跃的社交平台，并在各个平台被大量转发、讨论，关于照片的拍摄者，也就是他们以为的"我"，也被传得越来越神，概括起来大致可以这么说，"我"是一个被埋没在民间的摄影天才。我就这么完全陷进不同的人对这些照片的不同分析里面，看得越多，我对张展越感兴趣。虽然他的日记本我已经完全看完了，但那只是他最近几年生活的只鳞片爪，我对他的过去感兴趣，我有一种强烈的想要了解他的冲动。我坐在出租屋里，认真地思考静媛提出的"非虚构写作计划"。

我有点儿搞不清楚公司是什么态度，按理说我没去公司，总会有相关的人要联系我吧，但是并没有。一直到周一的下午，人力资源部的那个中年女人终于打来了电话，说总监在等我去向他道歉。我回复她，我不去了，我随即在办公 App 里提交了离职申请，并约李静媛在之前的那个咖啡馆见面。

李静媛说集团领导对这个项目相当重视，准备投入重金把影响力做起来，对于她提出来的做长篇非虚构的思路也很赞同，她跟我一样，周末也一直关注着"照片事件"的进展。如果真的按照她所说的，我们趁着照片现在的热度，将拍摄者张展失踪的事情以及我的非虚构写作计划一并公布，肯定会获得很好的效果。站在李静媛的角度，这么说当然是无可厚非的，但是我其实是真的对张展产生了兴趣，特别是看完了他留给我的全部照片和日记之后。

"张展一共留下了 999 张街拍照片。"我说。我没有跟她说日记本的事情。

"那太好了，张展的这些照片就授权给我们首发，做连载。"李静媛说。看着她有些皱纹的眼角，我什么也说不出来。最后，她给出了我一个完全出乎意料的条件，一大笔写作支持资金再加上业内顶尖的稿酬标准，远超我写小说能获得的钱。

"我就知道你会答应，你之前的小说里面总是会出现一个模模糊糊的侦探角色，你不觉得这个写作计划让你变成了一个侦探吗？侦探接到了一个案子，去寻找张展的过去。不只是过去，也许张展还没有自杀，你能通过他的过去找到他的现在。"李静媛说。

第五章　民宿

我在电话里说出第一句话的时候，胖警察就听出了我的声音。我觉得没什么好隐瞒的，跟胖警察如实陈述了我的"非虚构写作计划"。让我意外的是胖警察也关注到了张展的照片在网上形成的讨论，我不知道我提出的请求是否超越了警察的某种权限。但是胖警察好像没想这么多，直接就把张展老家的地址告诉了我，在中部一个叫青港的县级市下面的小镇，竹山镇。我对那个省份并不熟悉，但是"青港"这个名字我似乎听说过。挂上电话之后我在网页上搜索，原来是国内的那个什么"杜鹃胜地"，"人间四月天，青港看杜鹃"，前两年这句广告词多次在北京的地铁站广告牌上出现过。胖警察给我的地址精确到了张展老家所在的小镇门牌号。我在键盘上输入竹山镇，竟然也是一个旅游的地方，是当地"最美乡村"的示范点儿。我像往常休年假前做攻略一样，查好目的地线路，买票、订民宿，这一套流程都是跟雨涵在一起的时候练出来的，每次出去玩儿，她都是毫无意见，既对目的地没意见，也对玩什么没意见，而我更喜欢"有备而去"，无论去哪里都会先查攻略。

因为有从北京直达青港的高铁，按照导航上显示的，出高铁后打出租车到竹山镇也就40多分钟。出租车从高铁站开出来之后，是一片平坦，一直延伸到天边的平地，地里是一行行整整齐齐的暗绿色小苗，跟在高铁上看到的北方田地里的萧瑟和空荡荡相比，有生气得多。

"这地里是麦子吗?"我问驾驶位上的司机。

"是啊，你从北方来的吧?"司机说。

"嗯。"

"这个时候来青港，可看不到杜鹃花，最好是三四月份来才好看。"司机接着说。

"我是来找人的。"我说。

司机不再说话。没一会儿，车子直接开进了一个农家小院，小院儿的三面都建着二三层的斜顶小楼房，围在一起，有点儿北京四合院的意思。我还未下车，一个穿着黑色皮夹克的中年男人已经打开后备厢，在往下搬我的行李箱。司机把车开走后，黑色皮夹克带着我往里面走。

"大家都叫我林哥。"皮夹克转身对我笑了笑，把行李箱放在前台旁边。"请把身份证给我登记一下。"他说。

我掏出身份证递给他。

"现在来这里的客人是不是不多？"我问。大堂里空空荡荡的，也没有开暖气或者空调，感觉比刚才站在室外还冷一些。

"是啊，现在是淡季，我们小店目前加上你也就三个人。我想停一段时间，但是没办法，上面不让关。"林哥说。

"为什么不让关？"我问。

"不知道，村里说是上面的精神，上面是谁，我哪里去知道。"林哥笑笑，"反正村里有补贴，房间都空着也足够我吃饭的。"

登记完，林哥把房卡给我，提着我的行李箱，带我上二楼的房间。他说店里每天提供三餐简餐，当然，也可以去村里的小街上吃。

下午我在房间里休息，躺在床上的时候，我不自觉地摸出来张展的日记本，着重把他所记录的关于竹山的人和事又看了一遍，按照进行项目管理的时候学到的"关键少数原则"，想要找到张展的过去，第一个要去见的应该就是这个叫"陈秀娴"的女生。说是女生，也许已经是一两个孩子的母亲了，谁知道呢？张展比我大 4 岁，既然陈秀娴跟他是同班同学，怎么着也已经超过 30 岁了。我突然意识到一个问题，竹山镇是张展和陈秀娴的老家，既然张展后来去了北京，陈秀娴也不一定在本地啊。我有点儿懊恼，如果她不在这里，我来竹山镇是为了干什么？我躺在床上百无聊赖地七想八想，不知不觉地就睡过去了，直到房间里古董级的电话铃声把我叫醒，是一个女人的声音，让我下楼吃饭。

我犹豫了几秒钟，看着窗外黑魆魆的天色，乖乖从床上爬了起来。

下到二楼，前台站着一个50多岁的女人，笑嘻嘻地看着我，像是跟我很熟的样子。"快克后院儿七饭，等你呢。"女人的普通话不标准，我听着想笑，但又觉得不礼貌。我点点头，朝后院儿走。掀开一张日式的用土布隔开的门帘，瞬间有一种豁然开朗的感觉，不远处有四五个人围坐在低矮的木餐桌旁边，院子很宽敞，甚至还长有乔木。

"小伙子快来，就等你了。"老板林哥站起来，把我轻轻送到一张凳子前坐下。"对了，你叫么事名字？"

我看了一圈桌子对面坐的几个人，愣了一下。

"不对，小伙子，你叫什么名字？"林哥笑着说。

"陈乔伟。"我说。桌子的另一端坐着两女一男，年纪都不大。

林哥伸手给我倒了一杯橙汁。"乔伟，来，出门在外相遇不易，我来介绍一下，这三位也是过来玩儿的，何研、安娜和小龙。来，大家一起喝一口，几个简单的小菜，别嫌弃哈。"

我举起面前的塑料杯，轻轻跟其他的杯子碰了一下。安娜和小龙是一对情侣，而何研跟我一样是"独行侠"。"独行侠"是林哥说的，他说他年轻的时候喜欢看武侠小说，金庸古龙梁羽生，最喜欢的还是古龙，尤其是《欢乐英雄》。听到林哥说出《欢乐英雄》的时候我心里惊了一下。吃完饭，安娜提议我们四人一起去附近转转。听林哥说，何研已经在这个小镇住了有大半年了，她是一个画家。

跟我之前去过的一些旅游小镇相比，竹山的风格显得很粗犷，可能是因为在平原地区，一切都很整齐笔直。笔直的马路，笔直的路灯，人走在这样的笔直空间里躲无可躲，显得自己更加渺小。安娜和小龙走在前面，不时传来调笑的声音，何研走在他们身后一点点的位置，我落在最后，安静地想着张展的事情，他曾经生活在这个小镇，眼前的马路和田野，应该都是他熟悉的。

"乔伟，你喜欢画画吗？"何研不知道什么时候走在了我身边。

"不不，我不懂画。"我从自己的思绪里清醒过来。"听林哥说你是画家。"我说。

"画家算不上，我画一些小画挂在网上卖，大概就这样，糊口饭吃。"何研一笑露出右边脸颊的酒窝。酒窝一出来，她比实际年纪显得更年轻一些。

"那挺好的，画画比写作强。"我随口说。

"你是写作的？"何研像小女孩一样跳了一步，站在我前面。

"没有没有，写一点小东西。"

"回去发我看看行吗，我还不认识一个写作的人。"她说。

"写作的人？写作的人跟不写作的人有什么区别吗？"我问。

"那还是有区别的。"她说。

我不想这个话题继续下去。"好，我回去发你看。"

何研点点头，让开了路。

回程的路上，安娜张罗着说想打麻将，问我来不来。在我来之前，他们三个每天都把老板林哥拉上陪他们玩，但是林哥喜欢打纸牌，一打麻将就哈欠连天的，他们已经不忍心叫林哥了。

一夜麻将，我跟何研坐对家，安娜和小龙坐对家。吃饭和散步的时候何研说话似乎还有些腼腆，一坐到麻将桌上，她像换了一个人似的。打到大家都尽兴，已经凌晨两点多钟。回到房间之后，我的脑海里都是何研的笑脸，从晚上吃饭的时候认识她，到此时都还不到半天，我有一种认识已经多年的错觉。

第二天上午，我从楼上下来的时候，听到林哥在后院说话的声音。我转到后院，林哥和何研正在餐桌上泡茶喝。昨晚吃饭的时候天太黑我没看清，院子的顶上盖着透明的玻璃，怪不得昨晚吃饭的时候感觉挺暖和。林哥叫我过去喝茶，说喝一会儿茶就可以吃午饭了。我看到何研身后收起来的画架和画板，看来她早上是出门写生去了。何研对我点点头。

"听说昨晚你们打麻将了？"林哥把一盏茶放在我面前。

何研站起身来，拿起画架和画板，还有靠在她身边的一幅画，是一幅水彩画。"我先上去。"她说。

何研走后，我跟林哥又继续喝了几盏茶。之前看林哥很活跃，这时候才发现他也是一个沉默的人，两个人坐着都不说话实在尴尬。我就随便找点儿话说。

"林哥，你认识张展吗？"

林哥把手里的茶盏轻轻放在桌上。"张展？这名字有点儿熟悉。"林哥说。

"他就是这里的人，新兴街 36 号，年纪跟我差不多。"我说。

"哦，想起来了。嗯？你不是北方人吗，怎么认识他？"林哥转身看着我，眼里多了一分警觉。

"他大学毕业不是去北京了嘛，我们是在北京认识的朋友。"

林哥点点头。"你问他干什么？"

"我找他有点儿事，但是他离开北京了，我就顺着他留下来的地址找到这儿来了。"

林哥打量着我，他的脸上出现了一丝怪异的光。"你们是不是……？"

"嗯？"我疑惑地看着林哥。

"你们……你们是那种朋友？"

"不是不是，我们就只是普通朋友。"

林哥狡黠地一笑。"他家都离开竹山好久了，没听说最近有人回来过。"

"他爸妈呢？"

"也都离开了。"林哥说完继续泡茶，我感觉得出来，他似乎不愿意多说。

太阳很好，秋天凉爽的温度让人周身舒爽。吃完午饭后，小龙提议一起开车去附近的森林晒太阳。林哥给了我们两张午餐毯和一些零食，在找这些东西的时候，他似乎有些心不在焉，我有一种没来的猜想，有可能是因为吃饭前我的问题让他不舒服了。

安娜自然和小龙共用一张毯子，我和何研坐在毯子上看书。她看的是关于油画的书，我看的是一本哲学书。我拿着书，脑海里还是想着林哥有些反常的举动。"何研，你觉得林哥怎么样？"我问。

"挺好的，为什么这么问？"何研看着我手里的书。"对了，昨天你说把你的作品发给我看。"

"我回去发。"

"别忘了。"

"嗯。我上午跟林哥提了我一个本地朋友，他好像有些不高兴。"

"不会吧？林哥性格很好。你还有本地朋友？"

"在北京认识的，我就是过来找他的。"

"明白……对了，我认识村长，问问他有可能知道。"

"那太好了。"我说。

从森林公园回程的路上，何研让小龙和安娜先回去，她带我去找村长。何研告诉我，之前村长好几次看到她在画画，于是请她给村里的宣传栏画过几幅，就这么熟悉了。"村长人很好。"何研说。

何研把我介绍给村长，只说我是张展在北京的好朋友。当她说出"张展"这个名字的时候，村长跟民宿老板的反应刚好是相反的，也许村长本来就是话痨，我还没来得及问，村长自己就都讲出来了。

张展的父亲叫张和平，几年前在竹山镇算是一个人物。张和平有一个哥哥两个弟弟，以及一个姐姐，他还没长到10岁，爹妈就都去世了。姐弟四人都没怎么上学，张和平二年级读完就跟着同村的一个泥瓦匠去省城的工地打小工学提水泥桶，谁也没想到，这么一个不引人注目的小男孩，日后会成为竹山镇最大的建筑老板。村长说张和平在势力最鼎盛的时候，每年他回家过年，至少都会有县里的副县长上门来拜年。镇里就更不用说了，镇长跟他喝酒都要把杯子放低一点儿。当然，张和平也并不是不知道感恩的人，每年他捐给县里和镇里的钱都为数不少。要不是后来他坚持投资那个旅游庄园，也不会落得这样一个下场。

"要说竹山现在发展成这个样子，我们镇最要感谢和记住的就是和平。要不是当年他给做的长远规划，哪有现在的竹山，他虽然是失败了，但是他确实是有远见，给竹山指了一条明路。"村长的嘴唇动了动，从荷包里抽出三根烟，看着我。

我摇摇头，何研伸手接了一根，村长给何研点上火，给他自己也点上。

"和平这事儿确实有些奇怪，一个大活人，就这么不明不白失踪这么多年。"村长吐出一口浓烟。

"什么？张展他爸失踪了？"我脑海里有一根弦儿被扯动了一下。

"当年旅游庄园搞失败了，和平有些低落，当然，这也完全能理解，但是他毕竟是这么大一个老板，还是有一定的势力，他准备重整旗鼓再接着搞。就这当口儿，他老婆又跟他离婚，这对他又是一个打击，没过一段时间，就传出和平失踪了的消息，我们刚开始还以为是谣言，后来警察也过来，才知道真的是失踪了。"村长说。

"那张展呢？"我问。

"张展这孩子，他爸之前在外面当老板的时候委托给他的叔叔照顾，这个叔叔成天喝酒，也不是靠谱的人。后来他爸回镇上搞庄园，他妈就留在城里的建筑工地上管事，张展就一直跟着他爸。他爸失踪后，他妈就再也没回过镇上，听说连张展的面也不见，但是抚养费据说是给的。这个女人没什么良心。"村长狠狠吸了一口烟，好像陷进了关于"这个女人"的回忆里面。

"村长，有个叫陈秀娴的女孩儿你认识吗？"我打断了村长的"回忆"。

村长回过神儿来，"秀娴啊，是个好孩子，在县里的银行上班。哎？不对啊，你怎么认识我们镇上这么多人？"

第六章　写作

在民宿二楼的房间里，我一边看着电脑上张展照片里面的人脸，一边开始想雨涵。她从我们合租的房间搬走后，我们甚至连一次礼貌性的问候都不曾有过。几个月前是她的生日，在生日的前三天，我的苹果手机日程像往年一样提醒了我。有一年我忘了她的生日，她在第二天才告诉我。后来我便设定了这样的提醒方式。再后来我们分开，我又忘了关掉这个"提醒"，这就像一个隐喻。雨涵说过，写作者都是世间最可怜的人，一个写作者必须将自己和别人人性中最幽微的情感细节放大，直到开始思考自己存在的本身，貌似真诚地追逐那些看不到边界的答案。在那份工作里，我是"签约作家"，雨涵是我的"资深编辑"。整个公司没人知道我跟雨涵还是生活中的情侣关系，我们也从未深入去聊过，为什么不在公司的同事间表明这种关系，似乎是一种默契，没人提，也没人问。

那是我最得心应手的一份工作，那个项目主打的是一种叫做"半虚构"的文体，虚构就是虚构，还存在 0.5 虚构吗？我们都知道，我们生产的其实就是小说，但又不仅仅是小说。因为我们所写的所有作品都是以真实悬疑事件作为底本的，在此基础上，对某些局部的、新闻报道里所未涉及的"细节"展开所谓的"半虚构"。因为人物、事件、地点均是真实的，重要的是包装方式，从排版、插图到公开的真实新闻证据超链接等种种细节还原，目的是给读者造成一种深度报道的错觉，而故事的讲述方式又是通俗小说式的，在那个公众号里，我们发布的所有文章阅读量均可以超过 10 万加。在国内悬疑圈，我们公司成为了一个现象级的标杆。但这不是我所理解的写作，说到底，这是一个互联网时代快速消费的阅读"产品"，跟那些心灵鸡汤没有什么本质的区别。我们生产的模式就跟小作坊生产帽子的方式差不多，雨涵提供帽子的原料，我编织，公司进行售卖。我们的"产品"越受欢迎，我就越焦虑，我担心我距离自己想象的"写作"会越来越远。阅读一本坏的书有什么害处吗？最大的害处就是在阅读坏书的过程中它无形地浪费了我们的生命，导致我们没有时间读好书。写作也一样。

真正的写作就是自杀，是"就是"，而不是"是"。写作者把自己监禁在房间之内，独自杀死自己的一部分生命，融进他写下的文字里面。从另外的意义上说，写作其实也意味着占有，像一个男人占有女人的身体，当读者把一个作者的作品捧在手上，输进眼睛里面，那就意味着写作者就在无形之中占有了读者的双手、眼睛，顺便还占有他的一部分生命。

我跟雨涵生产的作品越来越多，公司对我们的期待也越来越大。在某一天，我突然很意外地发现了一个可能存在了好久的事实，雨涵变了，跟之前我所认识的她不一样。无论在工作还是生活中，她都变得相当固执己见，她既要掌控我工作中的写作，又想掌控我的生活，而且她敏感而易怒，为无关紧要的小事而发脾气，后悔。最初发现她的这种变化之后，我有些无所适从，但是很快，我就对此发生了浓厚的兴趣。雨涵对我来说，变成了一个"新鲜的人"，她既不是我的同事、我的编辑，也不是我的女朋友，她变成了一种客观存在的对象和现象。我开始将雨涵每一天所有情绪起伏的细节都记录下来，无论是一个浅浅的微笑，还是我们吵得物业的工作人员再次上门调解，某一方开始软下来道歉，然后和好。刚开始的时候我确实是毫无目的，只是单纯地记录。记到一定的体量之后，我似乎能从以往的日记里面寻找到关于雨涵的某些行为方式和思考问题的路径。无论如何，不用过多的分析就能得出那个浅显的结论，情况在往坏的方向发展，而且没有刹车的迹象。雨涵开始抽烟和喝酒，雨涵在吃饭的时候流眼泪，雨涵突然失控差一点儿就从阳台上跳下去。我也给过"帮助"，我建议她去看心理医生，但是她说她没病。每一次情绪释放之后，我感觉我更爱她，我感觉得出来，她好像跟我关系也更加亲密了，会主动紧紧地抱着我。这是我们靠得最近的时刻。我能意识到，我在把雨涵朝某个我无法感知的"实验性"的一个临界状态推搡着，我希望她靠近那一点足够近，近到她能自己意识到一些我所无法察觉的危险的东西。

　　事情进展到某一种状态之后似乎就陷入了停滞，雨涵的情绪像是进入了一个"平台期"，我的心理开始出现了一丝松动。我在日记里展开想象，下一刻，明天，下个月，明年，雨涵会成为怎么样的一种状态。坦率地说，我觉得她会自杀，而我又能对她提供什么帮助呢？要不是雨涵无意中使用我的电脑，看到我的日记，也许日记还可以继续进行下去。无论如何，我没有做任何违法犯罪的事情，在雨涵身上。如果要谴责，也仅仅是有道德瑕疵罢了。但是我是一个写作者，写小说的，我犯了一个写小说的人都会犯的"小错误"。

我应该向雨涵道歉吗？她会接受我的道歉吗？

李静媛发来一条链接，张展的照片已经开始在她们的栏目上连载了。因为有那9张照片之前造成的现象级讨论，链接里面的新照片底下依旧讨论热烈。按照我跟她的约定，这次的照片上都打上了水印——"张展 拍摄"。果然，评论里很多人都注意到了水印上的字，大家对"张展"展开了很多的猜测和想象。有人说这些照片绝对不可能是出自毫不知名的摄影师之手，无论是构图还是光线、色彩，均显示出成熟的风格，"张展"肯定是某个知名摄影师的匿名，并针对此猜想发起了一个投票，投票的选项里都是国内顶级的摄影师。静媛说目前网友的互动良好，她们准备下次更新照片的时候，就把"张展"定义为一个不愿意透露姓名的摄影师，发动网友一起来寻找这个匿名摄影师。

我说挺好的。我跟静媛说我已经住到了张展老家的镇上，准备找张展的一个发小先聊聊看。静媛发来一个"疑问"的表情。我突然想起来，上次跟静媛见面的时候，我把有关张展留下的这个日记本的事都给隐瞒了，她还不知道存在一个"陈秀娴"的女孩儿。我解释说是村长告诉我的，张展在村里有一个玩得很好的朋友，在县里的银行上班。静媛没有继续追问这个朋友是男是女。她发过来一个 Word 文档，文档里面是我本次"非虚构写作计划"的一个宣传文案，说是下次更新照片的时候一起发布，让我过一遍看看有没有什么需要修改的地方。照片的授权费和第一笔签约费已经打到我的银行卡上。我有点儿心虚，这些照片是张展的，授权费应该是他的。

我再次点开雨涵的微信对话窗口，点进她的朋友圈，是一条拒绝进入的长长的灰线，要么她设置成了"对我不可见"，要么她把我删掉了。只要我对她发过去一个字，我就能明确知道是哪一种情况，但是我放弃了。

第七章　度假村

村长留我和何研吃晚饭，我推托几次，都被村长热情地挡住了，看得出来村长讲话的欲望是被我们给挑起来了，有点儿像是被悬在空中的感觉，明显是还没讲过瘾。在饭桌上我本来不想喝酒的，但是实在是招架不住村长的热情，嘴也笨，就这么跟村长喝下了大半瓶的高度白酒。何研说她身体不舒服，喝的是橙汁。

酒过三巡，村长才开始讲张展父亲的事情。

张和平的事业起步是在省城，但是真正发达起来，是在河南的省会城市郑州，据传是一个以前跟他一起做事的小包工头有了硬关系，在郑州接到好几个大的工程，刚好碰到张和平到郑州来找过来跟他喝酒，那个包工头就把手下的工程交给张和平管理，因为认识多年，包工头知道张和平这人靠谱。另外一种传言说包工头当时说的其实是酒话，但是当着众人的面说出去了也不想再反悔，就认了。反正最后的结果是张和平一下子成了管理几百人的"监理"，从民工招聘、工地管理到发工资，所有工地上的事情都是张和平说了算。这是张和平打响的第一炮。工程完工之后，张和平被更大的老板看上，又被委托管理更大的工程。直到后来，从帮老板管理工程变成了自己直接承包工程当上老板，成为郑州市排得上号儿的人物。

赚到钱后，张和平对竹山镇和县里的资助也越来越多，从通村公路全镇亮化到孤寡扶助、成立助学奖学金，凡是镇里的项目找上他，张和平从来不会让人空手回去。直到几年后，张和平发现他对镇上扶持的这些东西，并没有从根儿上改变家乡的面貌。虽然水泥路有了，路灯也有了，但是留守儿童的问题和空心村的问题还是很严重，每年只有过年的那短短半个月，外面打工的年轻人回来了，镇上才显得有活气儿。等这些人一走，镇上又是死气沉沉。没有年轻人，即使有再好的硬件又有什么用。张和平决定在镇上投资干点儿什么。

那几年是青港市农村创业的好时候，最多的就是养猪和养鸡。首先是政策上的扶持，青港市政府为了让产业形成规模，出台了一系列扶持政策，而且农村土地多，建厂房容易，人工也便宜。那几年投资的人，都获得了很好的回报。但是回报主要是老板个人的，这种遍地开花的小规模养殖，因为有政策扶持基本不用纳税，带动的本地就业人口也很有限，一个养殖场就那么几个人就能运转起来。渐渐地，各地村民也开始有了怨言，因为小养殖场不注重环保，废水、废气，再加上排泄物，凡是有养殖场的村子，没几年的时间都会搞得恶臭难闻。张和平决定在镇上投资，首先考虑的并不是赚钱，他想找到一条可持续的发展之路，带动家乡的就业，让死气沉沉的家乡重新活起来。

"各种方向考察了好久，和平才选定搞度假山庄的。"村长说，"和平搞山庄本来就是为了镇上。那个时候竹山一穷二白什么也没有，要不是他和平说搞山庄，换成另外的任何一个人，村里人都会说是痴人说梦，但他是和平，大家就跟着干了。最开始就成立了合作社的，他是跟村里签的合同，村里占股份，只要出人力就可以占干股。和平是真厚道，他拿出来的可都是真金白银啊。哦，对了，还有林勇，他就是之前搞养鸡场赚的钱，也投资了一部分在山庄里面，平时管理施工主要是林勇，他年轻一些，脑子灵醒。合作社真正成立起来后，林勇用电脑把效果图打在看电影的幕布上，好家伙，真的搞得像旅游景点一样，垂钓休闲，酒店住宿，还有我们的杜鹃花海，反正搞了一个'竹山十景'，规划得是真好。"

因为喝了酒，村长说话的语气明显放开了一些，何研坐在桌子另外一边静静地听着村长讲话，在暖黄色的灯光下，显得很乖巧。

"和平最开先肯定也没想到这个山庄就是无底洞，一下子搞了两年多，光是他丢进去的钱就不晓得有多少，到后来他是把他工地上的钱往里丢，也不怪他老婆后来跟他离婚。"村长的酒杯已经空了，两只手在桌上胡乱地抓着，好像是抓住了一只隐形的酒瓶子。

"张展他爸妈离婚了？"我问。

"是啊，离婚了。眼看着山庄搞不下去了，所有人都劝他收手算了，没想到他下了大决心，把城里的房子卖了一套，到最后，他甚至还准备去借贷款。要不是他突然失踪了，这个贷款可能也就借了，当时就能搞完也说不定。"村长终于艰难地把脚边的酒瓶子抓在了手里。

我伸手接过村长手里的空瓶子，何研给我和村长递上热茶。

"我感觉现在村里搞得挺好的啊。"我说。

"现在这个样子是国家搞的，但是还是要感谢和平打下的基础。和平失踪后，山庄停了大半年，来了一个国家项目，要打造乡村旅游示范村，我们村有山庄的底子，县里就把我们村报上去了，选上了。"村长喝了一口茶，不断地往外努着舌头，不知道是烫着了还是在反胃要呕吐，我有点儿担心地看着他。

"张展呢？他爸失踪了他还在上学吧？"

"这孩子，对了，那段时间他要高考了，遇到他爸这事儿，一刺激，精神还出了一点儿问题，回村里休养了大半年才好。要不说张展这孩子灵醒呢，在屋待了这么久，再去上学还跟得上，考上了北京的一个大学，虽然是个二本，也不容易。"村长站起来往小院儿的后门走，估计是去厕所了。

村长走后，何研说："这个张展还挺有意思的，他究竟干了什么？"

"张展失踪了。"我说。

"失踪了？那你报警了吗？"她问。

"就是警察找到我的，张展留了我之前公司的地址，警察顺着公司的信息找到我的。"

"你为什么要大老远跑到竹山寻找张展？"何研问。看得出来，何研的好奇心在往上涨，我感觉得出来，她也有了村长之前的那种怀疑，感觉我和张展的关系没这么简单。我掏出手机，给何研微信发过去一条链接，是我之前发布的张展的 9 张照片。

何研看了一会儿手机，抬头问："这些照片是……"

"就是张展拍的。"

"他是一个摄影天才。"何研认真地说。

"网上确实有一些人这么说。"

"警察认为他的失踪仅仅是作为一件简单的失踪案吗？"何研说。

我看着何研的脸，内心有一点儿兴奋。"我到竹山就是为这个来的，我其实是过来写作的。"

"写张展？"

"是的。"

"明白，你是想了解张展的过去。"何研从桌子的对面移过来，坐到我旁边的位置上，说："刚才村长说张展高考前精神出过问题，我觉得可以从这里开始。"

何研的话刚说完，村长摇摇晃晃地从后院儿的小门往这里

　　　　　　　　　　　　　　游荡者 ｜

走。村长刚坐下，何研迫不及待地问："村长，你刚才说张展高考前精神出过问题在村里休养过几个月，可以详细说一下吗？"

村长的嘴角还沾着一些秽物，看得出来，村长刚才出去是呕吐过的。从他的表情看，似乎是轻松了一些。

"有点儿怪，像是中了邪。"村长端起桌上的茶杯，猛喝了一口，"一天天都鬼鬼怪怪的，看到什么都喜欢跟着，无论是路过讨米的，还是一只流浪狗，他会一直跟在后面，像一条尾巴，送出村子为止。"

"就跟着？什么也不做？"何研问。

"是的。哦，对了，还不说话，待在村里几个月，一句话也不说，跟谁都不说话。"村长说。

我小声地自言自语："难道是失语症……"

村长已经开始往桌上趴着了，也不管他面前的桌上摆满了杯盘狼藉的汤汤水水。我站起身，把村长扶起来。村长醉眼蒙眬地看着我，"你……你们住哪里？我送……送你们。"

"不用了村长，我们走回去，不远，就住林家铺子。"何研说着，搀住村长的另外一只手臂。

"你们住……住林勇那儿？"村长的双脚在挪动着。

"林勇？这名字有点儿耳熟。"何研自言自语。

"好像是张展他爸的合伙人，之前养过鸡。"我一下子反应过来。

第八章　处女作

杨德昌在《一一》里曾说，"电影发明以后，人类的生命比起以前延长了至少三倍。"我不知道电影是否可以改变别人的生命，至少在我这里，电影改变了我生命的一部分。

从很小的时候起，我就发现自己对痛苦的不敏感性。在课堂上，那些凶恶的坏脾气老师拿同学们的脑袋往课桌厚实的桌面上猛烈地碰撞，或者让我们排成一排，站在教室的黑板下面互相使劲地抽耳光，直到每个人的两边脸颊绯红。痛，或者说是想象中的肉体的各种剧痛，说实话，是会让我情绪更加高涨、兴奋，而不是真正发自内心的痛苦。我无法痛苦，哪怕是经历了好几次最亲的亲人去世。我穿戴好发给我的孝布跪在人群中间，看着主持人用斧头切掉我衣服的小角放进死者寿衣外面的荷包里面，然后合上棺木，用长长的铁钉钉进去。在我们老家，铁钉钉进棺木是一场葬礼的小高潮。我既对死者的去世无动于衷，也对生者的悲伤毫无波澜。我总是这么想，一个人死了，是一件既已发生的事实，既然是事实，最后肯定会有一个什么人将铁钉钉进去。然而我的内心也不能说是一丁点儿变化不发生，是一种无来由的空落落的感觉，不是悲伤，不是怀念。

刚到北京的时候，我住在北边朝阳和昌平交界的那个小区。我每天去坐公交车的车站，刚好有一个站牌处在两个行政区域的交界线上，所以我才知道这一点的。这似乎是一个隐喻，我的工作在发达的"朝阳区"，但是我的身体，处于"昌平"。昌平，是属于海子的地方。第一次在公交站牌旁想到《在昌平的孤独》时，我自己感觉已经好多年不读诗了，更别说背诵一首并不那么知名的诗。但是在那个地方，我就是能轻易地背出这首诗的全文。

孤独是一只鱼筐
是鱼筐中的泉水
放在泉水中

孤独是泉水中睡着的鹿王

梦见的猎鹿人
就是那用鱼筐提水的人

以及其他的孤独
是柏木之舟中的两个儿子
和所有女儿，围着诗经桑麻沅湘木叶
在爱情中失败
他们是鱼筐中的火苗
沉到水底

拉到岸上还是一只鱼筐
孤独不可言说

　　"在爱情中失败，他们是鱼筐中的火苗，沉到水底。"我匆匆逃离广州，将身体住进昌平，是因为"爱情中的失败"吗？大概只有海子那个年代的诗人才能如此从容地使用"爱情"这样的词语。从逻辑上讲，爱情的存在，是"失败的爱情"的前提，无论跟张婷婷在一起还是之后分开，我似乎都没有真正体会到所谓"爱情的感觉"，大概就是因为它有可能并不存在吧。

　　我从来没有跟任何人透露过，我到那个学校读计算机专业其实是完全草率的选择。如果让我再选一次，也许我还是选计算机专业，即使我从未真正去学过它，更别谈用它去工作，赚钱。现在想来，这是一种无声的反抗，是我内心的起义。从同伴，从老师，甚至从家长的角度来看，我从小就是那个"别人家的孩子"，学习，生活，成长，一帆风顺，直到高考后填报志愿，选择大学专业。我每天拿着学校发的志愿指导书坐在书房里发呆，我第一次隐隐地意识到"生命"大概是一种什么东西。在网上填报志愿截止的当天，我把志愿填报指南随机翻到一页，然后就填下了那一页列出的第一个学校的第一个专业，计算机专业。如果现在父母知道了我整个填报志愿的真相，不知道他们会怎么想。志愿填完之后，我告诉了父母。他们觉得填得不错，计算机是面向未来的，更为关键的是"工作好找"。

上大学后，几乎从第一堂课起，我就几乎对学校完全失去了兴趣。进入新的学校，新的宿舍，有了新的同学，我却提不起精神。我就这么一天天地在学校里闲逛，围着学校的围墙、教学楼、池塘、操场打转儿。直到大二，我才跟着人群第一次走进自习室。我喜欢自习室那种安静而又各有所忙的气氛，即使我是空人一个，连一本书一支笔都没带。我拿出手机，假装在玩儿。自习室在图书馆的二楼，跟自习室一墙之隔就是期刊阅览室。熟悉之后，我开始去期刊室随便拿起一本什么杂志读。最开始，无论是自然科学还是人文社科的期刊，我都能津津有味地从第一页看到最后一页。这样的一种阅读方式，与其说我在阅读，不如说我喜欢上这种处于阅读状态的感觉。在这之前，我从来就没有阅读的习惯，除了课本之外，从小到大我几乎都没看过任何课外书。

第一次看到张婷婷的时候，就是在阅览室。在一个晚上，跟以前一样，阅览室的人不多，她穿着一件深紫色的运动夹克外套，长直头发，在期刊盛放架前停留了好久。我也不知道为什么，当时就这么产生了一种没来由的好奇心，想看看如此安静在阅览架前可以站这么久的一个女生是什么样子。她的脸面向阅览架，我就这么等她回过头来。直到工作人员宣告马上要闭馆了，她才放下手里的书，我看到了她的脸，一种奇怪的十分熟悉的感觉。我跟着她，一直尾随着她从图书馆走出来，穿过教学楼前面的草坪和学校的礼堂，到达女生宿舍楼。

在那个时候我爱上了她，或者喜欢上了她吗？我不知道。我就这么一天天地去阅览室，直奔她站过的那排书架前。她看的是文学期刊。偶尔她会来，趁着她不去上晚自习的空当。她叫张婷婷，是中文系的，除了周二和周五之外，她晚上都要去自习室。她是大一新生。差不多整整半年后，我们才第一次说话，加微信。我无所事事，几乎只拿出两三成的工夫，在每门考试之前的一个星期内开始看书，应付掉即将到来的考试，其他时间，我要么在阅览室，要么在自习室看书。

写完第一篇完整小说的时候，已经是大三的上学期了。写完的当天，我按照那本我经常看的文学期刊上刊登的投稿邮箱发过去后就忘了这事儿，接着写我的第二篇小说。那段时间我连张婷婷都见得少了。我没想到事情会是如此顺利，还没到两个月，刊登着我第一篇小说的样刊就寄到了我宿舍。那本杂志刚好在做一个新的"90后"的小说栏目，被我碰上了。接着就是第二篇、第三篇、第四篇，到大四上学期，我已经在国内的多个知名杂志上刊登过小说，算是一个青年作者了。

同宿舍的三个室友，一个在准备考研复习，两个在互联网公司实习，只有我一个人，每天除了图书馆就窝在床上看书，一直看到再也看不进去了，就下床在下面的书桌上写小说。刚发表第一篇小说的时候确定是很激动的，特别是收到样刊，看到自己的名字和自己写下的那些有点儿不知所云的小说印在纸上，现在想来，这纯粹是一种虚荣心。我在期刊阅览室，反复翻看发表有我小说的那几本文学杂志，有时候还会偷偷观察进来阅览室的同学，有没有人去翻动那几本杂志。发表的小说后面有作者简介，我写的是"××大学大四在读"。期刊阅览室只有一个女工作人员，多数时候她坐在进门的柜台后面玩 Windows 电脑系统自带的"蜘蛛纸牌"。新到的期刊被塑料带子系住，堆在她的身边，她连取下阅览架上的旧杂志换上新的这项规定流程都懒得做。一直到两三个月后，她才会把堆积得占住走道的新杂志换上去。那些被淘汰的旧杂志会被回收到她身后高高的"过刊书架"上，束之高阁。以我观察，期刊进去她身后的书架后基本就宣告死亡，只有我，偶尔踩上凳子再去看一眼。

张婷婷说大三是拿学分的关键，她有自己的作息时间表，跟室友一起上课、自习，她不想太分心。学校教学楼的后面有一片小小的土坡，叫情人坡，穿过情人坡有一片湖水，就叫情人湖。她偶尔会约我一起在情人湖走一走，然后去旁边的学四食堂一起吃顿饭，之后各自回宿舍。我牵着她的手，总感觉她的手心冰凉。

大四上学期快要结束的时候，我在朋友圈看到一个出版社在招实习生，在遥远的南国广州。我突然才意识到，那段时间我不断地在网上浏览，原来是在为自己找一个去处。我把自己的文学履历罗列在一个 Word 里面发过去。第二天我就接到出版社电话，让我到广州，出版社不提供住宿。我把张婷婷叫出来，想跟她商量商量。张婷婷觉得我应该去，我就去了。

最初想来出版社实习，完全是因为自己对文学的兴趣。没想到我到出版社之后，负责人让我做的其实是互联网的工作。社里新来了一位副社长，想要将传统老旧的出版社硬件和一些电脑系统升级一下，因为出版社员工里都是中文系相关的专业，跟合作的互联网公司沟通困难，所以才紧急招聘实习生的。我一边在网上查资料，一边咨询同学，才勉强把属于我的工作应付过去。我觉得没什么意思，如果以后我一直待在出版社做这种工作。我在广州城中村的亲嘴楼里租了一张床位，每天 30 块，环境比学校宿舍要恶劣得多，同住一间的有接近 10 个人，卖保险的，做安利的，批发盗版光碟的，贴手机膜的。有一个每天西装革履的中年人，每天下班后都会将自己的所有东西装进他随身携带的一只大行李箱里，装好后跟他每一个看到的人说再见，因为他明早就会提着行李箱回老家。但是第二天晚上,他总会再次出现在他的床位上,继续说再见。我看着这个中年人,老是觉得生活里好像有一些自己没体会过的意味,或者是疑问。我变得喜欢去探究生活的细枝末节,城中村斑驳潮湿的墙壁上新写了几句别有意味的脏话,一张皱巴巴的面巾纸上沾着奇怪的颜色,路边花坛里一只半旧的玩偶,我感觉每天都有新鲜的体验。

有一天,领导兴奋地告诉我,上级部门拨给出版社一笔资金,想要我们策划一个什么项目,让我好好想想,有没有什么想法,弄一个书面的策划给他看看。然后我就弄了一个。领导看着我的策划,跟我讲了一个多小时,是他自己的想法,跟我的基本上是南辕北辙,然后让我去做。这基本上就是我在这份工作中的缩影。

为了参加答辩和毕业典礼,我回学校待了一周。我约张婷婷吃饭,她带过来另外一个男生,介绍说是男朋友。刚坐下的时候我有点儿尴尬,但是那位男生完全没有,他的性格开朗,很健谈,我竟然第一次感受到了某种魅力的存在。我无意中听到,他说他跟张婷婷在一起有两年多了。

我在广州继续待了一年,把自己完全沉浸在书本里面,除了文学之外,哲学和非虚构纪实是我的最爱,我像一个溺水的人,想要借助书本漂在水上。这一年我第一次尝试写完了一个失败的长篇,失败当然是十几位编辑告诉我的,故事是失败的,形式探索也是失败的,他们告诉我,这样的小说(姑且称之为小说)既无法在文学期刊上发表,也无法在出版社出版。刚开始写小说的时候,我似乎知道什么是小说,我看的书越多,我越不明白什么是小说该有的样子,我厌倦了所有的小说和虚构,我觉得它们都是千篇一律的虚假。虚假和虚构,不应该是一回事。到后来,我每天想得最多的一件事是离开广州,离开我当时的生活。

刚好那段时间朋友圈里有人在发招聘信息，北京有一个新媒体小公司在招文字编辑，我就这么来了北京。因为工作的需要，我经常被派往各种电影放映的现场，看完电影后当天晚上就要写完短评，我爱上了电影。

我记得是戈达尔的《筋疲力尽》，雨涵坐在我旁边，这是我们一起看的第一场电影，在小西天的电影资料馆。接下来我们又多次在小型的放映场合遇到，雨涵是我在现实生活中认识的第一个影迷。

一个爱电影的人，跟一个不爱电影的人，本质上不可能是一种人。杨德昌所说的有了电影之后人生会延长三倍，那本身并不存在而多出来的两倍人生显然并不属于自己，而是别人的。爱看电影，就是对生活不满，而且这种不满不是那种说得出来的不满，而是一种形而上的不满足。这些都是我在汪雨涵身上得来的体会和感觉。后来我才知道，汪雨涵自己也在写作，一个写作的女人，加上一个爱电影的女人，就是汪雨涵。她告诉我，在19纪之前，写作长期被视为男性的专利，而作为书写工具的笔，则被当作男性阴茎的象征，女性执笔写作既是一种对男性权力的僭越，又意味着女性性的觉醒。夏洛蒂·勃朗特有一个怪癖，写作的时候会闭着眼睛，这有她笔迹歪歪斜斜的草稿为证。闭着眼睛，总是让人联想到这是女性享受性爱时的通常反应。跟我那些有可能发表的作品不一样，汪雨涵的写作完全是面向她的内心，没有情节，都是散句，有点儿像呓语。我承认我就是看了她的这些奇怪的作品才爱上她的，我从来没跟她说过，哪怕是在她离开之后。

第九章　初恋

我没想过这么快就跟陈秀娴见上面，张展日记本里面这个四处穿插，贯穿整个日记本的中心人物，关于她的各种插叙，甚至直接盖过了日记本应该有的功能效果。如果把这个日记本连同里面的文字整体放到一部小说里面，作为某种技术手段，作者用以追溯小说主人公生活轨迹的线索，陈秀娴就是整个故事的故事核心，和那条不断隐隐显现的主线故事。

张展的日记本里没有写这段感情的起点，陈秀娴在日记里第一次出现的时候，就已经是女主角了。在当时他们的班级里，班上同学的座位是每周都变动的，周六下午放学之前，教室最后三排的同学就会换到最前面三排，这样能保证相对公平。张展喜欢从左后方这个角度看陈秀娴，特别是陈秀娴将半长的头发绾起来扎到脑袋后面，露出她修长的后脖子的时候，透过 300 度的近视眼镜片，张展觉得他能看清楚陈秀娴脖子上细密的小绒毛，这让他感觉到一种勃勃的生机。仿佛是一种默契，张展和陈秀娴从来不在任何熟悉的人面前走在一起，无论是最好的玩伴，还是同学老师，他们最亲密的时间就是利用晚自习中间休息的那 10 分钟，一起在几乎看不清脸的学校操场上散步。在其他的时候，他们都是陌生人，甚至连普通的同班同学都比不上，没有任何人知道他们的这种隐秘关系。在那个时候，张展是无法定义清楚这是一种什么关系，难道这就是青春言情小说里面的"早恋"吗？班主任多次在班上强调过，男女同学要保持纯洁的同学关系，不许过分亲近。什么又叫过分亲近呢？一起在操场上散散步算吗？张展和陈秀娴的座位忽远忽近，"就像两个围着恒星做椭圆形环绕的行星"，这是张展自己的比喻句。

上初中前，张展一直是个鸡飞狗跳的孩子，那个时候小孩子能做的一些小坏事，他都做过。一进初中，之前的玩伴都四散开，进入了不同的学校和班级。跟小学不一样，老师对同学们的成绩有了要求，而且初中的班级里人多，一走进教室，一种无形之中强大的压力就压得张展无法自由呼吸，他感觉整个世界都不一样了。在他后来看来，所谓个人的性格由原生家庭和成长环境共同构成的说法，属于他个人的，塑造他后来性格的"成长环境"就是初中这三年时间，上初中前是一个人，读初中是一个人，初中毕业后又成了另外一个人。

初二的上学期，张展班里新来了一个中年女英语老师，据说是从市里调过来的。这位英语老师最大的杀手锏是"单词听写"，每次两节英语课，她会拿出整整一节课来听写英语单词。听写之前，她总会随机点四名同学到黑板上去写，跟坐在座位上的同学一起。对于那些擅长背英语单词，成绩本来就好的同学倒没什么，像张展这样记性差、每次都写不下来几个单词的同学，那就无异于当众审判了。好在班上有几十名同学，一个学期下来，每个人也点不到几次。陈秀娴和英语老师的那次冲突，就是因为听写单词。英语老师第一次点到陈秀娴，陈秀娴坐在座位上就是不出来，也不站起来，就这么坐着。叫了几次之后，英语老师才爆发，走到陈秀娴的座位旁边，企图将她从椅子上提起来。全班同学惊讶地看着陈秀娴，在这之前，陈秀娴从来就是一个"乖乖学生"的形象，不怎么说话，也从不捣乱，他们有点儿闹不明白这场闹剧是怎么发生的，又该怎么样收场。没想到陈秀娴突然从座位上站起来，伸开双手猛地一下将课桌上摞起来的试卷、课本、习题和复习资料全部推到了地上。这一下把所有人都镇住，连站在她身边的英语老师都停止了动作。趁着这个间隙，陈秀娴站起身来，飞快地冲出教室。那堂课就这么戛然而止，英语老师随后

　　　　　　　　　　　　　　　　　游荡者 |

也离开班级，留下全班同学在座位上愕然着。

隔一天是周六，按照惯例，下午3点多上完第二节课就放假。张展收到陈秀娴的纸条，让放学后在班里等他，有事。张展一直等到天快黑了，校园里几乎完全空了，陈秀娴才到教室。她让张展帮她搬东西。她冲出教室后，被她推倒的那些书本已经被其他同学收好摞在课桌上了。陈秀娴收拾得很仔细，直到课桌里被掏空，连一小片儿碎纸屑都不剩。张展小心翼翼地站在一旁，连昨天她离开教室后去了哪里都没问。他怀抱着厚厚一摞书，默默地跟在陈秀娴后面。走到学校食堂旁边的时候，一个女人等在那里，企图从陈秀娴那里接过怀里的书，但是陈秀娴不愿意，两个人像拔河似的在拉扯。没一会儿，嗡的一下，她怀里的那一大摞书跌在地上。女人走过来接过张展的书，让他先走。张展看了一眼陈秀娴，在不明朗的光线下，不远处的陈秀娴只剩下一个剪影。周一陈秀娴准时出现在课堂上，无论是班主任语文老师还是英语老师，好像都已经忘了上周五发生的事情，没有人提起，就像是全班同学一起做了一场梦，睡醒了就过去了。

我跟着林哥走进一个小咖啡馆。咖啡馆里就坐着一个人，在进门这边靠窗的位置。一个齐耳短发的女生，有点儿像《天使爱美丽》里奥黛丽·塔图的发型。林哥把我介绍给眼前的女生，说我是张展在北京的好朋友，找她有点儿事想了解一下。

"秀娴。"我说。在林哥说出她的名字之前，我伸出了手。

她愣了一下，轻轻地伸手，用两三个指头握住我的指头。

林哥离开咖啡馆，我坐在秀娴对面的椅子上看着她的眼睛，这双我似乎已经过于熟悉的眼睛，张展在日记本里反复地用文学性的语言描述过的眼睛。那一瞬间，我就想起了日记本里关于这两只眼睛的各种比喻，它们在我的眼前不断地变化，跟那些喻体的影子相重叠。她的脸上有一种少有的干净的质地，而且看得出来，并不是那种精心装点和举重若轻的熟稔的化妆技巧所叠加的效果。

"听林哥说张展不见了？"秀娴说，她喝了一口杯子里的咖啡，放下杯子，很自然地轻轻抿了一下嘴唇。咖啡的表面有一层淡棕色的奶泡儿。

"是的，失踪了。"我说。我点的美式咖啡端上来了，过度烘焙的焦香味儿冲进我的鼻腔里。"他最后一次联系你是什么时候？"

"联系我？那得好久了。"秀娴微微在思索，"得有10年了吧。"

我顿了一下，把手里的咖啡送进嘴里，我喜欢喝有点儿烫口的咖啡。"10年，那差不多你们分开后就没见过了。"

"分开？你说的是初中毕业？"秀娴两只大大的眼睛看着我。

"嗯，差不多。"我说。我看着秀娴"无辜"的眼睛，第一反应是她可能是不好意思面对我，说出她和张展之前在一起的经历。

"其实我们本来也不算熟，即使是之前初中同学了三年，你知道，张展的性格比较内向。"

"是的。"我说。张展日记本里面，对于他和秀娴这一段早恋的起始阶段是缺失的，但是从坐在我对面这张容易害羞的脸上，很容易就能看得出来，在这段感情里，肯定是张展主动的。我问秀娴是在哪里上的大学，在做什么工作。其实之前林哥就告诉过我，她在县里的一个银行上班，好像还是国企，干得挺不错的。秀娴说她就是在青港市本地上的一个二本师范学校，毕业后便回到县城，在银行上班。因为离家近，每年回来竹山的次数很多。听她讲这几年她的生活状态，我一直在想，要不要继续问她张展的事情，她会不会不愿意谈张展。根据张展的记录，她和张展的早恋失败后，张展其实一直都没能从这段早夭的感情里走出来，似乎之后的这几年，他再也没有交过女朋友。

"张展和你分开后，就再也没交过女朋友？"我还是问了出来。

"嗯？张展和我分开？"秀娴疑惑地看着我。

"是啊，对了，张展失踪前留了一个日记本给我，我看了他的日记。"

"你是不是看错了？"秀娴说，"我跟张展并不是很熟悉的朋友，初中的时候都没说过几句话。"

"你的意思是你们没在一起过？"我问。

"没有。"秀娴摇摇头。

我看着秀娴，陷入了沉思。我想到张展日记本里的一个细节，在春天，有一个下小雨的晚上，他们趁着晚自习中间休息的那10分钟一起去操场上看新开的白玉兰，就在他们走到靠近操场的那条水泥小路时，在花坛旁边的路灯下面，迎面碰到了他们班的英语老师，当时张展和秀娴都呆住了，英语老师笑着对他们点点头，什么也没说。不知道为什么，我突然就想到这件事。

"你还记得有一个下雨的晚上，你和张展碰到英语老师的事吗？"我问。

"这也是张展日记本里写的？"秀娴说。

"是的。"

"你确定日记本里张展写的是他跟我的事情？"秀娴的脸色变得严峻，她的两只手掌握着咖啡杯，看得出来，她似乎突然变得有些紧张了。

"确定。"

"我好多年没见他，我怀疑他精神有问题。"秀娴说，"你刚才说的他在日记本里写的跟我在一起，碰到英语老师这些事情，绝对没有，初中三年我跟张展并不熟悉，也没说过几句话。"

"那初二那次，你和英语老师的冲突……"我说。

秀娴瞪大眼睛看着我，"他把这件事也写在日记里？"

"嗯，他写了很多你的事情。"

"这件事倒是真的，我那时候讨厌英语老师。"秀娴把手里的杯子放在桌面上，挪了挪身子，"我一直不明白，那样死记硬背有什么用，即使那些单词我都写得出来，我就是不想站在黑板前面，像动物一样被他们观看。"

我看着秀娴的眼睛，她说话的感觉给人以真诚，毫无矫揉造作的痕迹。如果按照她说的，至少在她和张展曾经"在一起"这件事上，张展在日记本里写的是他虚构出来的？但是关于他和秀娴一起经历过的这些事情，细节是如此充盈。作为一个小说作者，我知道，哪怕真的是虚构的，也必然有生活中的来源和原型。也许眼前的这个"秀娴"就是张展日记本虚构的"秀娴"的原型？至少秀娴和英语老师起冲突这件事是真实存在过的。

"第二天你回教室搬书，张展有帮过你吗？"我问。

"没有，"秀娴摇摇头，"我一个人，等教室里面的人都走了之后回去搬的东西，我们班的钥匙就放在后门头顶的木头门框上。"

我默默地想了一会儿，说："你确定张展不在班里？"

"肯定不在。"秀娴说。

"那他怎么知道你去教室搬东西的？"

"对啊。"秀娴想了一会儿，说，"难道他一直在跟踪我？"

第十章　跟踪

"无疑，我们的时代偏爱图像而不信实物，偏爱复制本而忽略原稿，偏爱表现而不顾现实，喜欢表象甚于存在。对这个时代而言，神圣之物仅仅是个幻觉，而世俗之物才是真理。更有甚之，在它眼中，神圣之物随着真相的减少而变大，随着幻觉的增大而变大，于是幻觉的顶峰对它来说也是神圣的顶峰。"（费尔巴

哈《基督教的本质》)

张展是另外一匹"荒原狼"吗？还是仅仅是某种无心的巧合，他也看过这本书？无论如何，张展第一次对我说的话是"什么味道这么好闻"，站在我的角度，而不是我惯常的写作者的上帝视角，把荒原狼的形象跟张展相联系都是自然而然的。

从那份给电影写稿的工作离开之后，很长一段，我的生活完全失去了重心。过往的电影都被我看过，我爱的书都被我读过，我也毫无感觉和动力去再度重启我的写作，我陷入了一种心理上的无所事事阶段。我懊悔，我想证明自己正在活着，或者还保有一种自认为很重要的写作能力，我就可以理所当然地变得客观而冷静（在他者看来可能是冷漠）吗？在和雨涵的关系里面，我是否可以做得更多，做得更好？雨涵搬走之后，屋子显得空空荡荡，她不仅将自己所有的物品痕迹都搬走，她把那只我们一起养大的小猫茉莉也带走了。她不在的时候，我不仅想她，也想茉莉。

我记得在带回茉莉之前，雨涵试探过我好几次，能不能养一只小猫。但都被我严正拒绝了。不是我不喜欢小猫，我害怕一养小猫我又会想到小时候那只叫"咪咪"的小狸花猫。

那时我上小学四五年级，一天深夜，我妈突然叫醒我，说咪咪不见了，要我一起出去找。有些事就是无法解释的，我至今想不通，我妈怎么会梦到出事地点的。我妈牵着我，在刺眼的矿灯指引下，直接就赶到了事发地点。那是我家附近唯一的一家铁匠铺门口，靠着通往县里的公路，他家孙子叫何超，弹玻璃珠总输给我。我妈径直就走到了已经完全熄火的风箱旁边，咪咪就躺在风箱旁边的一块沾满污垢的破布上，奄奄一息，似乎是在撑着见我妈最后一面。我看到母猫肚皮间淌出来的内脏，脑袋里完全是空白的，似乎是被即将溜走的生命给镇住了。

是一辆东风车。我妈说。

它是自己撞上去的。我妈说。

它应该想开点儿的，总会有这么一回。我妈说。

我妈摸着母猫的后脖子，那是它最喜欢的抚摸方式，只要摸着那里，母猫就会发出呼呼噜噜的声音。我妈说那是开心的声音。但是那一次，母猫没有发出任何声音。

在老家，传说猫有九条命。死去的家猫是不能埋进泥土里，那样会阻断它重生的道路。死去的猫身必须尽快挂在一棵高高的树枝上，挂满七七四十九天之后，猫才会重新顺利投胎。

我妈带着我，连夜把母猫带到我家屋后的一个山洼里，选了一棵笔直高挺的杨树，将母猫挂在了树上。从那以后，我家里再也没有养过任何一只猫，即使隔壁左右的邻居多次将花色和性格更好的一些小猫送到家里给我妈挑选，我妈也只会摇摇头，猫自此成为一个无言的禁忌，没有人再提出养一只猫。

雨涵把茉莉带回来的时候我正在洗澡，我洗完澡从卫生间走出来，看到一个橘色的小团子缩在墙角，我以为是一个什么球。雨涵在阳台上晾衣服。我去找吹风机，突然听到一声"喵"。雨涵冲过来抱起那只橘色小球，就像新生的孕妇抱着自己金贵的婴儿。茉莉躺在雨涵的怀里，我被这个场景所打动，她和它是如此匹配，好像它的存在天生就是为了在这一刻躺在她的怀里。雨涵确定要离开的时候，我就考虑过茉莉的问题，最初我还抱着一丝幻想，她会不会把茉莉留给我，她知道我爱茉莉。甚至有时候，只有我和茉莉待在出租屋的时候，我觉得我爱茉莉要超过雨涵。最后她还是把茉莉带走了，虽然我知道，她对茉莉的爱是远不及我的，也许她是在报复我，最后一次用茉莉来表示对我的不满。

最后促使我搬离那间出租屋的，说到底就是茉莉。茉莉最喜欢躲藏在那个衣柜右边的小角落里，茉莉最喜欢躺在暖气下面的小垫子上。我待在房间里，老是想起茉莉，即使它不存在了，还是会扰得我心神不宁，就像它之前在这间屋子里，老是在我看书的时候跳到我身上来，趴下睡觉，直到我的两条腿都麻痹，我才将它赶下去。

我下定决心重新开始写作，找出之前在本子上记下的一些"写作灵感片段"，就像过往的那些大作家建议的那样，我早就养成了记录自己任何一个微小的灵感的习惯。这是一个悖论，我记得越多，越觉得我没有什么可写的，因为一切都是碎片，而写小说是需要将碎片拼贴起来的。我制定了自己的作息时间，就像过往的写作大师给出的建议，每天固定时间坐在电脑前面，哪怕我一个字不写，对着空白的 Word 文档发呆也要坐够时间。我在那间出租屋里又待了一些时间，直到找到了一个我想写的故事，我才搬到南四环外靠近一个小公园的新房子里。

之所以决定跟踪这位按规律早出晚归的新室友，他所具有的"荒原狼气质"和他讲出的属于荒原狼的那句台词只是一个方面，另外一方面是我的写作并不是像我计划的那样，只要我每天坐在自己房间的书桌上，我想写的故事就能往前发展。跟之前我所写的在文学期刊上发表的那些短篇小说不同，这次我设想的是一个长篇小说，小说有一条主线，但是很多时候，我写着写着就会偏向另外一条隐藏的线路，只要一开始敲动键盘，我的大脑就像是绕进了迷宫，我甚至感觉它逃出了我的控制。我的手指敲在键盘上，是手在写作，而不是我的心或者大脑，我总是有这种感觉，难道这就是所谓的写长篇小说的感觉吗？我的写作变成了一种纯粹机械的行为，我不知道我的手指会把这个故事带往何方。我要逃脱它，或者逃脱我自己。就是在这个时候，我发现了新室友的蹊跷之处。

张展出门的时候天还是蒙蒙亮。他出门后，我站在大门后面等了一会儿，直到他大概下到二楼的时候（我们合租的出租屋

游荡者 51

在四楼）我才出来。他走在我前面，在黑色和黄色混杂的光线里伸开两只手臂，像是在做着上场之前的热身运动。他顺着人行道往前走，跟他擦肩而过的多是早起遛狗或者遛弯儿的老头儿老太太。出门的时候，我毫无理由地以为他是赶早班地铁去城里的什么地方，结果刚好相反，他走向了附近唯一的地铁站的相反方向。他走着，没一会儿就会停下来，然后又往回走几步，改变身体的形状，蹲下来，或者歪向某一边，在我看来就像突发了某种疾病。某些时候随着他身体的摆动，我看到他脖子前面挂着的一个黑乎乎的笨重东西，我想到那是他的相机，之前我从门缝里看过几次。终于有一次，他举起相机，对着路边的一棵什么树的顶端按了几下，一只大的黑鸟从树枝上飞起来逃走。我跟着他走了好久好久，直到我的两只脚板儿都有了反应。我有扁平足的毛病，不良于行。

我就这么悄无声息地跟着张展，一次又一次，他在人行道、街边小公园或者胡同里走来走去，有时候又呆坐在咖啡馆、独立书店或者奶茶店里，他的行走是没有方向和目的的。我想起了我坐在电脑前敲字的那些手指尖，它们也是行走在键盘上，看起来毫无目的，但是最后总会组成一些由逗号、句号、感叹号和省略号间隔开的看似有什么意义的句子。而张展行走的产品就在他的相机里。他拍下的照片数量，远不止他发在他自己那个几乎等于不存在的社交账号上的。他在街头寻找一张合适的照片，这是我最后得出的结论。

在那时的张展眼里，也许我是一个完美的室友，从不好奇从不打扰，我们就跟所有存在这个城市里两千多万个原子化的当代人一样，静止，然后流动，又静止。他对我一直跟踪着他的这一事实毫无察觉，至少在我看来是这样的。

有一天，我像往常一样在出租屋外面的鞋架上拿起一个快

　　　　　　　　　　　　游荡者 |

递，看得出来是一本书。负责这个小区的快递员已经熟悉我的习惯，凡是有快递寄来，不需要电话或者短信问我，放在鞋架上就行。我拆开快递，是本雅明的《单向街》。我愣了一下，这个版本的《单向街》我一直想找，但是并没有找到。我仔细看了一下被我撕掉的快递包装，收件人是"一人"，原来是张展的。《单向街》是联系我跟张展的一条线索。我们顺着《单向街》聊了一会儿本雅明，除了《发达资本主义时代的抒情诗人》之外，他还特别提到了"拱廊街研究计划"。这一下子击中了我，我想起他每天带着相机走来走去的形象，张展不是一只荒原狼，而是一个从巴黎拱廊街穿越到北京的游荡者。

第十一章 初中

陈秀娴对张展在日记里记载的关于她的事情很好奇，让我接着再讲几件事。我多次翻过那本日记，便凭着印象又讲了一点儿。秀娴说这些事情的细节她大多早就忘了，经我这么一提醒，又都想起来了，张展记下的大部分事情都是真的，但是并不都是发生在秀娴身上，从好几个细节她都能听得出来，部分事情是发生在他们同班的另外几个女同学身上，比如在晚自习中间休息的10分钟去操场上散步的，是同班的王宇和杨柳，后来他俩因为早恋的问题被全校通报记了大过，而在英语老师听写的时候跟她发生冲突的，确实是陈秀娴，但是第二天帮她把书本搬到学校饭堂那里的，是同班的另外一名男同学杨涛，当时陈秀娴就感觉得出来，杨涛有一点儿喜欢自己，但是从来没有表白过。诸如此类的细节，伴随着我的叙述和陈秀娴封存在脑海中的记忆慢慢复苏，一点点都浮出水面。

随着细节的一点点挖掘，陈秀娴认为张展不可能是通过跟踪她的方式获得的信息，因为在我的讲述里面，如果把张展的日记本当作一本真假夹杂的类似小说的文学作品来看待的话，日记里面的所有细节似乎都是完全真实的（虽然陈秀娴不可能得知的部分细节无法判断，但是以她个人的看法，这些细节有很大可能是属实的），张展不仅仅是以一个跟踪者参与他的记叙，很多时候，他可以换两三个视角来观察同一件事情，甚至可以用一种全知的上帝视角来看待他的记叙。陈秀娴想到了他们的语文老师，也就是班主任，在他们班上推行过的一项"活动"。

陈秀娴说，初一下学期的时候，青港市教育局组织市里部分老师去江苏启东学习先进的教育理念，从江苏回来后，语文老师就开始让全班同学写日记，周一到周五每天一篇，周六由学习委员收起来后随机分发，让他们通过批阅别人的日记这种方式来反思自己的作文能力和技巧，据语文老师说，这一招在启东市早就全市推广，从初中到高中都是这样，这是启东市多年摸索出来的优秀教学经验。刚开始写日记的时候，全班同学都很兴奋，因为同学们都来自不同的小学，无论是同学之间的关系还是初中学习的方式都跟小学很不一样，很多想说的话都不知道该跟谁说，日记是一个很好的抒发方式。经过半个多学期的兴奋期，到初二的时候，多数人都已经很倦怠了，每天都是早自习、早餐、上课、早操、上课、午餐、上课、晚餐、晚自习，从早上6点钟一直到晚上9点半，日复一日毫无变化的枯燥校园生活和处于身心高速发展的成长期之间逐渐有了矛盾，有的同学在学习中掉队了，开始看漫画、看言情小说和网络小说，玩电子游戏，甚至开始有早恋倾向的同学也不在少数，记日记成了跟数学作业一样的规定动作，已经让多数人提不起兴趣了。到了这一阶段，批阅日记已经发展成了另外一种形式，由之前学习委员统一收随机发变成了写完后想给谁批阅就给谁批阅，这一变化直接导致了班上好几对早恋情侣的形成。他们在各自的日记里记录，然后在班上光明正大地换阅，而名义上是在完成语文老师的作业。这种情况持续了大半年，一直到初二快要结尾的时候，语文老师才停止了交换批阅日记的实验。

"我怀疑张展是看过我们班上很多同学的日记。"陈秀娴说，"不然他留给你的日记里面，那些真实的小细节不会这么详细。"

"但是按照你所说的，你们班上的日记是两人相互批阅，他也不可能看到这么多人的啊。"我说。

"也许是他偷看的。"陈秀娴笑着说。

"趁你们不在教室的时候？"我也笑笑。

"有可能。"陈秀娴说，"张展的日记本里跟他的失踪有关吗？难道你是警察？"

我摇摇头。

"那你是为什么？我猜你是通过他的笔记本找到我的。"陈秀娴说。

"确实是的。我是一个写作者，我想写一个故事。"我说。

"就跟张展的日记本一样？他的日记本就是个故事啊，可以当小说看。"

我不知道该怎么样跟桌子另一边的陈秀娴解释，我想通过张展的日记本来寻找他的过往究竟有什么私心？还是真的仅仅作为一个非虚构项目必需的田野调查到竹山来搜集写作素材的？我和陈秀娴就这么静静地坐着，咖啡喝完后又叫了一壶水果茶。水果茶也喝完了，陈秀娴接到她爸的电话，要回家吃午饭了。她离开后，我一个人继续待在咖啡馆。

老板过来给我桌上的水壶加完水，不经意地对我说："你注意到张展他爸了吗？"

我看着老板的脸，这张脸面庞俊秀棱角分明，胡子也修理得整整齐齐，配上天蓝色的衬衫，看起来很有范儿，像是咖啡馆老板该有的样子。"也是失踪的，据我了解。"

他坐在陈秀娴之前的位子上，说："你刚来可能还不知道，和平的失踪没那么简单，好多人都说他死了，可能就在竹山。"

"你的意思是他已经死了，而不是失踪？"我看着老板的眼睛说。

"传闻，都是传闻。和平之前赚这么多钱，说靠的都是他老婆。"老板说。

"这怎么说？"老板的话勾起了我的兴趣。

"我也是听来的，说和平他老婆靠身体讨好上面的老板，和平才有的那些工地。"

"不对啊，不是说是因为张展他爸出轨了，才导致离婚的吗？"我说。

"具体究竟是怎么回事我也不清楚，我都是听说的。"老板笑一笑，站起身收拾桌上的杯子，"竹山也有很多人对和平的事感兴趣。"说完老板捧着水壶和玻璃杯离开了。

第十二章　分类

我的屁股从椅子上离开，我的 10 根手指终于从键盘上解放。出租屋禁锢着我的身体，也禁锢了我的灵魂。写作，就是要把自己关起来，远离真正的人群，去爱上我脑海中那些或许扁平或许丰富的想象中的人。写作这一行为本身，似乎就跟《卡拉马佐夫兄弟》里面那位行将就木的长老的理论构成 ·种对位关系，他敬劝信众要爱生活中活生生的人，而写作者，恰恰要爱虚拟的人。我不知道陀思妥耶夫斯基在写作那一段话时，是否想到了他自己，在长老身后是上帝，在上帝身后，显然就是陀思妥耶夫斯基他自己。

张展带着我走上北京的街道，以本雅明笔下在巴黎拱廊街无所事事的那些游荡者的眼光。我们步行，绝大多数时间，我们就是纯粹的游荡者，站在人群之中观察人群。我不太习惯这种视角，我更习惯于坐在电脑前面，用自己的 10 根手指来思考"人"的大脑，他们在想什么，他们想要什么，他们为什么想要。而在街道上是不一样的，我既能看到真实的作为单个的人的表情，又能看到作为整体的人所处的不断变化的环境（因为我在行走）。张展说，拍照就是眼光的智慧。（如果是这样的话，那写作就是指尖的智慧，或者是键盘的智慧？）张展和我就这么在街上游荡，走来走去，像是我在写作之前的那些小习惯。前一天写完之后必须将键盘收进抽屉，第二天又必须故作慎重地将键盘摆出来，按开左手边的台灯，调整到暖黄色的适合写作的光线，右手边放上水壶和水杯，然后去上厕所。做完这一套自己规定的似乎是写作前的准备活动后，就要将自己的十根手指放在键盘上面了。不要认真去通读之前已经写出来的那些初稿，只需要草草读一下上面的那一小段，就可以接着写下去，凭借着一种奇怪的感觉，这就是指尖的智慧？与此对应，张展说每一张照片的形成，其实都有一个"决定性的瞬间"，从表面上看，这个"决定性的瞬间"就是在食指按下快门的那一瞬间，但实际上决定一张照片的，并不是手指（写作当然也不是键盘的智慧了），而是那个和拍摄者内心发生强烈的碰撞的场景。至少在张展看来，每一次出现那个瞬间的时候，那一秒钟，他的内心会生发出一种兴奋和喜悦。人群、光线、场景，再加上拍摄者，相互的作用。

拍摄一张照片是一件很困难的事情（其难度大概等于我产生了想创作一个故事的灵感？），"你需要融合在人群里，但又不能随波逐流，你不能跟着它的节奏走，但又不能把自己和人群隔

游荡者 57

开，你既在人群的里面，因为你就是人群的一部分，你又要在人群的外面，至少你要保证那个黑色的相机镜头在外面，因为相机本质上是工厂生产的一件商品，它应该作为一种客观的存在"，张展说。在长久地走来走去之后，他会突然在某个地点停住，小心翼翼地挪动，变换双脚的位置，让眼睛处在不同的"视角"。"结构也是在一瞬间成形的，要么有，要么就是没有。"在我看来，张展所追求的那种"瞬间性"就是偶然性，他想将历史、现在和未来的思考融进某一时刻看起来像是很巧合的画面里，现在看来，与其说张展所拍摄的照片打动了这么多的观看者，不如说是"符号"，最初那9张大范围传播的照片都有着看似一以贯之的创作理念，初看让人忍俊不禁，再细看，每张照片都充斥着一些倒错的符号关系。有一位评论者的评语我记得很清楚，他说出了我心里想象的关于张展照片的感觉，他说："我们误以为其通俗，实际上，他的作品都在一个相当之窄的频率上，他让我们所有人产生了共鸣，'那些一刹那就会溜走的人情，都会给他准确无误地捡走'。"

我尝试过很多次给张展U盘里面的照片归类，但是都放弃了，要不是这个非虚构写作计划的编辑李静媛要连载张展的照片，我可能永远都不会做这件事，这就像去整理一间杂乱无章的书房，将书籍整齐摆进书柜里的方式是有很多的，按学科门类，按作者国别，按书名的首字母顺序，按图书开本的大小，按日常翻阅的频次……这样的分类法似乎是可以一直往下继续的。最初李静媛让我把这些照片归类，将它们按类别在栏目上连载，我直接拒绝了。但是她说如果没人来做这项工作，那编辑就只能按照照片的原始序号，即这些照片的拍摄顺序来发布。于是我接受了这项任务。我将他照片里面多次出现的事物进行了区分和说明。

1. 镜子

"镜子和男女交媾都是可憎的，因为它们使人的数目倍增。"（博尔赫斯《特隆、乌克巴尔、奥比斯·特蒂乌斯》）"镜子"是张展照片里我最感兴趣的一个符号。不仅仅是镜子，如果把张展所有照片里出现的物品都转化成商品名，输进一个大数据系统里进行分析，我想象得出来，肯定有很多"高频词汇"。张展喜欢利用镜子来拍摄他自己，在街上，作为一种元素或者符号融入他"瞬间性"的作品里面。希区柯克在他导演的电影里客串，喜欢使用"元"技巧的创作者，在小说里面写小说的作家，他们出现在自己作品里并不是偶尔，而是一种思考的路径，一种记录。张展利用镜子来记录他自己的历史。镜子作为承载他身体的容器，有时候被塞进两栋"亲嘴楼"的缝隙里，有时候成为小鞋摊试鞋镜的人物背景，有些时候，镜子又成为摩天高楼遮光板。镜子里面是张展的人像，但那是反光，是影像，相机在镜子里所捕捉形成的相片相当于影像的影像。

2. 肉

肉的表现形式。车水马龙的空隙里穿梭的一只嘴尖嫩黄的小鸡，血水横流的菜市场里黑洞洞的露天下水道，一只只还未煺毛排列整齐的粗壮猪蹄儿、带血的白色羊排、两眼紧闭的大牛头、穿着肉色丝袜的超短裙、高档写字楼挂出来的一小排土腊肉。在张展拍下的这些"肉"中，主要颜色是黄色、红色、黑色和白色，坚硬的城市和柔软的肉，形成一种猛烈的冲撞，似乎是在向观看照片的人表达着一些什么。在张展的日记里记录着这样一段话，"一种开放的心态，将镜头开放给世界，世界变得近在眼前，开放给陌生者，从而得以偷来一张张亲密的瞬间，最终的照片也开放给读者，表面没有任何玄机，却会让人翻来覆去地看，愈来愈多的细节逐渐显现"。在张展失踪之后，他借由我，"将照片开放给读者"。我成为一种功能的存在，是连接张展和世界的媒介。

3. 玩偶

张展最初在那个用户不多的社交网站引起我的兴趣，正是几张玩偶。我记得第一张是在一个上行的电梯上，电梯旁边的二楼廉价服装店正在收拾东西准备下班，三只没穿衣服的塑料人形玩偶东倒西歪，像是灾难（下班？）来袭无暇他顾连衣服都来不及穿，而淡定的店员在一旁熟视无睹，按部就班地干着手里的活儿。三个隐形的受难者。看，和观察是有本质的区别。张展的照片让我意识到在真实的街道上具有无限的丰富性和戏剧性。缝纫店气质高贵的人台、散落的（像是被切割）手指，作为道具的人形玩偶出现在照片里的时候，它们和行走在画面里真实的人一样具有了同等的生命。

4. 错位

材料和位置关系都能造成错位。五星级的玻璃旋转门，将门外的乞丐"送到"门内妙龄女郎的怀里，网状透明的自行车塑料筐成了一位中年人抱头痛哭的发泄场所，水果摊儿老板的脑袋变成了挂在空中用绳子吊着的榴莲，肥胖男子的大肚子变成实心的球形拦路石，各种各样"倒错的符号关系"充斥在张展的照片里。布列松说"天空属于所有人"。物与物之间或许可以产生各种错综复杂的联系，而这种联系只有部分创作者才能嗅到气息。

5. 重复

"城市中单个建筑物的寿命远比我们想象的要短。"在张展的照片里面，有一些是在不厌其烦地重复，同一角度在不同时间不断地拍下去。先是坚固、高大、川流不息的人行天桥，然后是废墟、工地，又建成了人行天桥，依旧川流不息，这就是城市。更多的时候不是这样彻底的摧毁，而是不断在局部进行修整。人行道上一块一块被置换的砖块儿，小区健康活泼的大树一夜之间失去了踪迹，诸如此类。忒修斯之船，人行道还是之前的人行道吗？小区还是小区吗？观察者还是观察者吗？

第十三章　失控

周日，快到黄昏的时候，我坐上去往县城的公交。听卖票的大姐说，这是竹山去县城的最后一班公交车。一个陌生的县城。我只带着自己的手机。

陈秀娴打来电话的时候，我正躺在民宿的秋千上，半睡半醒打发着这天剩余的最后一点儿时间。我没想到她会找我，约我晚上一起在县城吃饭。上次跟她短暂见面之后，她当天下午就回了县城，说公司有点儿急活儿要赶着回去处理。我当时甚至怀疑陈秀娴是故意躲着我，不想再跟我聊任何关于张展的事情，毕竟在张展的日记本里，她是当事人和主人公，虽然她已经证实有很多事情是张展在张冠李戴，但毕竟都是安在她名下的。况且，我所了解的陈秀娴仅仅就是通过张展日记本里"虚构"出来的她。

陈秀娴发给我的地址是一个湘菜馆，我赶到餐馆门口的时候天已经完全黑了。因为是周末，餐馆儿里面人声鼎沸。陈秀娴从窗边的一张小桌子旁边走过来，将我带到那里坐下。她的面前摆着两瓶已经起开的勇闯天涯啤酒，和两个乳白色的塑料酒杯，有一瓶啤酒已经喝去了一小半儿。陈秀娴看着我坐下，说菜已经点好了，还没上。她给我面前的杯子满上酒。我端起来喝了一大口，权当解渴。她坐在我的对面，脸颊已经有些微微泛红了，看来她也不胜酒力，这么一点儿啤酒就红脸，很可能是酒精过敏。服务员端过来的一小盘儿锅巴和瓜子，我们吃了一会儿，两瓶酒就这么快喝完了菜才上来。陈秀娴又叫了四瓶勇闯天涯，我没有制止她。

"上次跟你聊完之后，我一直在想张展的事。"她终于开口了，四瓶啤酒又已经喝下去了一半。"即使张展真的是偷看过我们班上所有同学的日记，他为什么要把其他人身上发生的事情都记在我的身上，我不相信他是记错了，他还记过我一些什么事？"

我自顾自喝着啤酒，之前喝得有些急，我的脑袋已经有些晕了。我不知道该怎么跟陈秀娴说日记本里关于她的事，如果按照她所说的，初中毕业后他们就没怎么见过，那日记本里后来的那些记录，就根本是跟她毫无关系，是纯粹虚构的。在日记本里面，他们高中都是在县城上的，也就是我此刻正在坐着的这个县城，不仅如此，他们的学校还正好挨着，一墙之隔，两人经常互相去对方的学校看彼此。她喜欢喝草莓味儿的酸奶和养乐多，不喜欢吃苹果，心情不好的时候，他们经常一起去县城步行街的那家华莱士吃脆皮烤全鸡套餐。

"你上的高中跟张展他们学校是隔壁吗？"我问。

"是的，他上的实验高中，我上的是二中。"陈秀娴说。

看来张展还是一如既往，日记里面记载的事情是半真半假，两人上的学校都是真实的，就隔着一道围墙，也就是事情的主人公是假的？那些事情并不是发生在张展和陈秀娴的身上？"你们在高中没见过面吧？"我问。

"从来没有。怎么？张展的日记里我跟他高中还见过？"陈秀娴说。

"嗯。"我点点头，"你们经常去彼此的学校找对方玩儿，还一起去吃烤全鸡。你喜欢草莓味儿的酸奶和养乐多。"我说。

陈秀娴瞪大眼睛看着我，"哈哈，这个是真的，张展怎么知道的，我真的喜欢吃草莓味儿的酸奶和冰的养乐多。"可能是啤酒的作用，陈秀娴的情绪明显比之前亢奋了一些，两只眼睛微笑的幅度也比之前大多了。"我没想到，这个张展还挺有意思的，要是他没失踪，我还挺想见见他的，好多年不见了。"

"对了，他拍过一些照片，我给你看。"我掏出手机，把我最初发出去的那几张照片翻出来，递给她。

陈秀娴看了一会儿，说："我看不懂，但是感觉应该拍得不错。这些照片底下的评论好多啊。"

看完照片，陈秀娴提议我们出去走走。她带着我穿过餐馆，从后门出去。一出门，之前的那种拥挤和逼仄的感觉就消失了，餐馆的后门对着一条河，朝着河岸两边的灯光看过去，河里的水还在流动。一股清新的活水的气味儿吹进我的鼻腔，瞬间穿透了我的身体，像是兜头被淋了一桶冷水，之前的那种滞浊之气消失了，取而代之的是全身舒爽。沿着河流往前走，没一会儿，我们又转进了一条大路，陈秀娴指着马路另外一边说："这就是实验高中，张展的母校。"

"啊，就这里？"我看着对面马路，张展的日记里对高中的记叙也有很多，它们瞬间翻涌在我的脑海里面，这个学校铺着煤渣的大操场，进门斜着向上的一个山坡，还有山坡旁边一到春天开得遍地都是黄色的迎春花。"我们可以进去转转吗？"

"应该可以吧，我们就冒充说是校友。"陈秀娴说。

陈秀娴带着我，没几句话就解决了学校门口的保安，放我们俩进去了。校园里面很暗，连路灯都没有全开，影影绰绰地有三两个人在走动，应该是学校的教职工或者家属。陈秀娴带着我转进操场，径直往里走，那里应该有一些秋千。

我和秀娴坐进秋千里，夜晚的凉风吹在脸上，既轻柔又舒服。"你知道张展高中的时候精神出过一次问题吗？"我看着不远处只剩下轮廓的教学楼问陈秀娴，张展他们之前的班级在左边那一栋三楼的最右边。

　　"听说过，好像休息了两三个月，后来又好了。"陈秀娴说。

　　"是的，他的日记里写过，其实精神出问题的是他们班上的另外一个同学，他有点儿像是被传染了。"我说。

　　"传染？"陈秀娴从秋千上探起身子，"不过也不奇怪，听我们学校的老师说，几乎每年都有类似的同学，高中本来就是这样的吧。"

　　我在黑暗里点点头，在我迄今为止的人生中，唯一称得上"有问题"的时期就是高中，特别是高二上学期那次跟数学老师，也就是当时的班主任发生的冲突。大学毕业后我回家过年，有好几次家族亲戚一起喝完酒后，我爸跟其他人说过，不知道我那年是怎么了，"像是中了邪"。

　　在我有限的记忆里，几乎是从学前班开始，我的成绩就很好，在班上就一直是班长。现在想来，可能有很大一部分原因是因为我姐。因为她比我大 3 岁，学习成绩好，爸妈一直把我姐作为榜样激励我。这样的情况一直保持到高二，即使在当时的班级里我的学习成绩勉强算得中上等，但是一选班长，我几乎就成了唯一的人选，似乎我长得就像一个班长应该有的样子，跟学习成绩是无关的。回想早些年当班长的私心，在于班长似乎在学校这样一个具有围墙的"规训"场所里面，跟"统治者"（老师）的关系更加密切，或者说"班长"似乎是一种介于"被规训者"（学生）与"统治者"（老师）之间游离的身份，有一点儿类似监狱里的宿舍长。那位新的数学老师到我们班后，我们班的"风格"和氛围就明显不一样了。他提倡的是相互监督和举报，即使是我，也作为被监督者。而他最拿手的就是叫家长来学校，成绩退步叫家长，早恋叫家长，违反纪律叫家长。高中已经脱离了九年义务教育的范畴，无论是开除还是辍学，按道理说都是自由的，上到高二的学生，绝大多数都是想要参加高考上大学的。在现在看来，这一朴素的目标就是抓在这位数学老师手上的软肋，他作为统治者，具有无上的权威，不容侵犯。每次，班上其他同学被叫家长，都是我去学校的门口引导，接到他的办公室。然后跟他站在一起，听他向家长训斥他儿子或者女儿的种种劣迹。之后就是叫来当事同学，轻则家长开始咒骂，重的甚至动手开打，然后他们向数学老师鞠躬致歉，说好话。犹豫几次之后，数学老师原谅他们。走完这一趟流程，每次我看着家长和同学战战兢兢地退出办公室，心里都不是滋味儿。直到有一次我没有完成语文作业。按照之前的惯例，没完成作业还够不上找家长，但是当天竟然有十几位同学都没完成。语文老师找了班主任，班主任才大发雷霆，在班上宣布这十几个人都要叫家长，当然也包括我。在这之前，我似乎跟班主任才是一伙儿的，现在连我都被叫家长，我感觉得出来，全班同学的目光都在注视着我。

下课后，我一个人走进班主任的办公室，询问他能不能这次不叫家长。很显然，我觉得既然同学们都觉得我和他是一伙儿的，即使是包庇，一次也不算多。班主任当场拒绝了我。我也不知道当时是怎么了，突然就爆发，我说我不想跟他玩找家长的游戏，叫家长，训斥，道歉，然后原谅，我不叫家长。说完这通话，班主任突然站起来，一脚踢向身边的一把办公椅子，椅子背撞在我的小腿上。巨大的疼痛加重了我的逆反心理，就在那一瞬间，我把椅子踢了回去，班主任措手不及摔进椅子里面，半天没爬起来。

我爸还是被叫来了学校，不过不是跟班主任谈，而是年级主任。在这之前，我主动去找过他，我想换个班级。年级主任高一时教过我，他同意了。听我爸说他是当着年级主任的面向班主任道歉了的，代替我。事情发生之后，我并没有很惊慌，要么换班级，要么换学校，要么辍学，这就是我当时自己分析的三个解决方案。换班级后我偶尔在学校还会碰到之前的班主任，我们心照不宣就当做陌生人。读书这么多年，我第一次失去了班长的"身份"，我感觉到浑身自在。要不是那一次的冲突，也许高三我的学习成绩不会提升得这么快，高考的时候超水平发挥，考上了北京的211高校。

我和陈秀娴一直在操场待到很晚才离开，她走回银行的宿舍，我决定去学校旁边的网吧待一晚上。张展曾经多次在这间网吧前驻足，但从未走进去过一次。

第十四章　高中

我迷迷糊糊地从网吧醒来，不远处，在网管的柜台附近有六七个年轻人架起了一张桌子在打麻将，吵吵闹闹的，好几个人嘴里的烟雾在往头顶上飞。我摸出手机，一晚上没充电，剩余电量已经见红了，才3点半过一点儿。我换了一个姿势，让眼睛正好从椅背的空隙处穿过去，正对着年轻人的方向，让他们看不到我。仔细看他们的脸，主要是这些稚嫩的脸所表现出来的那种无法被收敛的激情，他们应该比我要小很多，至少有两三位，我猜测是对面实验高中的学生。他们抽着烟，打着牌，打打闹闹，在周末的凌晨，毫无疲倦之色。我能想象得出来，他们会一直打到早上天光大亮，一伙人一起去附近吃早餐，然后该上班的上班，该上课的回学校上课。看着看着，我开始羡慕他们，如果张展在这里，他应该也会有这种感觉吧。我突然有一种感觉，是张展留存在我脑海中的记忆让我走进这间网吧待一通宵的，他没做到的事，由我帮他完成。我被这种没来由的想法吓了一跳。

再次醒来的时候，周围已经光线充足了，远处有拖动桌椅的声音。我从椅子上爬起来，一位50多岁的大姐正拿着拖把，在一个个座位间移来移去，空气中一股消毒水儿的味道。我走出网吧，马路上已经有三三两两穿着蓝白校服的年轻人在走动，朝学校的方向。没隔多远，有一间露天面摊儿，简易的塑料椅子上坐了一些人，看穿着像是建筑工人。我点了一碗牛肉汤面，坐下的时候看到这些人的手边除了面之外，每人都拿着一瓶二两的小二锅头，一口一口津津有味地喝着。我走过很多地方，似乎还没听说过就着早餐的面条喝酒的。塑料桌子旁边有一个已经熄灭剥落了一半的招牌，上面写着"早堂面"。

吃完牛肉汤面，我不知不觉就顺着学生的人流往前走，站在了实验高中的门口，仿佛是我的两只脚想去那里。就像写作顺利时，我老是感觉我的指尖想打出那句话。门卫认出了我，但是他的眼睛还是带着疑问。我脱口而出，找姚晓明老师，想看看他。门卫笑着对我点点头，热情地给我指出了姚老师办公室的位置。如果命运给我机会的话，也许我可以当上一个好演员，至少我的临场反应是出乎我本人的意料。张展在实验高中读书的时候已经是十年之前的事情了，十年，世界上会发生多少事，而张展当年的班主任还在这个校园里，坐在一间办公室里。

昨天晚上陈秀娴第一次指出这个实验高中时，我的脑海里就出现"张宁"这个名字，是"张宁"而不是"张展"。张展当年高二的时候突然精神出现问题，按照他在日记里面后知后觉的自我诊断，算是受到刺激后的一种应激反应，源头就在张宁身上。张宁是当时他们班上的物理课代表，每次理综考试都排在年

游荡者　　　　　　　　　　　　　　　　　　67

级前三名。在一次普通的模拟考时，不知道为什么，张宁发挥失常只考了一百多分，算是大失水准。成绩出来之后，他不仅不沮丧，反而面带微笑看着每一个人。有同学向老师反映，张宁考试的时候睡了很久，而且还自言自语。事情在这之前其实就是有征兆的，张宁算是班上少有的几个性格活泼喜欢讲话的人，在紧张的高中生活间隙，他甚至经常放弃吃晚饭，跑到运动场跟人打篮球。那次模拟考之前的一段时间，他私下找了好多位同学，让他们小心校园里的流浪狗。刚开始的时候，同学们以为他是在开玩笑，后来听说他找的人越来越多，次数也越来越频繁，甚至不再出教室，连打饭都让其他同学帮忙，每次放学都会紧紧扒在男同学的背上。他的异常传到班主任姚老师的耳朵里，姚老师找他私下谈话，他才终于解释，说他有两个哥哥，都是在高二的时候得狂犬病去世的，他担心自己也得了狂犬病，活不过高二。姚老师跟张宁的家长联系，他确实有两个哥哥都在高二时去世，但并不是狂犬病，一个是意外溺亡，一个是得急性白血病，跟狂犬病完全没关系，三兄弟唯一跟狗的联系是很小的时候，三个人一起被流浪狗咬过，当时没有打狂犬疫苗，但是三人都没有任何患病的迹象。

　　模拟考试后不久，姚老师就在班上宣布张宁同学身体不适回家休养，接下来会在家里学习，到时直接回来参加高考。所有人都知道，事情不是这样的。张展算是跟张宁走得比较近的同学，他几乎是全程见证了张宁从开始有些胡言乱语到最后不得不休学的过程。张展自己分析，就像流行性感冒一样，有一种病毒在班上传染，不仅仅是他自己感觉有问题，班上还有好几个同学都有问题，但是他们没有表现出来。

　　姚老师身高不足 165 厘米，一头花白头发，剪得整整齐齐。

当我说出我是张展的朋友时，他短暂地愣了一下。寒暄过后，我问他还记不记得跟张展同班有一位叫张宁的同学。姚老师点点头，说这孩子可惜了，当年出了点儿问题没参加高考，第二年学校又帮他报名，但是他家的一个叔叔已经带他出去打工，不愿意他回来了。姚老师给了我一个手机号码，说是当时张宁的电话，他也不知道还能不能联系上。

离开姚老师后，我在微信里输入手机号码，搜索到的是一个叫"星空的仰望者"的账号，男，地点显示就是青港市。我在添加好友的申请备注里写"我是你高中同学张展的朋友"，我刚点完"添加好友"的按钮，手机自动关机，没电了。

我回到竹山镇的民宿时，已经到了下半昼。一到房间，我赶紧把手机连上充电线，没一会儿手机开机了。微信里有十几条信息，其中有八条是"星空的仰望者"发来的。几条视频聊天请求之后是语音聊天请求，然后是一大堆问号。我回复他，"你是张宁吗？"

张宁发起视频聊天，我不好意思拒绝，因为是我首先找到他的。看着视频另外一边浑身脏兮兮的这个叫张宁的男人，跟张展日记里面的那个"张宁"可以说是有天壤之别。他在浙江的一个小县城修车，"顺便研修哲学"。他甚至没有过多地向我打听张展，似乎我的出现是自然而然的，我并不是因为寻找张展而找到他，而是本来就是找他的。当他听说我是一个写作者的时候，执意要将他的"作品"发给我看看，让我"雅正"。我说我是写小说的，哲学我不懂。他说我谦虚，都是写作者嘛，"相互探讨"。他发过来一个链接，是从一个知识类的 App 分享过来的。标题是"时间的本质"。

时间的本质　星空的仰望者

65 关注　95 粉丝　193 文章　191089 字数　605 收获喜欢

2017.03.18 21:43:35 字数 976 阅读 113

如果空间的本质是时间，那么时间的本质是什么呢？时间是变化还是不变？永恒不变的不是时间，时间是流逝的，所以时间是变化的。

但是观察静止的存在或者封闭感官，依旧可以感受到时间的流逝，所以时间虽然是变化，但不是运动。时间是主观的还是客观的呢？空间属于客观的范畴，因为空间是存在的空间。客观存在的变化是物体的运动，运动不属于时间，或者说速度不是时间，时间又不是空间，时间是主观的感受，时间属于意识的范畴。

时间是主观感受的时间，时间和运动和空间具有怎样的关系呢？如果光速不变，那么空间越大，时间显然越长，时间与空间呈正比关系，空间越大，时间越是膨胀，比如主观感受过去单位的时间，但远处的存在却过去多个单位的时间，距离主观的存在越远，相对的时间变化越快。

时间和运动又呈反比关系，运动速度越快，时间越慢。时间是变化，运动也是变化，但是两种变化却是相逆。运动是客观，时间属于主观，或者说运动是客观存在给予主观存在的感受，而时间是主观存在自我的感受，时间的本质是时间的意识。存在——无论主观、客观都具备相同的性质，客观存在也具备时间的意识，由此可见一切存在都具备意识性。

质量也是存在的自我性质，显然时间和质量呈正比关系。物体的质量等于空间乘以物质密度，那么时间的本质就是物质在单位空间的质量，物质密度越大，时间越是收缩。同样单位质量的物体，空间越小，时间越慢。单位密度的物体，质量越大，时间越快。

时间是存在的内在形式，而运动是存在的外在形式。外在形式是其他存在对于目标存在的感受，而内在形式是存在对于自身的感受。运动和时间相逆，所以运动速度越快，相对时间越慢，质量越大。而距离主观存在越近，时间越慢，那么自我的存在质量无穷，同时外在的运动速度无限吗？如果这样的话，自我就是黑洞或者说是宇宙的奇点。

是不是这样呢？如果时间与空间呈正比，那么就是如此，显然时间和空间不是反比关系。自我的质量无穷，按道理来说，自我的存在是永恒不变的，但是依旧可以感受到时间的流逝。很显然，这种永恒是相对的，自我相对于非我永恒，但是自我面对自我却是否定的，凡有所相皆是虚妄，一切驻留的都是正在逝去的。时间的流动是刹那到刹那的变化，而自我的刹那，却是非我的永恒。

时间表现在外是自我的外在运动。这种运动和客观感受的运动不同，没有确定的方向，是全息的运动。自我的存在是奇点，所以这种运动生成的是宇宙万物。

第十五章　请客

我跟何研说，我要去陈秀娴家里吃饭。何研愣愣地看着我，让我有些不好意思。

有好几次，在民宿的小院儿里吃完午饭后，何研找我一起出去散散步，或者邀我在小院儿二楼的阳光房里喝茶，就我和她两个人，几次下来，我感觉这似乎是一个讯号，但也可能是我想多了。我不懂画画，但是通过何研微信朋友圈发出来的信息，她的好多水彩画和丙烯画都挂在一个叫 Artand 的艺术品交易 App 上，卖得似乎挺不错的，从几千到几万块一幅都有。跟何研经常外出画风景画不一样，挂在网站上面的画大多是蓝色、红色、黑色的，都是一些神秘克苏鲁、殉难、神秘主义、宗教这样的题材，还有一些明显受到日本艺术家的影响，像寺山修司之类。总之，我个人觉得她在这些画里面还是表现出了一些自己的想法。我们天天见面，但还是陌生人，这种感觉有点儿奇怪，既跟我在北京时一起合租的那些上班的人不一样，又跟纯粹出去旅游时一面之缘的游客也不一样。刚来的时候，我有意跟这里所有的人都保持一定的距离，哪怕是何研，完全跟张展无关的人。我从未问过她是哪里人，年纪轻轻怎么就可以用这样一种"云游"的方式生活着。"云游"是她自己在一次饭桌上提到的，不知道是谁先引起了关于她的话题，她似乎并不抗拒讲自己的事情。她从国内一所排得上号的艺术学院辍学后，便一直四处"云游"，画不同地方的风景。对于何研来说，相对于我们的目前的这个年龄段，无论是读过的书和行过的路，何研都算是阅历丰富，但是在跟她接触的过程中，我又能明显感觉得到她那种无法掩饰的一种真实的天真。

跟陈秀娴在县城的那次晚餐后，我和何研在之前的咖啡馆又一起见过一次陈秀娴，不是提前约好，而是偶然碰上的。在这之前，因为何研对张展的事情好奇，我把张展里面记载的"陈秀娴"和不符合事实的"陈秀娴"都告诉给了她。我们在咖啡馆待了一整个下午，陈秀娴捧着她的 kindle，我和何研读各自带来的纸质书，要不是再次遇到，大概我跟陈秀娴不会再联系了吧。

因为有何研的在场，不知道为什么，我觉得去县城是陈秀娴带领的，我在网吧待了一个通宵，然后去实验高中拜访姚老师，似乎也只能是我和陈秀娴才能知道的，不足以告诉何研。从咖啡馆回去的当晚，我在微信里跟陈秀娴聊天，说了上次跟她分开后我去过实验高中的事。冥冥之中，我就是觉得陈秀娴具有知情权。我还把张展那个在浙江修车的高中同学张宁，也就是"星空的仰望者"的两篇哲学散文转给了陈秀娴。那一晚，我和陈秀娴在微信上一直聊到了凌晨两三点，直到我的眼皮完全撑不住自然闭合，除了小学的时候刚在网吧里申请了QQ号码，偷偷用爸爸的手机跟人聊天之外，后来我再也没有跟任何人一次说过这么多话。第二天快到中午我才醒来，我在床上翻着手机，像是一场梦，要不是有那些聊天记录。微信上的陈秀娴跟我真实接触的陈秀娴"性格"有一定的差异，现实中她并不是特别喜欢讲话的人，而在微信里她的滔滔不绝和展示出来的幽默风趣是我认识的人里面少有的。我们仿佛形成了默契，每天一到晚上的那个点儿就开始聊天，一直聊到某一方不再回复。

陈秀娴说她周末回来的时候，我随口说请她吃饭，她回复去她家吃吧，请我做客，正好她爸喜欢喝酒，家里没人陪。她爸我见过一次，有一次他来咖啡馆喊陈秀娴回家，一个普通的老头儿，嘴巴有点儿龅牙。

我究竟怀着一种怎样的心情去吃这顿饭，仅仅是无法拒绝陈秀娴的提议，还是我也想跟她有真实的进一步的发展？直到坐到陈秀娴她家堂屋的饭桌上，我都还没想清楚。

最初陈秀娴向她爸介绍我是张展在北京的朋友时，她爸并没有表现出过多的兴趣，随着酒越喝越多，以及对我来竹山的目的搞得越清楚，她爸的语言也越聚焦。看得出来，他对酒是真的热爱，就像陈秀娴说的那样。据他说，平时中午和晚餐他一个人都至少要喝三两。我看着他的龅牙，似乎他的脸色也变得更加柔和，也许是因为酒精的作用下变得红润了一些。我提到张展的妈妈是他的心结，在日记本里他很少提到妈妈，而且提到他妈的时候用词也冷淡，在张展看来，他爸妈的婚姻完全就是一个错误的结合，而错误的产物就是他自己。在这场错误里，要负主要责任的是他妈。

陈秀娴她爸则对此表示事情似乎没有这么简单，按照他听来的消息，张展的爸妈离婚的直接原因是因为张展他爸出轨，而且还跟小三生了一个儿子，但是在这之前，传言张展他妈还跟张展他爸的金主，也就是承包商"玩儿过"，甚至还有传言说是张展他爸送过去的等等乱七八糟的传言。

吃完饭我准备回民宿，陈秀娴也跟着我出门，说一起走走。陈秀娴说，也许我应该跟张展他妈聊聊，对我的写作也许有帮助，她明天问问她爸，看看有没有熟人能联系上。我点点头，跟陈秀娴一起往前走，似有若无的，我感觉我垂下来的右手似乎擦到身边陈秀娴的手。她的手没动，两只手就保持着这个若即若离的距离。

我俩一路往前走，小心翼翼的。

第十六章　电话

在张展的日记本里，经常会出现一个女性的第三者——她。她想来看我；她终于离开了；听说她去了南方；她有女儿了，不知道跟她想象中的女儿是不是一样；我感觉她是恨我的，即使这么多年过去了……

她，他，甚至是它，与"我"的区别，在写作中看似只是视角的不同，故事还是那个故事，情节的冲突和发展，并不因为人称的变化而变化，但是 Ta（她、他、它）作为第三人称的指代，至少是在写作者本人这里有本质上的不同，使用"Ta"而非"我"除了全知视角本身的限制之外，也客观表现出写作者跟笔下故事的距离，"Ta"是一种想要表现得理智客观冷静的标志。而"我"，在很多写虚构作品的人看来，是一种想要"偷懒"的标志，似乎使用"我"就是毫无节制，甚至往往有用力过猛的嫌疑。但是按照张展本来的想法，他写的是日记，并不是小说，虽然他的很多记叙已经被证实是虚构的，但是他日记本里频繁出现的这个"她"，明显是有所指的，"她"就是我手机里这11个数字，陈秀娴她爸辗转了好几个人才帮忙拿到的号码。我不知道她是否已经得知儿子失踪的消息，根据我看过的一些新闻，我觉得警察也许会通知她，这位年过50叫杨桂莲的女士。根据陈秀娴她爸联系到的那位知情人士的说法，杨桂莲与她后来的丈夫目前在浙江的一个小城市生活，"经营一点儿小生意，有一个已经上小学的女儿。"这位知情人士在一两年前路过那个小城市的时候还跟杨桂莲和她丈夫见过一面。我握着手机，在心里做了好半天的建设才终于点过去，我不知道在对方"喂"过之后该怎么说出第一句话。

我打第二通的时候她才接，她最开始可能以为我是搞推销的，但是我的手机号码是北京的，北京的推销员不可能打到浙江，所以她才接的？我说我是张展在北京的朋友。她回了一个疑问句，"张展？"似乎这个名字有点儿陌生，最多就是一位久未联系的故交。从她发出的这个疑问我就知道，还没有任何人通知她儿子已经失踪这件事。我说张展不见了。她问不见了是什么意思。我说就是字面上的意思，失踪了。她沉默了一会儿，问我究竟是谁。我说我是张展的朋友。她问打电话给她有什么事吗？我说没什么，就是想告诉她一声。她又沉默了。

"他是不是死了？"她突然说。

"没有没有，警察还在找。"我说。我听得出来，在这次漫长的沉默之后，她的情绪有了明显的波动，跟张展日记本里记载的那位冷血心肠的"她"不一样。

"你告诉我是什么意思？"她说。

我不知道该怎么应对，有点儿后悔听了陈秀娴的建议打这个电话。我告诉她张展留下一个日记本，里面记载了一些事情，有一些事情提到了她。

"他一向讨厌我，他记得的肯定都是我的坏事。"杨桂莲的声音在轻轻哽咽，"他其实什么也不知道。"

张展在日记本里，从未以"妈"来称呼"她"，写到"她"的时候，明显能感觉得到张展那种冷冰冰的感情。有好多次，他反复提到那个有些不伦的场景。

每年暑假，张展都会被接到父母所在的城市"度假"。最开始的记忆里就是青港市的市区，后来是省会，再后来还去过内蒙古的一个部队里，再后来就去了郑州，他爸在这里遇上贵人，走上发迹之路。就是在爸妈刚到郑州的第二年，有一天午后，按照之前的安排，张展会在一个游泳馆里度过一整个下午，然后回家吃晚饭。但是那一天游泳馆设施维修、闭馆，张展出门还不到一个小时就回家了。他进门后在冰箱里还拿了一瓶汽水儿，坐在客厅的沙发里喝，喝着喝着就听到了一种含混不清的奇怪的声音，是主卧那边传来的。张展往前走，爸妈的房间门敞开着，一个赤裸的男人压在一个赤裸的女人身上。看到那个男人的第一眼，张展就认出来那不是他爸，他就这么一声不吭静静地站在门口。她闭着眼睛，两只手紧紧抓在男人的后背上，把男人身上的肥肉都抓红了，有一条条红印。男人在女人的身上卖力地弄着，对身后的张展毫无察觉。最后还是她睁开眼睛看到了张展。那一瞬间，她把男人紧紧地拉过去压在身上，对着门外的张展大喊一声——"滚"。

在张展成长的很长一段时间里，他对母亲的情感是远胜于父亲的，这无从解释，也许只有弗洛伊德的理论可以借以来阐释。他与父亲同性，所以相似，而相似引起认同，使男孩以父亲为榜样，向父亲学习，模仿父亲，把父亲的心理特点和品质吸纳进来，成为自己的心理特征的一部分；他与母亲不同性，两性可以互补，取长补短，相依为命，这就是恋爱的对象。于是，男孩与自己的父母形成了最基本的人际关系，这种人际关系可以用恋母仿父来概括。恋母和仿父常常相互促进。父亲爱母亲，而男孩模仿父亲，他就会越来越爱母亲；母亲爱父亲，男孩为了获得母亲的欢心，必须让自己越来越像父亲。弗洛伊德认为儿童常以父亲或母亲作为自己的性欲对象，父亲爱女儿胜过儿子，母亲爱儿子胜过女儿。孩子也相应地做出反应，若是儿子就想占有父亲的位置，若是女儿就想占有母亲的位置。这些亲子关系和孩子间的相互关系所产生的快感不仅带有抒情的意味，而且也带有敌对的色彩。

如果不是那几声没来由的"笑"，杨桂莲可能也没那么生气。张展站在门外，看着男人被捏红的肥肉压在赤裸的杨桂莲身上，不知道为什么会大笑起来。连张展自己在日记里面对此都含糊其词，他自己都搞不明白当时自己的大脑里的那些突触和神经是怎么连接起来发出声音的。这笑声成了张展心目中一道隐形的伤口，多年之后还经常折磨着他。

"他是不是还恨我？"杨桂莲说。

"也没有。"我说。我摇摇头，好像这样才能让电话那头的她信服。

"他长大后，我一直在想，要是有一次机会，我跟他能坐下来好好聊一次，有好多话我都没来得及跟他说。"她说。

打电话给杨桂莲之前，我并没有抱太大的期待，无论她是否知晓张展的失踪，她虽然作为一个"人物"偶尔出现在张展的日记本里关于"原生家庭"这个话题的回忆部分。对于我来说，她也仅仅是我想写的那篇非虚构作品主要人物的"来处"，她生下了张展，这是一个事实。我读过很多关于出生决定论的文章，在一个人出生的那一瞬间，他睁开眼睛第一次呼吸到的空气、看到的场景、嗅到的气味，都已经决定了他一生的命运走向、运气，甚至死亡，塔罗牌、周易星象测算、占卜算命，我都沉迷过。无论是哪一种预测，似乎都像中医一样，是鲁迅所说的"是一种有意的或无意的骗子"。

杨桂莲说生张展的那一天，婆婆端给她一整碗煎鸡蛋，这是只有生儿子才有的待遇。但是她没吃，她更希望这是一个女儿，她以为她还有机会，却多年再也没怀孕，直到最后离开张展他爸，才有了现在这个意外的惊喜，一个健康的女儿。

如果我想要电话那头的人说更多的话，我可能得提到张展的那一次毫无来由的笑声，但是我觉得那是不道德的，在我看来。"你觉得张展如果找一个地方躲起来，有可能去哪里呢？"我问。

"我不知道，我连他现在长的样子都不敢肯定，在大街上遇到我都不一定认得出来。"杨桂莲说，"你提到他留下了一个日记本，可以给我看看吗？"

我本可以直接拒绝她，因为本子是张展留给我，由我全权处理，但是对方是张展的母亲，是给予他生命的人。"可以，等我把本子里的资料整理完我寄给你。"我说。

"谢谢你。"她说。

第十七章　城市研究

到 2017 年 11 月中旬，我和张展已经在北京南边的街道游荡了近半年。我和张展都已经形成了很规律的作息时间，每天清早我和他一起出门，他拍照，我跟着他。

最开始吸引我的是大街上的人脸。因为工作的关系，有很长一段时间，我很难准确记住一个人的脸，即使我已经跟对方见过两三次甚至四五次，在我看来，他们的脸无非就是形状的区别，胖一点儿或者瘦一点儿，又有多大的不一样。在工作和职场中，我们需要的信息并不在对方脸上，而是在我们手里拿着的资料或者演示出来的 PPT 里。和我对接的是一张漂亮的脸还是一张丑陋的脸，我根本就不在乎，甚至这张脸在思考，在犹豫，在生气，都是在可控的范围之内，我没必要去仔细记住这张脸的细节。在我们这次见面分开之后，可能在我人生接下来的几十年里，我们再也不会相见。北京，就是一片巨大的海洋，两千多万人在这片海洋里无序地游动着，两千多万张脸在我们的面前晃过来晃过去。

"脸是一个人的门面"，有很多医美广告喜欢用这句话，但我并不认识最初说出这句话的人真的像我这样仔细观察过脸。白净的脸，疲惫的脸，忧郁的脸，倦怠的脸，油汪汪的脸，粗糙的脸，皱巴巴的脸，干硬的脸，纵欲的脸，内分泌失调的脸，苍老的脸，死亡的脸，喜形于色的脸，幸福的脸，冷峻的脸，高傲的脸，红扑扑的脸……

在一个普通人的一生中，会跟多少张人脸频繁打交道？这个数字是 10 的一次方级，也就是几十人。一个人生活的圈子里有多少张人脸？ 10 的二次方级，也就是几百人。一个人能记住多少张脸？ 10 的三次方级，也就是几千人。我研究关于脸的一切数据，到后来，通过一个人的脸，我几乎可以准确地捕捉到这张脸此时此刻的状态，脸是坚定的还是游移的，脸是健康的还是亚健康的，脸是轻松的还是压力重重的，"脸是一个人的门面"，我读脸就像在读一段描述性的文字，脸上的颜色、光泽、弹性、细小的褶皱，一个小小的被粉底遮住的痘粒，它们都是标记在脸上

游荡者

79

的形容词。当然，对于脸的美我当然也建立了一套自己的评判系统，虽然这件事早就有人做过。他们先取得大量脸的照片，再将每张照片的五官（耳朵除外）轮廓提取出来，然后将它平均，例如一个大眼睛加一个小眼睛就是一个中等大小的眼睛；然后将得到的平均轮廓，用对应位置的平均肤色将之填充。只要拥有足够数量的样本，就可以给该群体一张比较精确的"平均脸"了。我的判断标准就没这么复杂，一张漂亮的脸必然是一张让人舒服的脸，从某种角度来看，以貌取人是看一个人比较准确的方式，在我看来。

　　除了脸之外，我对街道上的植物也进行了持续性的研究。我下载了一个拍照识花的 App，把我在街上遇到的每一种叫不出名字的植物都拍下来，留档，识别，分类整理。

常绿乔木：
雪松、油松、北京桧、白皮松、淡竹、西安桧

落叶乔木：
馒头柳、旱柳、金丝柳、垂柳、刺槐、国槐、窄冠毛白杨、杜仲、香花槐、紫玉兰、白蜡、美国红枫、朴树、楸树、速生法桐、千头椿、银杏、椴树、五角枫

花灌木：
黄栌、山桃、山杏、山楂、西府海棠、柿子树、枣树、石榴、山茱萸、紫丁香、暴马丁香、樱花、连翘、榆叶梅、丛生黄金槐、紫叶矮樱、紫叶李、美人梅、金银木、丛生紫薇、紫叶碧桃、珍珠梅、糯米条、六道木、天目琼花、木槿、紫荆、蔷薇、郁香忍冬、凤尾

兰、绣球、白丁香、醉鱼草、小叶女贞球、大叶黄杨、寿星桃

地被花灌木：

瓜子黄杨、迎春、棣棠、红雪果、紫珠、金山绣线菊、美人蕉、月季、爬行卫矛

地被植物：

五叶地锦、金银花、假龙头、蛇鞭菊、八宝景天、鸢尾、萱草、波斯菊、荷兰菊、紫花地丁、石竹、二月兰、金鸡菊、玉带草、金盏菊、红花酢浆草、玉簪、观赏狼尾草、细叶麦冬

水生植物：

香蒲、水葱、黄菖蒲、芦苇、荷花、睡莲、千屈菜、水生美人蕉、慈姑、黑藻、金鱼藻、旋覆花、球穗莎草

我像一个植物学家一样，利用这个 App，不仅拍下每一株植物的照片，还详细记下拍摄的日期、时间以及地点。做"城市研究"的时候，是我到北京这几年感觉最充实也最健康的一段时间。我毫无目的，但是格外充实，我心里明白，我观察街上的脸，整理这些植物资料都是对这个世界毫无用处的，但是做这些事情对我而言，却是至关重要的。我喜欢马克斯·韦伯在《新教伦理与资本主义精神》里面写的那句话："人是悬挂在自己编织的意义之网上的动物。"网，无处不在，而盛放自我意义的网，需要我们每一个人自我编织，这是我所知道的最朴素也最深刻的

哲学。

在我观察脸和植物的时候，张展就在我旁边转来转去，这样看来不是我跟着张展，反而变成了张展在跟着我。我俩各自干着自己的事情，互不干扰。偶尔，在往回走的路上，他一边翻着自己的相机一边会伸给我看。在那个时候，我想的都是脸和植物，对他的街拍已经提不起兴趣。直到我打开他留给我的 U 盘，看到他竟然拍下了这么多的照片。

11 月中旬，距离我们住处不远的西红门发生了严重的火灾，当天我就在网上看到了报道，有死有伤，根据网上的小道消息说很严重。城市里的一场火灾固然是惨烈的，但我只是这两千多万张脸里最普通的一个，我并没有觉得这场大火跟我有什么关系。

过了一周左右，附近的一些老旧小区明显不太平，我和张展每天出门都能在小区外面看到越来越多拖家带口，拿着锅碗瓢盆全部家当在寒风中等待的人。我问过其中三个人，他们告诉我，他们在等待前来支援的四川老乡、新的黑中介和私人小货车。张展拿着相机在这些家当中间晃荡着，像是一只饥饿的狗对着不明的食物在转悠。很快，我们住处的附近开始大范围地动起来，很多中介都开始赶人，说是上面开了会，有文件和政策，所有地下室都不准住人，因为消防达不了标。事态的发展超过我们的想象，没几天，一波大的"安全隐患大排查大清理大整治专项行动"从南边蔓延到整个北京，不只是地下室，连隔断也不允许住，网上有很多未经证实的视频和图片消息，相关部门已经趁着租户不在家直接进入出租屋砸隔断。我和张展还是每天出门，遵守着我们形成的默契，但是我们都知道，一种离别的气氛在蔓延，也许是今天也许是明天。张展住的就是一个隔断间，我们合租的房子本来是一个标准的一室一厅，那个"厅"就是张展当时住的房子。走在街上我们已经有些心不在焉，我们在等待的消息，如果一直没消息，那就是好消息，说明我们躲过一劫。

那天我正在厨房煮面，外面有人敲门。我几乎没认出门外的人，我跟房东老头儿也就见过两面，一次是我住进来，一次是张展住进来。他把张展叫出来，说居委会下通知，今晚就要拆隔断。他拿出随身携带的圆珠笔和算术本，在那张小小的饭桌上计算应该退给张展的押金和没有住完的房租，还郑重其事地让张展在一份居委会帮他草拟的解约合同上签字。

关上门后，张展对我别有意味地笑了一下，进屋开始收拾行李。因为他屋里的书实在太多，就全部清理出来暂时堆在我房间的那个内飘窗上，一直快堆到房顶，其他的一些带不走的生活杂物也就扔了。张展说他联系到了一个之前的同事，可以暂时在那位前同事那儿将就一会儿。他出门的时候就带着一个小的行李箱，脖子上挂着他的相机，显得很轻松，像是准备去赶从首都国际机场 T3 航站楼飞往国外度假的航班。我看着张展走下楼梯，心里有一种无形的失落，他的离去也代表着我个人的一段美好时光的结束，在那一瞬间，我就是这么想的。

张展走后的那段时间，我们还在微信上联系，他继续去街上"捡照片"，说等他找了稳定的房子就过来搬书。我心想，在北京哪里有什么"稳定的房子"。我开始写之前烂尾的小说，我打算一鼓作气把手头的那部小长篇写完。为了激励自己，我决定向"职业作家"村上春树学习，并在网上下载了一张村上正在凝神思考的黑白头像，以及一段他激励自我的"鸡汤"，"我超越了昨天的自己，哪怕只有那么一丁点儿，才更为重要。在长跑中，如果说有什么必须战胜的对手，那就是过去的自己。"我在 Word 里面将照片和"鸡汤"排好版，去小区门口的打印店打了三张，一张贴在洗脸镜上，一张贴在书桌上，一张贴在床头对面的墙上。这一次，我找到了写作的节奏和感觉，真的靠着村上的这三张自制海报，第一次写完了一部勉强算得上长篇的小说。

小说写完后，我银行卡几乎已经空了，不得不先去找一个工作干。我计划一边工作一边修改这篇小说。朋友圈刚好有人转发了一条招聘文字编辑的信息，是一个还不错的出版品牌，一家大出版社设在北京的子公司。

张展的那一堆书就这么一直占据着我的飘窗，我几乎都忘了它们的存在。

第十八章　案件

我在民宿里整理收集到的关于张展的素材，按照时间以及在他生命中起重大影响性的事件（已经刨去了和相关人物访谈之后证实是虚构的那一部分），以 Excel 横纵坐标排列（这有点儿像某种自创的推理小说的套路），某件事有可能发生在他上小学之前，但是这件隐秘的小事有可能会在他高中做出的某个决定时起到推波助澜的作用，这种作用，即使是在当事人张展来看，都不一定联系得上，但我是一名写作者，我应该发掘到这种贯穿一个人生命中草蛇灰线的线索。以我目前所掌握的关于张展的资料当然是有欠缺的。我将所有能收集到的对张展有一定影响的人物关系都列出来，按照影响的轻重次序，用软件生成了一张带有权重的思维导图，以思维导图中节点和线图距离的长短来区分。

如果把我"寻找张展"的过程作为一本悬疑小说的动因，而将我类比为一名侦探，按照范达因在 1928 年编写的"推理小说二十条法则"（简称"推理二十条"）所规定的，必须让读者拥有和侦探平等的机会解谜，所有线索都必须交代清楚，而且谜题真相必须清晰有条理，可让锐利洞察的读者看穿，如果读者跟侦探本人一样聪明的话，就不必等到最后一张就可以自己破案了。在张展已知的大事件和人物关系都理清之后，一个显然的缺口自然就暴露出来。张展的失踪，和他爸张和平的失踪，经过我的这一番"追查"，似乎有某种共性。如果按照经典的悬疑小说的套路设计，我应该是一名真正的刑警（一般都会设置为刑警队长），张展作为我身边的一个朋友，朋友离奇失踪，我通过追查张展失踪的真相，全面梳理张展的社会关系后，发现多年以前张展的父亲张和平也是以同样不知所终的方式消失，于是案件就转向，我开始调查张和平失踪案，张展的失踪可能仅仅是触发张和平案件重启的一个开关。张和平失踪案才是这部悬疑小说的重点。

随着张展的照片陆续在公布，关于张展个人的讨论所波及的范围也越来越大，有好多文化名人和微博大 V 也加入了这场讨论之中。照片的发布方，也就是李静媛所在的公司适应民意为张展建立了一个个人网站，将张展的照片以及网友的讨论全都汇集于此。对于很多张展的粉丝来说，张展已经成为"一代宗师"式的摄影师，他们喜欢张展这种高手出自民间扫地僧式的故事，更重要的是，讨论还不仅仅局限于作品，甚至张展的生活和失踪，都已经成了另外一个重点。李静媛偶尔会问我一下素材整理的情况，按照合同所签约的时间，一半儿还没到。我知道，是因为上次关于我的非虚构写作计划公布之后，不断有网友在等待着进度，他们急切地想要了解关于张展的一切。我把整体概括张展过往人生的 Excel 表和思维导图发给李静媛看，她征询我的意见是否可以发布在张展的个人网站上，也算是将我的非虚构写作的初步进度同步给这些关心张展的人。我觉得这么做挺有意思的，有点儿像金庸在报纸上连载他的武侠小说，先公布初步的大纲，让读者参与进来，让他们的讨论和意见进入到故事之中。

在张展的父亲张和平失踪案里，根据"推理二十条"的法则，我作为"侦探"，和读者必须是平等的，我们有平等的机会去解谜。我所在的这间民宿的老板，林哥，在我看来，显然跟这张和平的事是有关系的，他要么是参与者，要么是知情者。不然的话，明明我在饭桌上多次提到过到竹山的目的就是为了调查张展相关的事情，为什么他从来对他与张展他爸张和平曾经是合伙人，入股过旅游庄园这一层关系避而不谈？我决定在林哥面前先装作什么也不知道，避开他。

要是没有何研的帮忙，在林哥身上的进展没有这么快。因为在镇上待的时间长，加上何研拥有的画画技能，镇上很多本地的大爷大娘都知道她，有她在，我很快就能接触上应该接触的人。

林哥当年带着从深圳做生意赚回来的第一桶金，先是在竹山本地投资建养鸡场，以饲料喂养，卖出来的时候却变成了"土鸡蛋"。他养鸡的时候正赶上养鸡热的末尾，赚了一些钱，但是市场很快就饱和开始走下坡路。就在这个时候，张和平回竹山张罗着弄旅游山庄的事情。两人一拍即合，按照出资比例，张和平占大部分股份，林哥做小股东。山庄的前期规划和法律手续很快就弄好了，整个村庄都动了起来，开始了田园牧歌式的乡村改造。由于两人都缺乏经验，加上前期对工程量有重大的判断失误，两位股东投进去的钱几乎只能当作是这项庞大工程的启动款，张和平开始将家里的存款和工地上的钱往山庄建设里面塞。这引起了张展他妈的注意，她开始频繁回竹山，名义上监工。根据当年多位在庄园打零工的村民透露，张展他妈在外面的城市生活多年，已经沾染上了城市女人的一些习惯，衣服裙子都很时尚，跟本地女人的穿着打扮很不一样。"会勾引人"，其中一人说。究竟具体"勾引"了哪些人很难说清楚，但她跟镇上的很多男人都走得有些近，这是所有人都承认的。有时候她去镇上的棋牌室打牌，人还没从棋牌室的桌子上下来，棋牌室外就会有三四辆免费摩的停在外面，供她选择。

张展他妈来竹山后，张和平便需要经常回工地。由于是山庄的合伙人这层关系，林哥和张展他妈经常见面商量一些事情是肯定的。有传言说张和平在床上不行，让老婆跟其他人乱来，也有人说张展他妈天性在男女关系上开放，主动招惹了包括林哥在内的很多男人。那件事确实发生过的真实性已经毋庸置疑了，有好几位当时在场的工人。张和平和工人从外面回来，碰到还在床上的老婆和另外一个男人。工人们都义愤填膺，说要打断那男人的一条腿，张和平却沉默着站在原地抽了大半包烟，让那个男人从窗子逃走了。有人说，那个男人很像林哥。但是没看到正脸，又是别人的家事，没人敢肯定。

没过多久，山庄的建设出现资金链断裂，张展他爸继续投入资金，和张展他妈离婚。离婚的原因是张和平有了小三。之后山庄彻底停摆，他自己也无缘无故失踪，村里很多人传言，张和平是被杀死埋在了山庄里的某一个地方，甚至连埋尸地点都有好几个备选。一个是杜鹃花林，一个是公共厕所，一个是当时工人的工棚旁边的空地里。这几乎成了竹山当地的一个有些都市传说式的惊悚故事。随着山庄的逐渐荒芜，这传说也被慢慢淡忘了。

我问了好几个人，如果真的像传言所说林哥有嫌疑，甚至埋尸地点都有，为什么警察不追查。据他们说，上面定的是"失踪"，所以没有这个必要。现在算来，这已经是十几年前的事情了，我应该去追查到底，把这几个传言中有可能埋尸的地方都去挖一遍吗？如果我是侦探小说里面的刑警队长，我可能真的会这么做，但是我只是一个写作者，这些素材对我来说，最直接的作用也许就是让故事变得更加有悬念。就我每天和林哥接触的感觉，我并不认为林哥有任何犯罪的倾向，怀疑他是凶手，除非我真的将小说与现实弄混淆了，神经错乱。

游荡者

在后来的这段时间，我几乎每周都去县城和陈秀娴共进晚餐，并在某天晚上喝多了一点儿之后，我俩的关系有了真正的决定性的进展。不知道为什么，在我进入她的身体后冲刺的那个关键时刻，我的耳边似乎听到她在呢喃着叫我的名字——"张展"。也许是我的幻听，我有好久没找女朋友了，出现幻觉是完全有可能的。

离开竹山前的一天下午，我跟林哥坐在后院儿里喝茶，一杯接一杯，距离过年越来越近，因为是在乡村，已经不时能听到模模糊糊的鞭炮声。我觉得林哥应该是知道，最近这段时间我一直在他的四周调查他。但是他没问，我也没说。

我告诉他我要走了，他说等明年开春，四月份杜鹃花开了再来，竹山就是另外一个样子了。他坐在我面前，在他端起茶杯的某一个瞬间，我感觉到有一种刻意的云淡风轻，有点儿小说里面一个侦探面对一个嫌疑人的路数。嫌疑人知道侦探拿他没办法，侦探也知道嫌疑人知道侦探拿他没办法，所以两人只能安安静静地坐在警察局的拘留室里面，静静地听着拘留室正上方的挂钟一秒一秒滴答滴答，等满 24 小时。

第十九章　展览

到竹山镇头一天，晚饭后散完步回到民宿里我的房间，不知道为什么，我有一种想要记录的感觉。可能是因为新鲜的环境和陌生人的刺激，突然脱离了像是一个大蒸笼的北京，而且不是旅游三五天，我是带着一种隐秘的刺探已经失踪的张展生活的任务。虽然我接受的任务是非虚构写作计划，但是本质上，我是一个小说写作者。从张展跟我合租在一起的时候具有的神秘性，和他以拍照为媒介作为另外一名创作者，再加上他的失踪，共同构成了一部小说所具有的各种因素。甚至连我的调查和事情的进展，都是这部小说的一部分。我既是在现实生活中寻找我曾经的室友的过去，这是非虚构的部分；我又是在我真正想写的小说的故事情节中穿梭；我是作者，又是小说主角，这有点儿像阿瑟·柯南道尔爵士在创作那些探案故事的时候，为自己取了一个叫夏洛克·福尔摩斯的笔名。这样一来，故事虽然是虚构的，但是在读者这一方来看，这些故事又是作者本人亲身经历的。

我重新开始记日记。我有好几次试图养成写日记的习惯，电脑里还有我上一次记的日记，那是在跟张展合租之前，我试图用记日记的方式抓住所谓的"写作灵感"。

11.3

不要尝试去掩盖任何事情。

不要试图去解释。时时提醒自己，作为一个世界中的普通人，虚荣心这一关没这么好过，这不重要，重要的是，以自己的方式过自己想过的生活，这就是最大的幸福，也是成功的定义。必须是这样的，无论是路径还是结果，都要保证是自己想要的。这很不容易，但是值得费力去追求。重要的不是结果，而是过程和经历，没有什么是必须要达成的。

11.5

一个朋友在微信上发来一条消息，是一些奇怪的文字和乱码链接，我没有理会。他随后又发来一条消息解释，说上一条不是垃圾链接，是一个青年作者写的文章，很好，值得一读。我点进上面的那条链接，里面什么也没有，是空的。我退出链接，再看我和朋友的对话框，聊天记录是空的。我猜测是微信系统故障，即时的信息不同步造成的。于是四处寻找，手机、电脑、平板都找了，还是没找到。没办法我只能问朋友。他很诧异，说没有给我发信息，有四五个月没跟我联系了。

于是上面的这件事是一场梦。

11.14

自由，是世界上绝大多数人都无法承受的，更多人寻求的是束缚，亲人、土地、财产，在紧缚中会感觉一种贴心的安全感，也许是幻觉。一个习惯紧缚的人，是不可能享受自由的，他会发慌，无所适从，于是再次去寻找某种东西束缚自己，把自己转化为不自由。

不自由是常态，自由是无法稳固的。

11.17

古代的摩梭人把生命分为三个阶段，出生一次，13岁成年礼一次，死亡一次，每一次都是新生。摩梭人都来自传说中的地方，死去之后也会回到那个地方。再由天神把人的灵魂降落到人间。摩梭人13岁成年礼的背后有一个隐藏的故事，人狗换寿。本来人的寿命是13岁，狗的是60岁，交换之后人才长寿的。摩梭人信奉万物有灵，最重要的是水神，这恰恰迎合了保护环境的需要，所以泸沽湖周边几乎没有被污染。

11.20

做梦的人，梦到自己在别人的梦中。

　　　　　　　　　　　　　　　游荡者 |

11.24

潮水永远没有错。融入它，或者拒绝进入，都可以，但是别抱怨。

11.26

对喜欢做梦的人来说，醒来就是残忍。

11.28

菩萨

有个朋友专发自己的裸照。
幸好她是女生，
身材也很好，
这是照片底下的评论：
好挤；
不知道怎么过审的；
过期网黄；
我怎么瞎了；
你就是我的女菩萨。

12.4

作家，都是世间可怜人。世间的一切都是为了他笔下的素材而存在。如果除了一名书写者之外，你谁也不是，那就不要成为作家。

12.6

要理解一个人，必须吞下整个世界。

12.12

一种失落。

梦到的突然置身在一场婚礼的出发现场。跟我玩得最好最亲密的一位堂妹突然说今天结婚。她上过大学，长相良好，性格良好。而她决定嫁的对象我居然也认识，是一个亲戚的亲戚，早早辍学后在外面混，不知道做什么。在车上，我问这位马上就要成为我妹夫的人，你是做什么的。他对另外一个人说，他是在发明洗发精。

发明洗发精？是发明吗？

未来妹夫什么也没说，只是很奇怪地在笑。

车上的另外一个人，说我抓住了文字，发明，为什么叫发明。

之后车上安静下来，我一个人在静静地思考。

我和堂妹一直玩得很好，我以为是无话不说的好朋友，她为什么从来不把男朋友介绍给我，而突然宣布结婚？她为什么有眼无珠选了这样一个人，她是不是被蒙骗，根本就不知道她要嫁给的人是个什么样的人？我很生气。

我转念又在想，我失落什么，我失去了什么吗？没有。她嫁人不是她自己的权利吗？我有什么道德义务要求她告诉我，或者要嫁给怎么样的人。也许她走在大马路上随便找一个人，跟他上床，然后就把自己嫁出去了，跟我有什么关系呢？

我在失落什么？是我和她若即若离的那种暧昧的说不清的兄妹关系的断裂？还是之前我一直觉得她有一点儿漂亮，也很理性，我和作为女性的她之间还存在着某种微弱的可能，现在这种可能性消失了，所以我失落？
我不知道。

12.15
想要去"追寻"意义，是一件很扯的事情。赋予意义，沉浸之中自我赋予意义才是应该做的事情。

12.27
失落。

一个你熟悉的人死去，就是我的一部分死去。我的记忆，我的与她相关联的记忆就在世上消失了。或者说，这世上只剩下我一个人知道这些记忆，它们是真实存在的吗？还是我自己想象出来的，我不确定。

她为什么自杀？而且是自己吊死。趁着她的儿女都在家上吊死亡。有人说她平日里就不合群，有抑郁症，当然，这其实完全是一种无端的猜测，也许还有更深层的原因。她的健康，她的婚姻，她的经济状态这些，我一无所知。

一个人会无缘无故地自杀吗？我不知道。也许她有更形而上，更哲学化的理由，但是没有人可以验证关于她的任何问题了，因为她不再存在。

为什么在此之前，我从来没有过这种想法，我一部分会跟着另外一个人的消失而消失，我不知道。

我为什么失落？

12.28
死亡，又是死亡。

一个不熟悉的朋友意外离世，我跟他从未谋面。但是知道他是一个写作者，虽然没看过他的任何书。

我的失落已经远超一个熟悉的朋友的失落，为什么？仅仅因为在心底里，我认定他是一个写作者？一个写作者死去，跟一个不写作的死去，有什么不一样吗？我是在怜悯自己吗？

12.29
朋友：能够直言指出优缺点的人
偶像：用来学习并超越的小目标
家人：人生的大部分意义
爱人：彼此心灵的依靠
老师：扩展认知边界的人
宠物：自己身体的一部分

……

我认真读了好久日记里的某些情节，有一些已经在我无意识的时候融进了我之前写的一两篇小说，有些纯粹是无用的碎碎念。总体来说，我已经将这些日记完全遗忘，要不是硬盘的记忆比我更加牢固。

重新写日记的每一天，我都会想起张展。我把他的日记本放在我的手边，我一边读他的日记，一边试图还原他在写下这些日记的时候所处的出租屋的环境、心理状态，甚至鼻腔里吸进的空气的味道。离开竹山的车上，除了我来的时候所携带的行李箱，在我的脖子上还多了一个相机，是我在网上刚买的，跟张展那台长得差不多，我只记得张展相机的大致外观，并不知道具体的型号。秀娴跟我约好，过完年她辞职来北京找我。

张展留下的照片已经在网站上全部发布，在李静媛和张展粉丝的要求下，年前在北京宋庄的一个画廊里会举办一个小型的张展摄影展，其实就是将喜欢张展的这些人联络在一起玩闹一番。李静媛已经向公司申请将张展这件事持续地办下去，甚至还有成立一个民间基金会的想法。在展览之后，李静媛安排了一个"答疑"环节，就算是我这个非虚构写作计划的阶段性成果的首次展示。

去县城的公交车开动了，我第一次举起相机，对准在向后退的竹山。按下拍摄按键的一瞬间，我的手上突然有了一种异样的感觉。

发表于《广州文艺》2021年第10期

都市人

之一 · 开"无意义有限公司"的人

找到后浪兄弟的住处是一件颇不容易的事。

起先他微信我说是在东华区宝丽花园附近靠近火车站,那可是我们市有名的高档小区,机场地铁公交枢纽都在那附近,各种大商场和完善的生活娱乐设施自是不必提了。这样一个地方,房价自然是令人咋舌的,他还特地强调"楼顶花园的雏菊今天开得漂亮极了"。他竟然还是住着带楼顶花园的房子,电视和报纸上的报道真是不能信,连标点符号都不能信,不是说后浪兄弟至今辗转在各种城中村和农民房吗?我开玩笑问他的房子现在值多少钱,他俏皮地说"就那么几千万吧",这才是我心目中的后浪兄弟。我对这次拜访充满期待。

他是在地铁出口接我的。从手扶电梯上缓缓升上来的时候我就看到他了,跟不久前《东方人物周刊》专访上的那张大幅照片十分相近,过于高挺的鼻梁和夹在手里的香烟,甚至连身上的那件修身黑色皮夹克也没换,在这样一个暖融融的秋天下午,该会闷出汗来吧。

"你好哇,该叫你什么呢,王四五还是李兄呢?"后浪兄弟的两只大手一上来就稳稳地抓住了我的右手,手掌粗糙而厚实,肯定十分有力气。

"哈哈，叫你后浪兄弟总觉得别扭，我就叫你后浪。"我笑笑。

"成成，叫什么都成，快上去吧，最近朋友送了我一包好茶。"后浪的下巴往上一挺，似乎还眨巴了其中一只眼睛。

穿过乔木高大的白色洋房区，最终我们停在了一栋20层左右的毛坯楼房前面。

"这栋楼我想住哪儿就住哪儿。"后浪的大手在空中划了一下。

"一整栋?"我笑笑。拥有一整栋楼还是远超出我的预期了。

"走吧走吧，我住在19层。"后浪穿过堆满的建筑垃圾，朝大楼的中心区域走去。看这个样子，像是停工有些时日了。

"走楼梯?"我看到后浪一溜烟登上了二楼的休息台。

"爬楼梯有助于减肥，你看我，从来就没胖过。"

"哈哈，也是，也是。"我一边回应着后浪，一边在心里犯嘀咕。

爬楼梯的时候，我心想着后浪应该是先在楼顶装修了几层供自己住着，虽然奇怪，但也不是完全不能理解。爬到十九楼的时候，我简直不敢相信我的眼睛。

一进门就是一个大统间，四壁连水泥都没糊，整个房间的环境连楼下住在花坛里的流浪汉都不如，在房间的一个角落里还像模像样地架起了一个用什么硬质的纸板搭起来的小拱棚。

"这个……"我望着穿着还是干净甚至算是考究的后浪，不知道该说什么好。

"别太在意，来，先喝茶。"说着，他不知从哪儿抽出来一盒茶叶，"这是最顶级的凤凰单枞，有钱都不好弄到。"他一边说一边跳到房间的另一个角落里架起了水壶烧水。

我呆呆地愣在原地，不知以什么样的姿态存在在这样一个空间里，感到浑身不自在。

"王兄，快过来露台这边坐，屋里冷。"

我默默地跟着他穿过大统间，来到了另一个大统间的露台里，那里有两张椅子，或者说是沙发，不，是老板椅，以我粗略的判断，那椅子上的皮质量相当好，两张椅子绝对价值不菲。

　　"我最喜欢以这样的角度看城市了，一切都是飘浮的，浮生若梦啊。"他点着了一支烟。

　　从我的屁股坐上了这把椅子的那一刻，我算是缓过神来了，也记起来我是谁，我是来干什么的。

　　"后浪兄，我早就有一个疑问，你只是一个人，怎么叫后浪兄弟呢？"

　　"知道后浪是什么吗？"

　　"长江后浪打前浪？"我笑笑。

　　"后浪是指裤子后中裤腰下方与大身接缝处到下裆的长度。"

　　"这个长度有什么含义吗？"

　　"其实是衡量屁股大小的一个辅助参数。"

　　"屁股？"

　　"是啊，小时候我的屁股很大，亲戚们便直接叫我'屁股屁股'的。"

　　"那兄弟呢？"

　　"我其实是有一个双胞胎兄弟的，他在出生第二天就死了，我现在仅有的关于他的东西就是那个夹在病历里面的脚印，这个名字其实是为了纪念他。"

　　"今天你算是解了我的疑团了，说说你最近在干吗吧。"

　　"你可能也听说了，年初的时候我花了一百天收集北京的PM2.5 的事，最近我用它做了一块板砖，下周将在利华拍卖行拍卖，起拍价 100 万，我全部捐到藏区的寺庙。"

　　"前不久你好像又跟板砖儿较劲了。"

　　"是啊，我雇了一个小姑娘分析 12 块砖的个性和星座属性。"

"最后分析出来了吗？"

"当然，关于分析过程和最终数据结论我已经写成了一篇文章，下周一发在《东华日报》副刊上。"

"有没有做什么秘密实验呢？"

"哈哈，哪有什么秘密，最近我倒是又做了一件事。"

"什么事，快说快说。"

"我雇了一个人教一条鱼微笑。"

"学会了吗那条鱼？"

"学会了，我拍的那张照片已经被《国家自然奇迹》杂志约走了，待会儿我把单反拿给你看看。"

"哈哈，那你这儿开支应该不小吧？"

"是不小，不过暂时还没问题，我们已经正规化操作了，上个月我们的工商登记证已经发下来了，叫'无意义有限公司'，我们专门做无意义的事，公司的注册地址就在对面的恒丰大厦四楼，待会儿我带你去看看，目前大概有四五个人，基本周转得开了。哦，这一周我们接的单是'找出蟑螂身上的 56 个优点'。"

"找出来了都？"

"快了，已经找到 40 多个了，周四应该就能完工，完工就放假，我们一周只接一单。"后浪掏出手机，"你看，第 46 个优点是从不在公共场所大声喧哗，第 47 个优点是不怕脏。哎呀，聊了这么久，水开了好久了。"后浪离开了露台，把眼前这个飘浮的世界留给了我。

"算了，水都凉了，去公司喝吧。"

"好好。"我又迷惑了，既然后浪不缺钱，为什么要住在这里呢？

从十九层楼步行下来，我已经满头大汗了，后浪却一点儿事也没，显得生机勃勃的。

"你在这儿等我一会儿，我去车里拿一下门禁卡。"说着，他大踏步穿过垃圾堆，走到不远处的一辆车旁边。那辆车的尾部画着一辆高高跃起的马。

等他兴冲冲地回到我身边时，我实在忍不住问了出来："你为什么要住在这栋楼里？"

"这个烂尾楼属于丰泰集团，在这里面住满一年也是我们接的一单生意，我还有 48 天就能撤出来啦。"后浪狡黠地一笑，"稿子写完了先给我看看再发哈。"

"好。"我望着马路远处的红绿灯，3，2，1……

之二·戴耳机的人

采访孙波原本是不在计划之内的。

上周四下午，我坐地铁去城市的东南方向续签宽带，回程的时候，在地铁的入口处突然闪过一个熟悉的身影。我快步向前，准备赶到他的身前看个究竟。没想到他猛地一回头，和我的目光碰个正着。

"嗨，没想到在这里碰到你啊。"

"哈哈，你还是那样。"我一看到他那块大饼脸就开心，肥肥腻腻的，像是刚在猪油盆里洗过。

"你看这里。"孙波宝贝似的拍了拍他那一头清爽的短碎发，面带骄傲地说，"入乡随俗，我这叫'城中村发式'"。他的手放下时碰到了耳机线，一只白色的入耳式耳机垂在半空中。

"哈哈，那你变化挺大的。"

"我关注了你的微信号，那个城市人素描系列怎么不写了？我等着看呢，挺有意思的。"

"最近忙得像狗一样，要不找个地方坐一下？"我提议道。

"走，我带你去一个地方。"孙波调整了一下耳机。

五分钟后，我们坐在了"避风塘"。

之所以是"避风塘"，还跟我们的大学时光有关，作为学校新闻社的负责人，孙波把二食堂旁边的"避风塘"定为了我们的活动基地，我们在那里打磨出了好多篇报道、抽了好多烟、喝了好多杯不明何物的奶茶。

"还在给报纸写吗?"我点了一杯珍珠奶茶。

"没写了，我最近在学画画。"孙波又调整了一下耳机的位置，还在线控音量的地方按了几下。

"写字的人是该学学画画，搞得好的一幅画抵别人一本书。那你是辞职了吗?"

"嗯，现在算是自由撰稿人了。哦，想不想知道我是怎么辞职的?"

"写'世界那么大，我要去看看'?"

"哈哈，我在选题会上骂主编他娘。"孙波把双手端端正正地搁在桌子上，像是面前摆着一个魔方计时器，随时准备开始。

"不会吧? 你不像这种人啊。"我做出惊讶状。

"还不是因为它。"他指了指塞在耳朵里的耳机补充道，"你说我他妈是不是有病? 我离不开这个东西了。"

"离不开耳机，什么意思?"

"我现在是一天 24 个小时都得戴着它，没有它塞在我的耳朵里，就像……就像把一只海豚按在水里那样，连汗毛都觉得不舒服。"

"这个……为什么会这样? 从什么时候开始这样的?"

"大概是去年中半年开始的，具体时间记不得了。我自己也找了一些书看，看得懵懵懂懂的，我感觉我他妈得了什么病。有一个外国新闻里报道，一个外国男人娶了他养的一株向日葵，我害怕我也变成那样，娶了它。"他用左手指尖点了点耳机。"这个世界本来是有背景音乐的，有人却关了它，而我还是觉得打开它好点儿。"

"真的 24 小时戴着？我在朋友圈里看到一个理论，说经常戴着耳机的人有自闭的倾向。"

"不会吧？离职之前我可是跟同事们都相处融洽的，跟公司底下的门卫、房东、楼下卖炒粉的、卖苹果的、送外卖的，全都相处融洽，可没有你说的什么自闭倾向。"说完，他整个人像松了一口气似的靠在了椅背上，桌子上的两只手也放下去了。

"哈哈，你这个爱好还挺有意思的。"

"已经有几个人说我孤僻了，就因为我戴着耳机。那些在图书馆里学习一整天的人不孤僻吗？自己打单机游戏的人不孤僻吗？独自骑自行车的人不孤僻吗？自己睡觉的人不孤僻的？自己做饭自己吃的人不孤僻吗？自己跑步锻炼身体的人不孤僻吗？自己开车的人不孤僻吗？自己用两个手机这屋一个那屋一个跑来这屋和那屋手机说话后又跑去那屋和这屋手机回话的人不孤僻吗？自己用自己的微信给自己的微信小号发消息聊天的人不孤僻吗？独自进山拍景色的人不孤僻吗？自己去买彩票的人不孤僻吗？自己去眼镜店测视力配眼镜的人不孤僻吗？自己去超市购物的人不孤僻吗？别人给他打电话叫他出去玩儿他不出去的人不孤僻吗？自己乘坐地铁公交轮船飞机火车火箭太空飞船的人不孤僻吗？自己修理电风扇的人不孤僻吗……"

之三·一场小而忧伤的雨

每天的这个时候，邓志勇都会像一条落单的鱼一样穿过民福街的三弄。弄口窄小，那只趴在阶沿儿上的黑猫眼珠发出蓝色荧光，即使不是在春天，它的叫声也能吓坏无意中闯进弄口的外地人。从某种意义上讲，入夜以后，这只猫的功能相当于一条狗，如果你愿意这么比喻的话。每次走到弄口，邓志勇都会蹲下来细细地抚摸一会儿黑猫的胡须，这早已成为一种习惯，或者说是一种莫名其妙的消遣，就像所有男人在撒完尿后都会使劲地抖两把，谁也不知道那是为什么。

雨还在下，大街上却看不到几把雨伞。

今天邓志勇没能走到民福街，在两站之隔的三林路就停住了，他被一把类似水果刀的刀尖顶住了腰部。

在万州这座南方小城，大大小小的流水线上站立着数百万之众的外来务工者，他们操着各自的方言，拉家带口地拥挤在像民福街三弄这样的老旧民居里面。当然，其中的大部分人都安分守己，堪称模范市民，即使在菜场不小心多拿了一根莴苣都会不安地想那么两三天。不过偶尔也会有一些想不开的年轻人，要么是女朋友钓上大款展翅高飞了，要么是被主管经理臭骂一顿了，要么是哪根筋异常放电了。总之，他们心理不平衡了，想找个地方发泄出来。如果可以这么解释的话，天黑以后，你就尽管一个人闭着眼睛在万州城里瞎走吧，走着走着，你总会在某个巷口感觉到异样。回头一看，一把水果刀顶在自己的腰上，这是必然的。

"别以为我不认识你。"身后的那个人说话了。

刚刚还有点儿惊慌的邓志勇一下子变得轻松起来，因为那人说话的语气很稚嫩，顶多25岁，撑死28岁。

"你甚至连生活都不经审视，这样过有什么意思呢？大不了多活一天就多吃一斤米罢了。"水果刀的刀尖往前稍稍刺了一点儿，棕色皮夹克大概被刺穿了，但是刀尖还没碰到毛衣，在皮夹克和毛衣之间有一层薄纱似的棉质底衬。雨越下越大了，邓志勇想到了民福街的那只黑猫，不知道它能躲到哪里去。

邓志勇是一名电信公司的维修专员，他需要维修的其实就一样东西——网线，他的工作就是保证用户的网络畅通。网络畅通这一点非常重要，是提升现代人幸福感的重要途径。在工作中他遇到过各种各样的人，比如说去年有一个 20 多岁的小姑娘因为邓志勇迟到了五分钟就站到了 22 楼的楼顶上，她对邓志勇说，你要是再晚来一分钟我就跳下去了。邓志勇感动得热泪盈眶，差一点儿就要抱起那个小姑娘在空中转一圈儿，他感到很幸福。

"你他妈的别说了，幸福从来都是因人而异的。你说美国总统幸福吗？一个报道上说美国总统的手纸都要经过十八道化学工序彻底检查，以防恐怖分子在手纸上做手脚。报道上还说测试结果将被保存五十年以上，方便科研人员随时取样抽查验证试验结果的可靠性。由于白宫的预算限制，美国总统的手纸平均每天只有三张。要我说，那些未被出生的人才是最幸福的。"

邓志勇感觉刀尖刺破了棉布的底衬，毛衣也快被刺破了。他感到有点儿恼火，这件毛衣是母亲去世的前半年打的，已经穿了快五年了，由于自己倍加爱护，毛衣几乎还像新的一样。在许多个寒冷的夜晚，邓志勇都会梦到这件毛衣，和老家那间破破的土砖屋，以及门前大槐树下的粪凼。在母亲死后，邓志勇才觉得和母亲是可以交流的。

"意义？哪有什么意义？人世间所有的意义原本就是时空中一个小小的点，你懂吗？全他妈是假的。每天早上我从床上坐起来照镜子，你猜怎么着？我他妈连自己都不认识啦。我敢说没人认识自己，他们都是假装的。"

随着身后那人激动的语气，刀尖已经穿透了毛衣，顶在了邓志勇的秋衣上。

邓志勇细细品味着身后那人说的话，他觉得他说得很好，很有水平。

一个四十多岁穿着短皮裙露着大腿的女人，打着一把七色花伞慢慢从眼前走过，越走越远，拐进了一条弄口。邓志勇觉得顶在秋衣上的刀尖有点异样，好像并不是很锋利，他慢慢地回过头。

　　"哎，大哥，对不起，伞上的水落到你身上了吧？对不起。"

　　邓志勇看着顶在自己身上的那把黑雨伞和拿着手机的年轻男人，他哂笑了一下。雨伞最前面的那根伞骨滑了出来，尖锐的铁丝抵在邓志勇身上。邓志勇伸手把伞骨套进了塑料套帽里面，然后转身朝民福街走去。他想去找找那只黑猫藏在了什么地方。

　　雨停了。

发表于《天涯》2017年第6期

《中华文学选刊》2018年第1期转载

21 楼的风景

1

婉华，说说吧。

方念把柠檬水放在余婉华面前的方桌上。透明的玻璃杯折射着昏黄的光线，这是一天中光线最迷人的时候，方念想。方念看着聚在杯底处的那一小粒光点，顺手摸了摸余婉华垂下来的发尾。

从香格里拉回来后，你有些心神不宁的，连茉莉好像都有点儿被你传染了。不知道它是不是做了噩梦，它昨晚在睡梦中突然抓了一下我的手腕，我醒过来打开台灯，有三条血痕。我的手就放在脖子旁边几厘米。

方念回头看了一眼茉莉，它从旁边的皮沙发上"咚"的一声跳到木地板上，又顺势跳进余婉华的怀里，柔柔地叫了一声，委屈巴巴地窝下来。

余婉华伸手摸着茉莉的下巴，另一只手握着玻璃杯，杯底的那个小光斑消失了。

我可能需要一个心理医生。余婉华收回摸猫的那只手，也捧在柠檬水上，静静地看着杯底的两颗柠檬籽。

方念在方桌的另一端坐下来，呆呆地看着余婉华望向窗外的

　　　　　　　　　　　　　　　　　　游荡者　|

侧脸。一只手摸在桌上那盒烟上。

我一直做梦。余婉华抬起头看着方念。

做梦不是什么大事，每个人都做梦。

我还研究它。

2

方念再次对猫这种动物产生兴趣是在今年夏天。

在这之前，在他的印象中，猫是一种想起来就让人有些悲伤的动物。家里唯一养过的那只猫，是一只黄麻中带黑褐色的母猫，之所以是母猫，是因为有一年的秋天那只猫生过一窝小猫，准确地说是两只。在一个夜晚，是他看着妈妈接生的，那年同时接生的还有一窝小猪。当年一心想要发财的爸爸，不知道从哪里搞来了一头猪婆，经过借来的种猪"搭脚"之后，猪婆的肚皮便渐渐鼓起来了。那窝小猪和那两只小猫差不多是前后脚出生的。虽然都是新生小动物，它们在家里的地位可是完全不同的。每天放学之后，方念都被爸爸要求带着那窝小猪去到距离镇上两三公里的一座山下散步，说是散步，其实就是喂猪，那几年流行散养土猪，听说在大城市能卖上很好的价钱，爸爸就是因为这个原因买的猪婆。据爸爸说，这只猪婆只是一个实验，要是真的能赚钱，以后会扩大规模的。

之所以去那座山，是因为山脚下的一个洼子里长满了一种当地人称之为野蒿子的植物，据说这种野蒿子用来喂猪是很好的，但鸡吃了会死。当然，这只是传说，方念并没有亲眼见过哪只鸡吃了野蒿子而死掉。

关于那两只小猫的去处，方念已经淡忘了，按照中华田园猫的归宿，它们一般是会被张姨儿或者李婶儿借到家里赶赶老鼠的。本地习俗，猫只能被"送"，是不能谈"买"或者"卖"的。俗语有云"猪来穷，狗来富，猫儿来了开当铺"。猫是一种能给主家带来运气的动物。

两只小猫被送走的第二天，母猫就不吃食物了，连之前它最爱的胖头鱼头都无动于衷。妈妈把能尝试的各种食物搭配都试过了，那只母猫就是不感兴趣。一动不动地趴在伙房里属于它的那块麻布毯子上，只是时不时地磨磨爪子，好像是在做某种准备，某种要自力更生不再被喂养的准备。

总会有这么一回的，下次就好了。妈妈坐在伙房里那张油污污的小凳子上，摸着母猫的脖子。

第三天的深夜，妈妈突然叫醒方念，说母猫不见了，要一起出去找。

方念从睡梦中被吵醒，感觉有些恼火，但想到这只猫家里确实养了好久，方念都记不得有几年，似乎是方念生下来它就在家里的。他只得起床。妈妈手上提着舅舅在煤矿带回来的矿灯，说要去把母猫接回来。那是要出去走夜路的标志，之前好几次，爸爸在附近的朋友家喝多了的时候，都是妈妈提着矿灯带着方念把爸爸扶回家的，有一次爸爸在快要进家门的时候，就是不进去，说那不是他家，硬生生在家门的地面上睡了一晚。

当晚妈妈面色凝重，现在想来，仿佛是有某种预感。方念也被妈妈的情绪所传染，一路上一句话也没说。

有些事就是无法解释的，方念至今想不通，妈妈怎么会梦到出事地点的。妈妈牵着方念，在刺眼的矿灯指引下，直接就赶到了事发地点。那是镇上唯一的一家铁匠铺门口，他家孙子叫何超，弹玻璃珠总输给方念。妈妈径直就走到了已经完全熄火的风箱旁边，麻色的母猫就躺在风箱旁边的一块沾满污垢的破布上，奄奄一息，似乎是在撑着，见妈妈最后一面。方念看到母猫肚皮间淌出来的内脏，脑袋里完全是空白的，似乎是被即将溜走的生命给镇住了。

是一辆东风车。妈妈说。

它是自己撞上去的。妈妈说。

它应该想开点儿的，总会有这么一回。妈妈说。

妈妈摸着母猫的后脖子，那是它最喜欢的抚摸方式，只要摸着那里，母猫就会发出呼呼噜噜的声音。妈妈说那是开心的声音。但是那一次，母猫没有发出任何声音。

在本地，传说猫有九条命。死去的家猫是不能埋进泥土里，那样会阻断它重生的道路。死去的猫身必须尽快挂在一棵高高的树枝上，挂满七七四十九天之后，猫会重新投胎。

妈妈带着方念，连夜把母猫带到方念和猪仔散步的那个山洼里，选了一棵笔直高挺的杨树，将母猫挂在了树上。

从那以后，家里再也没有养过任何一只猫，即使隔壁左右的邻居多次将花色和性格更好的一些小猫送到家里给妈妈挑选，妈妈也只会摇摇头，喂上两块当天早上刚刚煎好的两面金黄的曝腌鱼。猫自此成为一个无言的禁忌，没有人再提出养一只猫的建议。而方念的生活也变得越来越丰富。

方念再次和猫相遇是在十几年后的今年。

3

去年全国性的 P2P 行业爆雷事件发生后不久，余波扩散到方念所在的这家私募基金后，老板做出了缩减公司规模的理性动作，一周内，一家估值 2 个亿融资到 B+ 轮的明星公司在职员工缩减到三分之一，仅保留了最核心的业务部门，其他几个部门连高管带团队一起齐根砍掉。"资本寒冬来临，为了公司的存活和后续发展，我们必须要不惜一切代价，保住公司的火种。"老板在动员会上掷地有声的发言，甚至让方念感觉到了"英勇"，哪怕自己是那个不得不付出的小小"代价"。方念顺着老板的引导，在第二天就顺利办完了离职手续。这是毕业四年来，方念待过的第二个公司，按照微信上一款小程序上的数据，95后平均在职时间为7个月左右，方念949天的在职时间打败了96%的同届本科毕业生。一个相当不错的成绩。老板对方念的决定也很满意，说，不会忘记方念对公司做出的贡献，这是非常时期，等到熬过严冬，肯定会第一时间召回方念这批干将。方念进入公司的时候，公司刚刚拿到风投，作为第16号员工，方念既无股份也无期权。拿到B轮2000万融资的时候，老板许诺要成立一家员工持股的公司，全员持股。直到方念拿到离职证明，这家早已许诺的员工持股公司还没有注册下来。

到今年4月，北京的杨絮再次让鼻炎患者如临大敌时，方念已失业近5个月了。其中有10天是在老家过年，这是毕业以来，方念在老家待的时间最长的一次。他告诉妈妈的理由是自己评上了业务骨干，增加了3天年假。爸爸说老板还不错，好好干吧，别学你那个堂哥，一年换8份工作，看他怎么混过去。最后一句是爸爸的口头禅，"看他怎么混过去"，之前爸爸也对方念讲过多次，都是在酒后。生活总归是要混过去的，爸爸说"不好混"。方念第一次给了爸爸妈妈红包，每人5000，用的是老板给的"路费"，刚好1万元，连包钱的红包也是老板给的。

4月的最后一个周日，一个不太熟的大学同学王存不知道通过什么途径获得了方念的电话号码，他没有直接打电话过来，而是添加了方念的微信。微信上的验证信息是"我是你的好兄弟王存"。方念觉得这个名字耳熟，仔细想想，花了好几分钟才想起这个"好兄弟王存"。那个大一上学期就开始扫楼创业的同学，永远西装革履，在一群懒散的二流大学生里显得鹤立鸡群，显得人生特别积极，充满成功的希望。通过好友之后，好兄弟要请方念吃冰城串吧。

你说一个人的存在到底是存在着还是虚无着？

308桌上看书的人抬起头。仿佛一闷棍，打得方念有点儿蒙。依然是西装笔挺，还戴着银色的眼镜，像个事业有成的知识分子。很可能是好兄弟王存。

王存？

是啊兄弟，不认识了啊？

是不认识，这都多少年了。方念心想。脸上依旧挂着万年不变的似笑非笑。

王存把手上的书推过来。上大学的时候我记得你是文学青年，这本书你看过吗？

方念看着封面，是萨特的《存在与虚无》。

翻过，看不懂。方念喝了一口服务员刚递过来的柠檬水。

这本书值得好好研究。

是啊。

别光坐着，来啊服务员，点餐。今天我要跟我兄弟好好喝两杯。

王存也没征询方念的意见，点了一大堆各种他们店里的招牌烤串以及他们店里的招牌大扎黄啤，说是从德国空运来的，还不允许航空公司转机，必须直达。说这话的是个地道的北京小伙儿。

有萨特做底子，上菜之前，王存从康德、尼采、叔本华、克尔凯郭尔聊到马克思、金正恩，王存说他最喜欢的当代哲学家是"陈嘉映老师"，老师是他的原话。他还去参加了两次陈嘉映老师在单向空间的线下对谈，"收获颇丰，像是打通了一些堵塞的关节"。"文字的表达是奢侈的，有难度的，它对读者的要求太高了，需要有专注力理解力和阅历，不然根本不能从根儿上理解它，而声音和影像是有优势的，直给。"他最喜欢的国内音乐人是苏阳，"是类似人类学搞研究的方式做音乐，别说他是什么流派，就说他打不打动你吧……"

因为正值晚餐高峰期，串吧里的人坐得满满当当，上菜的速度也慢。服务员过来给方念加了两次柠檬水，王存关于音乐和影像的表达方式的优势还没讲完。方念望着王存不断上下翻动的嘴唇，耳边都是酒杯撞击的声音，他进入了某种隐秘的境地，仿佛处于一片混沌，忘了身处何地，正在做什么，周围是谁。来北京这几年，虽然干的是金融行业的活儿，但是北京毕竟不一样，确实是有文化的。开始的时候可能是受某些同事的影响，从新上映的电影开始，凡是口碑不错的必看，然后是展，艺术展、装置展、画展，然后是剧，话剧、舞台剧、京剧、默剧，什么都看，后来连许嵩的演唱会也不放过。几年下来，方念貌似还交到了三五个志趣相投的朋友。大学时的那点儿文学爱好，算是彻底放下了，几乎什么文学书都没看，看的都是《高效时间管理》《OKR 工作法》等关于工作方法论或者职场管理工具书，在前公司的最后一年，方念甚至升职到了 M5 的中层位置，手下带着一个 6 人小组。

叮叮叮叮叮叮叮叮叮。

苹果手机经典的马林巴琴的声音响起来，把方念从混沌里拉回了冰城串吧的桌面前。他翻出荷兜里的手机，却没动静。

好像是你的。方念看着已经安静下来，嘴唇好像因为说话过多产生了惯性仍然在跳动的王存。

王存滑开手机，说了一个"好"字，便站起了身。点好的串和两大扎招牌黄啤被端了上来。

不好意思不好意思，急事，下次再约，你有我微信。王存叫住服务员买了单，急匆匆朝门外走去。

方念坐地铁 10 号线经过三元桥时，突然对微博小视频里的一只猫爪子动了心。上次对某件事动心还是在上高中，其结果是爸爸被叫到学校，自己差一点儿就被迫转学。失业的这几个月来，方念每天都在想，接下来该做点儿什么。虽然各种招聘网站上的岗位也在投，面试也在断断续续地进行，还拿到过几个差强人意的 offer。但是方念总觉得这其中有某种问题，这样一个项目接着一个项目，一个会接着一个会，一份工作接着一份工作做下去，到底是为了什么？是为了赚钱吗？当然，在这个 2000 万人都很孤独的城市，每个人都很需要钱。那自己跟这个庞大的数字之间，又有哪一个能够区分开的点呢，哪怕是一个点。在地铁上的这个想法，方念称之为"灵感"。方念当然不敢说自己是作家，甚至高考之后他再也没写过一篇完整的文章，但是方念还是觉得这是"灵感"。有人把诗句写在大地上，方念脑海里涌出这么一句话，应该不是自己原创的，很可能是在哪个公众号文章里看过的一句话。方念抓住了灵感，打开最近才注册的豆瓣 App，搜索了跟"猫"相关的小组，并点进了最新成立的"共享猫"的小组。小组置顶的是组长的帖子，帖子介绍了这是一个非营利组织，以猫为社交媒介，让闲置的猫流动起来，给爱猫人士创造一个吸遍天下猫的机会。其模式是打造基于微信号的二度人脉猫社交圈，主人出差或者远行的时候，可以在小组里面发布代管任务，将家和家里的猫交给二度人脉圈里的熟人来打理。代管者吸新猫的同时，还拥有了一个免费的暂时住所，可以暂时逃离日常的生活环境，也算是一种空间的交换。

方念心动了。

21 楼的风景

可能是因为胃里的那两扎从德国空运过来的招牌黄啤起了作用，方念想起了小学的时候家里养过的那只唯一的母猫，也想起了小时候自己照管过的那一群小猪仔。另外，这些年他虽然没写过什么文章，但是电影他是看了不少的。注册豆瓣账户之后，他花了接近一周的时间，把自己看过的电影给标记了一遍，反正闲着也是闲着。网页上显示，方念看过的电影数量为856部，已经和他关注的一些很火的影视博主的阅片量不相上下了。一只新的猫，加上一次短暂的逃离。还可以住在猫主人的房子里，是一次深入别人的日常生活的机会。他想起了大神克里斯托弗·诺兰的处女神作《追随》。他可以像电影里的那个失业作家一样，进入到别人的生活里。

方念关注了置顶帖里的公众号，并绑定了自己的豆瓣账号和微信账号，用来匹配自己的二度人脉。

第二天中午，方念就收到微信公号的通知，有一条二度人脉覆盖内的任务，任务周期是一周，无报酬，对象是一只5个月大的暹罗猫。方念百度了暹罗猫，因为他对各种品种猫是一无所知的。用半个小时查完暹罗猫的各种资料之后，方念起床去卫生间冲了个澡，把前天叫外卖剩的两小块儿比萨在微波炉里转了两分钟，站在冰箱前吃了下去。他的脚趾不由自主地在夹脚拖鞋里动着，这是他上学的时候留下的后遗症。每次到大型考试之前，他的10个脚趾都会在鞋子里乱动。他感到庆幸，幸亏是脚趾，要是10根手指不停乱动，那不得被同学们笑死。

吃完早餐，方念再次打开手机，又多了两条提醒，他是那只暹罗猫任务最匹配的用户，半小时内回复2333即接受任务，否则此任务将分配给下一用户。

4

已经几个月没上班的方念，大概是忘了这城市还有早高峰这件事。连零星的面试邀请，方念也必然是约在下午，否则就不去。望着地铁进站口茫茫的人脑袋，方念又做了打网约车的错误决定。因为当天正值五一假期的第一天，全国所有高速全部免费，而且本城平时限号的规定也临时取消，几乎所有平时存在车库的外地车倾巢而出，瞬间把整个城市堵成了一个蚁城。

赶到朝阳区暹罗猫任务的地点时，方念已经迟到了近两个小时。但是方念还是优先满足了自己的好奇心，在那个不大的小区里先转悠了一圈再上到21楼按响了门铃。

一个衣着朴素瘦瘦小小的女孩儿打开了防盗门。

"念念?"女孩儿微笑着伸出了手，叫出了方念的微信昵称。

"方念方念，你好。"

"你好，我是余婉华，快进来看看茉莉吧。"女孩儿松开大门的把手，把门完全敞开了。

方念正准备启动身体往前走，一个黑不溜秋的身影急速蹿了出来。

"快抓住它。"女孩儿小小的身体冲过来，撞了方念一个趔趄。

那只黑猫并未像想象中一溜烟儿就不见了，它静静地窝在电梯口靠窗的那个墙角，墙角的窗台上不知被谁摆上了一个用茶叶罐自制的烟灰缸，里面有一点儿不明液体。黑猫用鼻子嗅着那些不明液体。

女孩儿熟练地用大拇指和食指夹住了黑猫的后脖子。"跑跑跑，现在一天天就想越狱了。"女孩儿的左手点在黑猫的脸上，黑猫的样子有点儿委屈，身体紧缩，一动不动的。

进门的时候女孩儿突然回过头来看着方念，"电梯口隔壁那户人家好像也养了一只猫，有次我忘了关门，茉莉就站在刚才那个地方，和隔壁的猫聊天，聊了有半个多小时，我做完饭才发现茉莉不在家的。"相比女孩儿瘦瘦小小的身体，她脸上的苹果肌算得上很发达了，脸蛋两侧鼓出来的部分让她充满少女感。白白净净的脸上似乎还是素颜。当然，对方念来说，有没有化妆的唯一标志就是有没有涂口红。

"来来来，茉莉，快跟大哥哥打个招呼。"余婉华捏着黑猫的爪垫儿，在方念的裸露的手背上蹭了蹭，一种说不来的奇妙的感觉传来，方念不禁打了一个哆嗦。

"你养的是什么猫啊？"女孩儿在沙发上坐下来。

"一只……一只褐色的猫，母猫。"方念坐在茶几旁边一张矮小的塑料板凳上。在那个网站填资料的时候，需要写自己过往养猫的经验，以及猫的品种。方念随手就写上了好几年的养猫经验。

"是什么品种啊？"女孩儿轻柔地往后捋着那只黑猫的胡子。

"就……就普通的猫。"方念对猫的品种一窍不通，为了避免说漏嘴，他想尽可能在这个话题上少说话。

"我也想养一只中华田园猫，最好是橘猫、噬元兽、冲鸭。"女孩儿把黑猫的两只前爪举起来。由于动作太大，披着的头发散到了黑猫的眼前，它敏捷地张嘴咬了一小口头发，又很快松开。

"你们是放 7 天还是放 3 天？"

"7 天。"

女孩儿从玻璃茶壶里倒了一杯柠檬水推到方念面前，透明六棱茶壶里只有一小片薄薄的柠檬，微微沉浮着。

"那正好，我准备出去玩一个星期，你在我家里随意。茉莉就交给你啦。"说着，女孩儿提起黑猫的两只前爪，一下子就把猫放在了方念的怀里。方念心里有点儿怵，手上却不由自主地接了过来。

"它很好养的，每天加两次猫粮一次水，铲一次屎，用闭口的塑料袋装好扔掉。上午要用逗猫棒跟它玩儿半个小时，猫零食在这个柜子里，最多两天喂一次。"女孩儿抽开茶几下面的抽屉，满满的一抽屉条状物质，像小卖部里挂在货架上的棒棒糖。"进出的时候记得关好门，你刚才也看到了，它现在很爱往出跑，老是趴在门前的这块毯子上看着门，一有机会就往出窜。"黑猫粗糙的舌头舔在方念的手掌，像砂纸轻轻刮擦，很舒服的一种力度。

"先这样了，我要迟到了，这是钥匙和楼下门禁卡，有事微信联系我。"女孩儿站起身，将一只小 LV 坤包挽在肩膀上，往进门的鞋柜处走去。

方念抱着黑猫，看着女孩儿的背影消失在门口，竟产生了一种似曾相识的错觉。随着大门"砰"的一声关上，方念又被拉回到了现实空间里。

5

这是一间标准的两室一厅的房子，有间不算小的书房，被改造成一个家庭健身房，里面有一台小跑步机，地上还放着一张半旧的玫红色的瑜伽垫。瑜伽垫的一头有些卷起，应该是女孩儿的身高不够，不能完全利用上吧。

方念在房子里转了一圈，总感觉有些异样，作为一个女孩儿独居的房子，它有点儿太大了，这样一间房子，无论是租还是买，都是一个普通白领供不起来的价格。另外，这间房子有点儿太整洁了，缺少一些烟火气，不像是天天有人住的样子。冰箱冷藏柜里只有三大瓶冻可乐，显得空空荡荡的，搞不好是今天早上现买的。还有灶具，也是光洁如新，抽油烟机的油烟集油盒里一滴油烟都没有。要么主人有洁癖，要么，要么什么？方念对次卧衣柜旁边的摆着的四本书产生了兴趣，分别是东野圭吾的《白夜行》、波拉尼奥的《荒野侦探》、卡耐基的《卡耐基成功学》，以及萨特的《存在与虚无》。四本书都是精装本，腰封都还在，但是全都被翻过，有两本上还用淡淡的自动铅笔画了一些细细的波浪线。方念翻着被画线的部分，大多是跟故事情节无关的，作者想要塞进自己对某些问题的看法的价值观，有的句子右上角还标了问号。方念来了兴趣，这四本书，他们几乎代表了四个维度，四个看待世界不同的眼光。失业的这几个月来，方念花得最多的时间是阅读，夜以继日，比之前准备考研的作息还要规律。社科书，哲学书，小说，诗歌，他在多抓鱼上买了一箱又一箱，合租公寓里的那个小书架早就摆不下了，他只能把书都摞在阳台上。以前不想看的，看不懂的书，似乎一下子都变得清晰起来，方念感觉自己既能代入故事中的人物，又能和作者直接对话，读了十几年书，他是最近才真正感觉到读书的乐趣，好像有点儿太迟了。

她究竟是怎样的一个人？

6

"婉华，你和王存……"

"都过去了。可以给我一支烟吗？"

"你……抽烟？"

"戒了两年了，这次在香格里拉又想抽了。"

"香格里拉好玩儿吗？"

"你知道吗，他们不吃鱼，民宿老板是个大叔，带我去了当地的一条河，他说以前他们水葬的时候就用那条河，所以当地没人吃鱼。"

"还有什么好玩儿的吗？"

"你是你吗？"婉华熟练地吐出一口烟雾，又很顺利地吸进鼻子里，再从嘴巴里轻轻地吐出来。"我的意思是你和跟我微信聊天的那个你不太一样。"

"嗯，我有社恐，我不擅长跟人打交道。"

"你觉得王存这人怎么样？"

"他跟大学的时候挺不一样的。"

"你觉得他帅吗？"

"挺帅的。"

"长得帅的人都花心。"

"这个，我不太清楚。"

"他结过婚。"

"啊？"

"或者说他结了婚。我见过他老婆，身材挺好的，气质也好，我看到都会心动。"

"你们是怎么认识的？"

"他救过我。"

方念点着一根烟，使劲地吸了一口，瞬间呛得眼泪直流，他忘了自己还没学会。

"你知道他是做什么的吗？"

"互联网公司，做游戏的。他应该是我们班上混得最好的，手下管 40 多人的团队。"

"你信他？"

"不至于骗我吧？"

"他谁都骗。"

"你到底梦到了什么？"

"我怀疑那不是梦。"

7

5月3号早上，王存再次约方念见面，在一个咖啡馆。

这个点儿的咖啡馆算得上人声鼎沸了，这样大的太阳，一楼那排遮阳伞下都被人挤得满满当当。在京城的咖啡馆里，总是能听到一些吓得人垮掉下巴的业务数字，方念已经习惯了。这些谈完天文数字的人，下地铁可能就会顺手买上一份烤冷面带回家当晚餐，方念曾经发过这样一条朋友圈。

看得出来王存跟上次不一样了，也许是经过上次的见面，两人找回了同窗之谊。他急切地想要找到某个人倾诉，坐下后，还没来得及点上一杯咖啡，他就已经迫不及待地开口了。

方念，你有不能跟任何人说的秘密吗？

有……有吧。怎么突然问这个问题。

老板要升我做公司副总。

好事啊，恭喜。

你是不是感觉我们不是一个世界的人？

还好吧。上次见面临分开的时候，方念无意中看到王存拿出来了一把车钥匙，一匹高高跃起的红色的马。

我爱上了一个人，一个不该爱的人。

方念心里琢磨，不该爱的人是什么人。

准确地说，是我的一个客户。我们有一笔交易，本来是要按时达成的，但是没有达成。这种情况其实很多，我们有自己的方法，总是会让该达成的交易达成，在生意场上，你也知道，这本来没什么。但是我骗了她，我也不知道为什么要骗她，我不该骗她的，没有任何骗她的必要。难道仅仅就因为她长得像我初中时暗恋的那个女孩儿吗？我现在都没想清楚，我当时为什么要骗她。而且，她还这么好骗。我说什么她都信的。我很痛苦。她其实也不是什么好东西，不然怎么会成为我的客户，她为什么要成为我的客户？我甚至觉得她是故意的，她故意让我骗她，让我内疚，让我对她产生依赖，她利用了我对她的感情，像原始森林里的藤蔓植物一样，是她缠上了我，她迟早有一天会吸食我，把我吸空，然后再另找一棵树。她肯定是这么打算的，我敢肯定。

王存摆在桌上的两只手掌，不自觉地捏成了两粒拳头，桌子在轻轻地摇晃。

我承认我不是什么好人。但是我是怎么一步步走到现在的，他妈的有人稍微关心一下吗？大学毕业后我谈了第一个女朋友，他妈的，她竟然在分手的那一天说我装，×他妈的，她不工作，也不收拾家里，不做饭，我晚上 11 点到家还要给她准备第二天的饭，一份份用餐盘装好，用保鲜膜包好放在冰箱里，以便她第二天中午起床的时候用微波炉热热就可以吃。她说她看剧，她看的是什么？都是那些垃圾没营养的水剧，只有没脑子的人才会天天看那些东西。她说我装，她有什么资格说我装，我他妈当时怎么就没一巴掌呼在她那张锥子脸上，相反，我跪在她面前，双手捧着她的那双藕荷色半坡高跟鞋，我求她，拉着她的臭脚，我甚至还亲了她的脚。他妈的我还流下了眼泪，为什么要流泪，那是我第二次流泪，第一次还是上三年级我妈去世的时候。她他妈跟我妈摆在了同样的位置。她走之后，我利用工作的便利，查清了她所有的信息，连她祖宗十八代都查清了，她一个湖南湘西偏僻小镇出来的，读的还是中专，她凭什么让我跪在她面前。我跟踪了她好多次，各种水果刀我都买了好几把，就放在外面的这辆车上，前排的储物箱里。有几次我都拿出来握在手里了，我看着她打滴滴，还是拼的车。这个婊子，跟我在一起的时候从来都是打优享。

王存突然停住了。

方念看着王存摆在他面前两粒坚实的拳头，以及窗外他刚走出的黑色小轿车。突然感觉有点儿冷，抬头一看，咖啡馆的空调正对着他。

要不……我们先去点点儿什么喝的?

王存似乎还没有从刚刚过于强烈的感情中走出来。怔怔地看着他面前的黑褐色实木桌面。

喝点儿什么吗? 方念又问了他一遍。

王存从椅子上站了起来。"不好意思，不喝了，我还要去见一个客户。"

现在不是假期吗?

我没有假期。

方念长长地舒出了一口气。刚才坐在王存对面听他说话的时候，方念一下儿也没动，他被王存强大的情绪力量震慑住了，这种力量让他感觉到了近在咫尺的危险。他看着王存的那辆黑色小轿车启动了，不知道那些水果刀还在不在储物箱里，他想。

8

我甚至专门花时间去研究梦。梦是被压抑的欲望。

好像听说过。

是弗洛伊德《梦的解析》里提出来的。

我会分析自己。每次睡觉前我会把手机放在枕头底下，这样，醒来的第一秒钟我就能用手机记下这些梦。你肯定想不到我是怎么记梦。

怎么记梦？还能怎么记，打字记吧。

我用画。

用手机画？

嗯。有几款 App 挺好操作的，我只在手机上画线稿，记住梦的轮廓。

你画了多少幅了？

有几百幅了。

那不得好几年。

当然，不全是我的梦。我是从我的梦里得到的灵感，在试着画了几幅之后，发现还挺有意思的。于是我搜集了其他人的梦。

这个……怎么做到的？

只要你想做，总能找到办法的。其实很简单，很多人做梦之后会无意识地记录，有可能只是在脑海里重现一遍，也有可能是在朋友圈、微博等平台随手记上一笔。但绝大多数人都不认为自己的梦会有什么价值，这些记录者只是一种下意识的不自觉的行为。

你，获得了这些梦？

我偷来了这些梦。

余婉华将烟靠在桌上的水晶烟灰缸里，像一棵被伐倒的大树。

比你想象的可能要更严重，余婉华将烟掐死在另外一只烟头上。

我不仅自己动手偷，我甚至找了一家专业的软件公司，将这项业务承包给他们，他们负责将所有跟"梦"相关的由个人用户产生的数据统统获取，按地区分类，形成文档，定期传输给我。在软件公司的指导下，为了永久保存这些数据，我还专门买了两个 2TB 的移动硬盘，一个存储，一个专门用来备份。

那……现在不是收集了好多了？

几万条吧。

你准备拿这些梦怎么办？

先留着吧。其实我也没想好该拿它们怎么办。但是关于画画这件事是我目前可以做的，我现在每天画四幅画。

原来你每天在家就是做这个。

差不多。

什么叫差不多。

我还有其他研究。

什么研究。

余婉华笑笑。我们是怎么认识的。

论坛？

不，我研究生活本身。我们为什么要像我们目前这样生活？是谁给我们的生活下的定式，或者是一个范式？为什么要一日三餐？为什么要工作？为什么要爱？为什么茉莉是我的？懂了吧？

所以茉莉不一定是你的？

是的，你开窍了。我研究生活和人本身。

余婉华面带少女的微笑看着方念。方念只觉得面前的这双水汪汪的大眼睛里充满无解的空洞。

9

5月8号早上8点，天气阴转多云，23—27℃。假期的最后一天。

需要我去机场接你吗，婉华？

以男朋友的身份吗？

我……

不要害羞嘛。

我……好像还没表白。

茉莉昨晚在梦里都告诉我了。

它说了什么？

它说你昨晚跟我聊完后就失眠了，整晚没睡。

……

因为今天我回来。

发张茉莉的照片我看看啊。

怎么脸上好像变白了一点儿。

北京这几天升温厉害，它又老是待在客厅的落地窗台上睡觉。哎？我们认识有多久了？

感觉有一个世纪了。

香格里拉和北京是有一个世纪的时差吗？

不聊了，要登机了。

好，平安顺利，在北京等你。

10

真没想到。

你应该想得到的。

王存找过我两次。

他想杀死我。

这你也知道？

他有一次跟踪我到楼下，用刀顶着我的腰。

他这是犯罪。

是犯罪。我们都是罪犯。我不想工作，是犯罪，借钱不还，是犯罪。你知道我国庆去哪儿了吗，我去了古北水镇，什么香格里拉，我破产了，连坐飞机的钱也没有。我本来准备自杀的，把茉莉就交给你了。因为你那几天一直在微信里跟我聊天，我好像又活过来了。站在山顶的石头上，我看着山下小镇里像蚂蚁一样的人在挪动，突然就释怀了。只不过是一场游戏。

什么游戏。

都是游戏，就像我喜欢梦的游戏，而你喜欢的是进入他人生活的游戏。王存喜欢的是被需要的游戏。我们都满足了他人某部分的游戏需要。所以我们出现在别人的生命里。

所以接下来呢？

我打算继续这个游戏。

方念看到茉莉跳上了方桌，走近了玻璃杯，头凑近了杯口，伸出舌头舔了一下杯口。窗外的夕阳越过了对面的玻璃幕墙，一天中最迷人的光线消失了。突然吹进来一阵凉风。方念起身拿起一件防风外套给余婉华披上。对面楼房里陆陆续续地按开了电灯，一间间明亮的黄色格子间里有人影在晃动。现在应该是晚饭的时间了，离下班还远着呢。

方念闭上眼睛，他在这21楼的风里竟然捕捉到了新鲜泥土的气味儿。余婉华从椅子上站起来，从背后抱住了方念，箍得紧紧的。

发表于《鸭绿江》2019 年第 10 期

　　　　　　　　　　　　　　　　游荡者 |

北方情侣

1

陈才直挺挺地靠在实木床头上，眼神迷离地看着远处窗外刚刚露出的黑魆魆的树梢，两只手掌尽力撑开，死死地按在床垫上。王颖背对着他，呼呼喘气的声音被墙壁反弹回来，一下一下打在陈才的脸上，火辣辣地疼。陈才又觉得憋屈，使劲地从屁股底下抽出压得结结实实的薄丝绵被，被子的一端被王颖压着，连着她的身子一起挪了过来。

"你自己说你这是什么毛病？"王颖粗暴地将还压在身下的那一点儿被子抽了出来。

"什么什么毛病，没什么毛病。"陈才死死地盯着王颖的后背。

王颖愣了几秒钟，"好几次都是这样，你到底是怎么了？"又愣了几秒钟，"是不是最近工作忙啊？"语气明显软了下来。

一般到这个时候，听到王颖的语气有了转好的趋势，陈才便会将自己的身体贴过去，或者强硬一点儿，将她的身体搂进自己的怀里，但是今天他不想这么做，他今天什么也不想做。他抬起自己的两只手掌，用力地扭了一下两只手腕，"啪啪"两声脆响，然后两只手顺势交叉在胸前抱住了自己日渐发福的肚子。窗外树梢的暗影在晃动，起风了。

"没什么忙的，那副要死不活的样子，你又不是不知道。"陈才故意不松口。说完这句话，陈才的嘴角竟然微微往上翘起来一点儿。

"你说谁要死不活的？"王颖艰难地扭转身子，抬起头以一种别扭的姿势对着墙壁。

见好就收吧，陈才心想。"我，当然是我要死不活了。"语气里带着不正经。两只手快速地顺着王颖的后背游到了胸前。王颖也做出配合的姿态，往陈才的怀里挤了挤。

"哎，说真的，你到底是怎么想的？"王颖把玩着陈才的手，微微离开，用手掌轻轻掠过陈才的手背，感受着他手背上的汗毛。因为刚出过大汗，身体渐渐凉了下来，汗毛根根独立，陈才觉得痒酥酥的。

"真没怎么想的，总觉得那样好出力一点。"陈才把自己的脸贴在王颖热烘烘的背上。

"床头有点松动了，明天找点东西塞一塞吧，隔壁都听到了。"

"好。"陈才闭上眼睛，试图听听王颖的心跳声，他把耳朵在王颖的后背移来移去寻找好半天，却什么也没听到。难道王颖没有心跳，或者我聋了？他暗暗笑了笑，坐起身来把脚底的被子小心翼翼地在空中抖开，盖在王颖的身上。他重新躺了下来，对面楼上亮起了一盏微弱的小灯，照在窗前那棵半大的梧桐树上，影影绰绰之间，他觉得自己听到了叶子在响。

他不知道是从什么时候起染上这个毛病的，在 Y 城吗？他想起刚到 Y 城的日子，租住在"环境险恶"的城中村床位房里，第一次看到比猫还大的老鼠，第一次用吹风机吹干内裤，第一次跟房东"商量"将租金缓一缓，其实只是几百块而已，真是恍如隔世。王颖刚追随自己到 Y 城的时候呢？那是三个月之后了，工作渐渐稳定下来，在 Y 城的边缘租了个单间，虽说是农民房，居住环境也算是好了很多，只是离地铁线路远了，每天得花20多分钟找一辆缺胳膊少腿的共享单车去地铁站，还好坐地铁不用转线，又是终点站，所以每次都有座位。

现在想想那间房里床的位置还是觉得很奇怪，可能是因为那栋房子的地基本来就不正，导致好好的一栋房子好像被大风吹动了二三十度的位移，于是朝向道路的那一列房子的形状就变得很古怪。古怪归古怪，但是优点是租金不贵，更重要的是它还是个单间。房主也算是煞费苦心，为那间房定制了特别的床，一个大约是六七边形的不规则形状，床也是靠墙摆放，因为形状古怪，那张床只有很少的一部分能挨着墙。

也不记得是从什么时候起，陈才在跟王颖做爱时，会不自觉地将脚掌抵在墙壁上，依靠着墙壁的力量，陈才总是能把王颖弄得晕头转向，似乎连自己是谁都忘了。王颖当然没有发现陈才的这个小动作，但对于陈才来说，他越来越觉得做爱的时候将脚抵在墙壁上非常重要，似乎墙壁和脚组合在一起会发生美妙的化学反应，像他玩"狂野飙车8"时获得的一个个氮气桶，会有即时的响应。这大概就是开端吧。

2

随着日期的临近，王颖变得越来越暴躁，越来越像在她父母家表现的那样，无理取闹，乱发脾气，近乎失去理智。"你这是咎由自取。"陈才在心里奚落自己。他想起去年年底和王颖订婚的前夜，父亲醉醺醺地造访二楼自己的"狗窝"，和自己似乎是推心置腹又似乎是多年父子终成兄弟之前的一剂预防针。

"你真的想好了就是她了？"

"应该是她了吧。"

"没什么应该不应该，要是想好了明天就一切照办，现在反悔还来得及。"

"怎么我感觉已经迟了。"

"你真的要想好，你读书我没管你，我也管不了，你爷爷只让我读了小学五年级，我怎么管？你上大学算是给我长了脸，我没想着你能考起来。谈恋爱又找了一个本地的，熟门熟路，你妈之前还托亲戚去问了王颖她家的事。但是她这样一个脾气，你受不受得了？"

"有什么受不了，慢慢受着就习惯了。"

"你要这么说那就随你了，反正是你跟她过。"父亲一只粗粝的大手在陈才脸上慢慢地搓动着，眼含爱意，多年水泥沙子浸泡出来的手，真糙。"你的脸真嫩。"父亲取下夹在耳朵底下的一根烟，塞进嘴里，"你千万别跟我说后悔，我们陈家人不爱做被人骂的事。"父亲下楼去找火。

陈才偎在被子里想着父亲的话，"我会后悔吗我会后悔吗我会后悔吗？"他在心里默念了三遍。后不后悔他说不准，但是王颖，他们都不懂她，父亲不懂，连王颖她爸妈也不懂她，甚至王颖自己都不懂，只有他懂。除了他之外，没有人知道王颖的贤惠、勤劳和善良。他们什么都不懂。父亲之所以会在这样一个对家里来说具有历史性时刻的晚上跟自己说这些话，不外乎是因为几天前全家人一起去买新衣服的事。因为自己的订婚算是家里这些年来最大的一桩喜事，从来不主动买衣服的母亲提议全家一起去县里置办几套行头，理所当然地也叫上了王颖。具体是因为什么事已忘了，反正王颖是突然发作，站在马路上就大哭起来，爸妈尴尬得也不知道怎么劝，正愣在那里，她突然往迎面开来的车子上撞，要不是陈才还算敏捷的身手，真不知道会是什么后果。至于王颖后来一个人跑开，又是怎么坐车回家的，父母问也没问陈才。

直到第二天，母亲才小心翼翼地问陈才："王颖是怎么了，是对我和你爸不满意吗？"

"不是，真不是，她就是这样，脾气来了谁劝都没用。"

"这么大的脾气，以后可怎么办，一句话也不要人说，我原先以为她是个蔫脾气，和你这个暴躁脾气能处得来，看她长得斯斯文文，唉！"

"没事，她不记仇，吵完就好了。"陈才漫不经心地说，忍住了快要浮上嘴角的笑容。每次看到王颖在"外人"面前发脾气，陈才的心里的某个角落都在偷着乐，也不知道是为什么，就是会有一股快意升腾起来，甚至有一个奇怪的念头：闹吧，闹得鸡犬不宁，闹得越大越好。

陈才第一次看到王颖发脾气是在三年前的十一假期，刚在一起还没多久，那是第一次到T城拜见丈母娘，当时王颖的弟弟还在T城的邻市上大学三年级。在家里憋了两天之后，是丈母娘提议一起出去走走。城市的北郊有一条著名的河流流过，夏天河岸边会长满比人还高的芦苇，青青绿绿的，又有宽敞笔直已经硬化了的水泥路。这样一个地方自然成了他们的选择。

由于是远郊，虽然此地算是个旅游景点，却很少有卖水的小商贩，又因为河流是半环形，有近30里长，所以到此处游玩的大多是骑自行车的情侣，这条临河小道又被当地人称为"情侣路"。那天天气预报报道的是阴天，没承想还未到正午便艳阳高照，而此时一行四人还没走完一半的路程。烈日炎炎，加上王颖穿了一双带了半坡的休闲皮鞋，一边脚后跟已经打了一个大泡，另一边甚至已经破了一块皮。本来她是开玩笑，叫陈才把自己的运动鞋给她穿一会儿，没想到陈才一下子暴露出了他学理工科的专业素质，不仅不将自己的运动鞋拱手相让，还讽刺王颖做事没有计划和条理，不多用几个 App 查天气，吧啦吧啦说了一大堆。说着说着丈母娘也加了进来，说王颖小时候做事就没个正形，用指甲把隔壁小虎的脸抓破了相。于是王颖发作了，踢下那双皮鞋光着脚向前走，谁也不理。陈才追上去拉着王颖的手道歉，又说自己刚才是开玩笑的，没看到自己是笑着说的吗，怎么这么开不起玩笑。王颖不管他是不是开玩笑，越走越快。陈才一直这么跟着，求爷爷告奶奶怎么着都不奏效。因为有王颖的弟弟和丈母娘在，陈才又不想表现得身段特别低，所以也不追远了，由着她越走越快，自己慢下来和丈母娘一起走。

闹剧的结局无非是两种，"离开"或者"再见"。

在头两年，陈才和王颖交往的主题词大概就是围绕着"离开"和"再见"这两个词儿。

3

激情过后，两人躺在床上数头顶的顶灯上发着微光的荧光材料的暗斑，王颖数出上面镶嵌着 16 颗星星，而陈才要么数出 17 颗，要么数出 18 颗，反正无论如何都数不到 16 颗。

"你就是对我不满，越来越不就着我，你看不惯我不工作，我知道你在心里怪我拖了你后腿，我明天就从这 6 楼跳下去。"

"6 楼跳下去可摔不死，你想好了，要是摔得半死不活，我们没有北京社保，挂号费就得 50 块。"

"那我还是回家跳吧，18 楼肯定能死成一块肉饼儿。"说完，她被自己给逗笑了。

陈才把身体往女友的方向挪了挪，重新将她拥在怀里。"16颗，16 颗，原来是角度不一样。"

王颖按开顶灯，郑重其事地掀开被子坐了起来，"你说，我

游荡者

们咋这么惨呢？"

"还好，不是最惨。不记得我前上司跟我说过的话吗？凡事你觉得已经到了最坏的地步时，千万警惕，得尽快想点儿什么办法补救一下，不然事情会坏到你无法想象的地步。"

"再坏能坏成什么样？今天晚上我在美团上点的过桥米线的汤被快递小哥儿全洒了，快递小哥儿一个劲儿地道歉不好意思，我对快递小哥儿说没事，反正我不喜欢喝这个汤，他关门的时候我忘记跟他说谢谢了。他肯定以为我不满意，后来还跟我发了一百字的短信道歉，他以为我会给他差评。看到短信我就赶快给了他好评，我怕，我怕他像新闻里的那样骚扰我。我觉得一点儿也不安全。"

陈才愣住了，没有接话。

王颖似乎看出了他的"尴尬"。语气轻松地说："你没觉得屋里少了什么东西吗？"

陈才环视四周，以被他压在身下的 1.6 米 × 1.8 米的双人床为中心，方圆 2 平方米的空间里塞得满满当当的，实在看不出来少了什么。他摇摇头。

"就知道你什么也不关心。老大老二老三被我送走了。"

"啊？你送到哪儿去了？"老大老二老三分别是她／他／她分三次在附近的万达广场抓娃娃机里抓到的三个娃娃——绿色的小象，灰色的兔子，粉红色的熊。

"送给楼下小区幼儿园的阿姨了。"

"为什么要送走它们？"在搬家之前，这三个老大都是环绕王颖睡觉的，在她心里的排位可想而知了。

"我不想它们跟着我受苦。上周从 76 栋搬东西过来的时候，老二掉到了床下，第二天我去找中介要了钥匙才拿回来的。"上周三下午，他们被中介连夜赶到了小区的另一栋房子的楼顶，6

楼，无电梯，两家合租，属于他们自己的房子大概 8 平方米，租金每月 1600，付三押一，没的谈。本来他们是很看不起这间屋子的，在跟另一家合租的朋友商量了半小时之后，在首都副中心的众多桥洞和这间被尘封了近一年的小小屋子之间，他们接受了这间房子。

"以后还是少买这些小玩意儿吧。"陈才又扫视了一遍屋子里摆满的发卡／杯子／各种笔／各种水／各种大小不一的盒子／各种规格形状不一样的纸巾……

王颖属于那种有点儿童心未泯的小女生，每次逛街必去名创优品之类的小店，而且从来不会空着手回来的。看着她满心欢喜的样子，陈才也没有多说什么，虽然都是一些可买可不买的东西。

千金难买美人笑。况且这些东西还都是十块八块的。

"再也不买了，说真的，我从来没有像这几天一样想要有一间自己的房子。昨天下午从（服装设计）培训班回来后，我把我特别喜欢的一些小玩意儿都装进箱子用胶带封起来了，在这里估计是没机会拿出来玩儿了。还有你的那些书，以后别再往回带了，真的没地方放了，再搬家怎么办？这几天我老是有一个预感，中介会来通知我们这里也不能住了。要是那样，我就把我那件新买的羽绒服穿上，把电脑背上就走，什么也不要了。明天上班你把你的电脑也背上，我感觉这里一点儿也不安全，每天下午回来总觉得屋里跟我早上出去的时候不一样，好像变整洁了，像是有人进来整理过。"

"估计是中介良心发现，坑了我们这么多钱，免费帮我们整理的也说不定。"

"我的婚纱这周应该可以做好，给你看看图片。"说着王颖翻出手机，兴高采烈地给陈才看她拍的未完成的婚纱。一片纯洁的白色披在人台上，领口附近还空荡荡的。

"比我想象中要好多了啊。"陈才打起精神说。

"你想象中是什么样的？"

"想象中你又会像上次给我做的衬衫一样，忘了留余量。"陈才摩挲着女友的头发，窗外的风发出打电话时对方把鼻子杵在耳麦上的那种声音。

"要是今年过年结婚的时候你找不到我怎么办？"

"怎么会找不到？你飞升了啊？"

"前天洗澡的时候被电热水器触到之后，你知道我那一瞬间在想什么吗？"

"想什么？"

"我想到了今年夏天我们一起在泸沽湖边看到的星星。"

4

王颖越来越觉得陈才跟自己想的有点儿不一样。

拿前天王颖被电热水器触到这件事来说，当时幸亏自己只是打湿了双手，在右手触到调节水量大小的开关时，那一瞬间感觉脑子突然蒙了，于是叫喊起来。隔壁合租的男生最先跑过来，关切地问"咋了咋了"，平时觉得东北话特别土的王颖在那一刻觉得东北话咋听起来这么悦耳呢。

"好像是被电触了。"

"啊？没事吧，赶快退出来，我去把闸刀关掉。"

此时陈才慢悠悠地走过来，笑嘻嘻地说："来来来，小姐，我代表西潞苑小区新闻台采访一下您，被电触了是什么样一种感觉？"

"你贫不贫？"王颖甩开淋浴器，径直从陈才面前走过去了。

淋浴器在空中晃晃悠悠，最终撞在陈才的膝盖上停了下来，他尴尬地看了看隔壁合租的男生，孩子气地翘了翘嘴巴，又摇了摇头，自己也不知道这些动作代表了什么意思。

陈才本来以为王颖是开玩笑，或者是感觉错了，真的被热水器的电触到可不是这个样子，前几天他在微信里看过好几例类似出租房里热水器漏电导致严重后果的报道，而且刚刚他虽然身子一直靠在床上，但耳朵一直注意着洗手间的动静，以他的判断，至少王颖的身体是无碍的。也不知道自己是怎么想的，走到洗手间的时候看到隔壁的男生一脸关切的样子，就脱口而出了刚才的那句话。

在"触电事件"之前，还有"电灯泡事件"。

在陈才和隔壁合租的屋子共同通向洗手间的路上，是一间塞满了两家卧室里无法塞下的各类行李，横的竖的，高的矮的，最终只留出了一条50公分左右的窄窄的过道，因为东西堆放得并不齐整，而且客厅的灯光极弱，每次通过这条过道都得小心翼翼。搬来之后也找二房东说过客厅灯光的事，二房东以"灯还没坏，将就着用用"为由，断然拒绝了他们"能否换个亮点儿的灯"的提议，即使在隔壁东北男生一声一声亲热的"哥，哥，哥"的感召下，二房东也没有丝毫被打动的意思。客厅的顶灯又非常高，即使自己买来灯也换不上去，所以这件事就被耽误下来了。这是客观原因。

主观原因是两家的男人在谁去买灯这件事上较上了劲。

按说两家人生活在同一屋檐下，出门在外该相互合作才是。这也是两家一直秉持的原则，但这样一个原则好像最近被某一方面或者两家一起打破了。先是去小区饮用水机打水，因为现在住的是6楼，又没有电梯，到小区的另一端搬回一桶30多升的饮用水确实不是一个小工程。最初是两家轮流打，大致维持着平

　　　　　　　　游荡者　|

衡，大家相安无事。不知道从什么时候起，陈才发现最近三四桶水都是自己打的，于是不乐意了，他也不打了。僵持了一周，隔壁若无其事地买回了一瓶瓶的瓶装矿泉水。从那次起，打水就成了陈才一个人的事，那桶水理所当然地是只有王颖和陈才在用，隔壁既没有做出任何解释说明，也没有心怀抱怨，每天见面依旧面带微笑，但陈才觉得他的笑里藏着一些无法理解成分。

有打水这件事在先，"电灯泡事件"是迟早得发生的。谁都知道客厅里的电灯泡导致了生活的不便，但是又都觉得这是二房东的事，即使二房东不管，顶灯这样高，自己又换不了，只能祈祷着这顶灯快快爆掉。在灯不自己爆掉的前提下，如果谁提出来两家自己换灯，就会涉及谁去买回顶灯这件事。而谁去主动买回顶灯好像就代表自己承认输了，不只是在顶灯这件事上输了，连在之前打水这件事上也输了。

当然，以上事件都是陈才单方面解释给王颖听的，说得王颖一愣一愣的，她以一种奇怪的眼神看着陈才，她觉得陈才变了。她觉得陈才以前是没有这么多小心思的，虽然他是天秤座，最初认识他的时候也是这样感觉的，小到午餐吃什么，大到什么时候买什么礼物去见王颖的父母，要让陈才做出任何决定绝非易事，而且即使做出了决定还是会反复斟酌，或是暗中修正自己的决定。陈才自己也知道自己的这种性格会给生活带来诸多不便，此刻他发挥了天秤座的另一项才能，遇事冷静逻辑强善于分析。所以在遇到需要陈才做决定的时候，他倒会显得比其他人更加干脆利落，这大概是陈才觉得他必须克服的天生的弱点。所以在 Y 城，南方人的谨小慎微在陈才眼里看来是一种不适合现代生活方式的气质，也正因为此，陈才的主管上司尤其器重他，毕业短短半年就让陈才当上了所谓的"项目经理"，手下管理着一个 6 人左右的办公室。而离开 Y 城到北京的这半年，王颖觉得陈才作为天秤座的另一个显著特点逐渐显露出来了：过分追求平等，吃不得亏。也不知道是从什么时候起，陈才偶尔下班回来都会数落一下所在的公司，无非是老板傻×，根本什么也不懂，同事按时下班轻轻松松有说有笑，为什么事情到最后总是落到他的头上。问来问去问到最后，原来是前几天公司领导分配项目奖金时让陈才比其他人少拿了5%。对生活当然也有了影响，陈才会暗暗记住合租房里的饮用水是谁打的，厕所里的垃圾袋是谁丢的，公共空间的卫生又是谁打扫得比较多。甚至对王颖，以前没有洗衣机的时候就是石头剪刀布，谁输谁洗衣服，而有了洗衣机后事情又变得更麻烦了。需要用手洗衣服的时候，洗衣服这件事就是一件事，谁输谁洗，愿赌服输。有了洗衣机后洗衣服这件事就变成了三件事，谁把四散的脏衣服丢进洗衣机，谁去晾衣服，晒干了谁去收衣服。没有洗衣机之前只需要一次石头剪刀布，而有了洗衣机后得三次。

刚发觉陈才有点儿不一样的时候，王颖觉得可能是陈才离开了熟悉的地方不太适应，心里有火，甚至是留恋起之前南方的那份工作，虽然钱不算多，但是人却很清闲，有大把的时间干点儿自己喜欢的事。来北京后陈才变得忙多了，一天天早出晚归的，头发、衣服、行为举止似乎变得成熟了一些，有了一点儿电视剧里出入高级写字楼的白领范儿。当然，陈才的办公环境确实是在京城数一数二的写字楼里，每天按部就班的生活，身边的人都为了某个所谓的理想而努力着，到这里来上班的人就是为了赚钱来的，吃不下苦的人就会被淘汰。他眼睁睁地看着自己部门的三个同事被辞退，隔壁部门半年内换了三个主任，特别是其中的一个同事，在被辞退之后还找陈才单独喝了一顿酒，看着那个肥硕的男人在小胡同的楼顶天台痛哭流涕的样子，陈才才认真地思考起了"北漂"这件事。在那个楼顶，陈才抽了有生以来的第一根烟，第二根烟，和第三根烟。

当然，他是嚼着口香糖回去的。

5

婚礼在按部就班地准备着，年中从 Y 城到北京的间隙陈才回家看了一趟，房子刚刚刷了白漆，二楼影视墙里镶嵌着大粉色的巨幅肥胖牡丹花，衣柜、墙柜都是爸爸找小镇附近的木工打的，陈才站在热火朝天的工地面前，他差一点儿就笑出了声音。所谓的"家具"这一概念大概还没有在父母心中完全形成吧，可以被购买的家具还仅仅局限在沙发、电视之类的大件，这些都是一些不能被父亲身边的手艺人朋友们打出来的家伙。回家一趟，陈才获得了一份购物清单，这是父母对辛辛苦苦供完大学工作一年而要结婚的儿子唯一的要求。

"双联筒灯 4 个。"

"啥叫筒灯，百度百度……"

"四色灯带 12 米，带手动遥控器的。"

"……"

"双十一"前的几天，陈才和王颖分工合作，将装饰一间房子所需要的所有东西都拖进了王颖的淘宝购物车，王颖还通过淘宝新推出的玩法儿，又是预付订金又是领取购物津贴，"能省下来好几百呢，"王颖眨着眼睛自豪地说。

00：10，付完所有款的那一刻，王颖抱着陈才猛亲了起来。

"你弄啥呢？"

"开心什么？钱终于花出去了是吧。"

"这几天是近段时间我们互动最多的时候。"

陈才把王颖紧紧地拥在怀里，"跟着我是不是好惨？"

"噢，跟你说个事，今天早上我坐小区门口的黑车去地铁站，黑车司机跟旁边的另外一个黑车司机聊天，说家里的第 13 栋房子前不久分下来了，导致他同样开黑车的儿子这段时间又在往建材市场跑，不能出车导致每天要损失 200 多块。在他说这话之前，这个黑车司机因为没有凑够 4 人而在寒风中吆喝了十几分钟（每人头 5 元），哎，你说北京到底是一个什么样的地方？"

　　"网上不是说了吗？这里现在已经成了一个不养穷人的地方。"

　　"那我们怎么办？"

发表于《广州文艺》2018 年第 7 期

金　鱼

—— 致 LY

1

我是在微信朋友圈看到朝阳公园书市的。

本来对这种乱糟糟的地方没什么感觉，可能是被书摊旁边那几个高大的毛绒玩偶吸引的。一排四个，是四个有点儿类似变形的蛤蟆体型，通体绿色，几乎没有特别的设计，仅仅是每只蛤蟆的两只前爪做出了捂眼、捂耳、捂嘴、捂心的动作，有朋友在那条状态下面评论，是非礼勿视非礼勿听非礼勿言非礼勿动的意思。四只蛤蟆的脸均被涂抹了，其内容可以看做是"无"。

我放下手头正在写的一个 18 集网剧的剧本，是一个穿越到秦汉去盗墓的故事。我已经为那四匹马的事想了一整晚，但灵感的缪斯还未光顾，我还没想到合适的解决方案。

事情是这样，当时手头的这个剧本已经写到一半，前期沟通均十分顺畅，但是昨天跟我对接的编剧统筹徐老师突然深夜打来电话，让我赶紧把主角四人所乘的坐骑四匹马给去掉。我睡得迷迷糊糊的，本以为是做梦。这样的需求，在我两年半的业余编剧生涯里可是从没遇到的。所以我问了一句为什么。编剧老师说，最近正在拍的一部当红流量 IP 巨制古装剧里有一只骆驼，因为片子需要飞越祖国的好几个场地取景，在当地又很不容易找到同样的骆驼，于是剧组只得千山万水都带着那匹骆驼，机票加上专人看护，三个月的拍摄期过后，这匹骆驼已经花了剧组一百多万的经费。这件事搞得大老板很不爽，于是发下话来，以后本公司出品的剧里面不得出现坐骑。我一下子清醒过来。那主角怎么去故事发生地啊？我手头的这部剧，主角可是奔波了200多公里在几个城市之间寻宝的啊。作为整个电影工业生产体系里最末端的乙方的乙方，连名字都不会出现在片头里的所谓编剧，我当然不敢质疑大老板的决定。甚至连对接的编剧统筹老师，我都得讨好的。北京这么多科班毕业的编剧都嗷嗷待哺地等着项目呢，5000块一集我要是不写，有大把的人等着写。我只得点头。好的，徐老师，马上改。没问题。

接下来的这一整晚，我的脑海里不断回想着之前写到的这四匹马的形象，一匹是枣红的，男一号的坐骑；一匹是白马，女一号的，还有两匹是什么颜色的？之前好像没做什么设定，甚至徐老师说出四匹马的时候，我脑子都没瞬间转过来，为什么是四匹马，而不是三匹马五匹马。反正这四匹马之前不是我所关注的问题，仅仅是一个道具而已。但是现在既然接到命令要删掉这四匹马，我也就只有开动自己的脑袋，想办法达成徐老师的设想，或者说是大老板的命令。我努力回忆，自己剧本里哪些场景是直接提到这四匹马的，从第一幕主角好像就是在锡林郭勒大草原上体验骑马项目才穿越到汉代的，这匹现代的马是主角找回自己身份的唯一证据。这么说来，按道理，这匹马应该是一直跟着主角出生入死，最后一起返回现实世界的。首尾必须呼应。虽然故事只进行到一半，但是我对情节还是有一个稍微整体性的架构。于是，我再一次失眠了。

因为之前刚辞职的时候时间管理无效，我硬性规定自己，上床睡觉之前必须把手机放在窗台上，这样能避免自己睡不着的时候就想按开手机看看。其实也并没有什么好看的，无非是在朋友圈微博和豆瓣之间切换。没人会找我聊天的。有次中国移动的一个客服人员打电话给我，说因为我使用中国移动的时间和信誉都良好，他们可以免费将我的套餐升级为不限量通话。我之前的套餐里好像是每月200分钟通话时间。我说不用了。对方又似乎是个锲而不舍较真儿的年轻人，说是免费的。我说真的不用。他说真的是免费的，我真的不是骗子，我的工号是73765××，我们的上班地点在朝阳门××号B座××层302，不信你可以过来找我，你就知道我不是骗子。我说你应该可以在后台看到我的通话记录，我几乎不打电话。年轻客服说他这个月必须找到50个经他推荐办理升级套餐的，不然他的业绩提成又没了。我说那好吧，我办了。

昨晚睡前我忘了关好外层的隔音玻璃，内层的遮光窗帘也没有拉好。我躺在床上深深陷入那四匹马的问题中，眼睁睁看着窗外的天光一点点儿明亮起来。我听到麻雀叽叽喳喳的声音在窗外响起，心里突然一动。清早的麻雀，清脆悦耳，带着一种类似新生的喜悦。我起床，就这么赤脚站在了阳台上，楼下小区里昏黄的路灯营造出一种黄昏的错觉。这是一个光秃秃的小区，整个小区就东边和北边进门的地方有两个低矮的花坛，我住在21楼，楼下连一棵未成年的小树也没有。但我听到了鸟叫。

我拿起窗台上的手机，看了一下通话记录。徐老师，凌晨1点35分，呼入电话，2分19秒。然后打开微信朋友圈，看到了朝阳公园的那四只蛤蟆。

阿嚏，阿嚏，阿嚏，阿嚏。

四声响亮的喷嚏声回荡在屋子里。我用手捏了捏鼻子，一种不祥的感觉涌上心头。三月末了，快到北京杨絮泛滥的时间了。

2

照例是一觉睡到了中午，鼻子还是不舒服，照了照镜子，红红的。

洗漱完毕后去对面写字楼的 711 便利店买了一份午餐对付。然后去小区公交站坐 402 路到朝阳公园。

之前在网上找房子的时候，住家离朝阳公园近这个因素我是考虑在内的。在北京这几年，平均一年至少换两次房子吧，但是我一直都是绕着朝阳公园转的。最开始的时候在朝阳公园南边，然后是西边，现在是北边。我也不知道为什么，好像患上了一种叫朝阳公园综合征的病。现在想想，甚至之前下定决心离开武汉来北京，朝阳公园也是起了作用的。那次来北京出差，一个在北京科技大学读研究生的本科同学，就是带我在朝阳公园逛了逛。那是十月份的北京，公园里的树叶红黄相间，满地的落叶也没有清扫，当时是在六七点的黄昏，应该是工作日，公园里的年轻人不多，三三两两的老年人相互推着轮椅，或者步履蹒跚地在公园里走着。可能是跟我当时的心境有关，我觉得那时的光线和情景带有一种文学性，静谧美好，这是我在武汉待了两年都没有的一种感受。加上当时的工作也不如意，一直想做自由撰稿人的我在武汉已经是本地最大绘本公司的顶梁柱了，虽然跟自己想的创作有一定差距，但是好歹也算是一名作者，两年间已经有十几本绘本出版，当然，挂的作者名都不是我，我只是被列为特约编辑栏的最末位的那一个。也在各种招聘网站上找了，武汉作为华中最大城市，文化产业实在是乏善可陈，几乎没什么选择。相比之下，北京的文化产业就要蓬勃得多了。甚至在我仅仅是投出简历的两三天内，已经有两个影视工作室的编剧职位给我发来了 offer。去到北京即可入职。那次时间刚好的出差，其实也是踩踩点。

书市不大，就在公园的主干道两旁摆满了各种摊位。有大型出版社的，图书公司的，也有一些网络卖书平台和私人书店摊位。那四只大蛤蟆因为体型实在突出，几乎一进会场就能看到的。很多人在跟那四只蛤蟆合影，也有一些搞网络直播的，直播那四只大蛤蟆。昨晚，应该说是今早，朋友圈里针对四只大蛤蟆的出现和解读几乎掀起了一个京城文化事件。此事刚开始流传的时候，大伙儿以为那四只大蛤蟆是某个公司的，就像那些婚庆公司搞活动显得热闹，后来发现不是。又有人说是书市的承办方公园提供的，很多人在微博上@了公园的官方微博。官方微博出来回应并不是。又有人说这是某个年轻的先锋行为艺术家的最新作品，在书市开门的前一晚偷偷运进来的。当然这些都是传闻。书市的承办方公园似乎也无意追究，这四只大蛤蟆给书市带来了远超往届的流量，不仅书市的商家销量带动明显，负责提供食物的公园自然是这份流量最大的受益方。反正也没哪条法律规定这四只蛤蟆不能出现在这里，那就姑且放着吧。

我在熙熙攘攘的蛤蟆前面准备挑几本书，一个熟悉的身影掠过眼前。这不是，那个谁吗，小紫？我低下头继续挑书，她算是我生活中最熟悉的陌生人了，不是说说而已，是真的。她搬进来大概有半个多月了吧，我和她真正见面也就四次吧，两次是在厨房，一次是在小区电梯里，还有一次就是她搬过来的那天中午，主动敲门跟我打了一声招呼。因为我平时都是晏昼开始写稿，上午是要睡觉的。而她貌似是早上7点半起床，晚上10点半到家，跟我的作息时间基本是岔开的。那两次在厨房碰到，是因为我晚上去冰箱的冷冻室拿冻好的冰块，这还是在大学时养成的习惯，喝可乐必须加冰，不然就是死蟑螂加肥皂水儿的味道。我想象出来的。

我装作不看向她的方向，专心致志翻着眼前的书。但是眼角余光还是看到有一个身影从旁边挤了过来。

哎，是你啊。一只柔软的手掌轻轻地拍在了我的肩膀上。

你好，今天放假了吗？像是一个熟识对方的老朋友，我假装镇定。小紫是每周一休息一天的，而今天是周日。

调休，看到这里有书市，就出来逛逛。

哦，挺好的。

哎，你喜欢写作啊。

她盯着我手上的那本厚厚的《故事》。

算是干这个的。

怪不得，之前从你房门经过的时候看到你书架上满满的都是书，原来是作家啊。

哎，什么作家，写手写手。

那也挺棒的，回去把你写的东西给我看看啊。

真的没什么好看。你买书了吗？

这，买了一本《黑箱·日本之耻》。

不错。

你看过这本吗？

没有哈，在豆瓣上看到好多人在读这本。

嗯，纪录片我看过，很勇敢的年轻女孩儿。

阿嚏，阿嚏。

你感冒了吗？

没有没有，鼻子有点不舒服。哎，那个你继续逛逛吗？我准备回去了。

我也准备回去了，一起吧。

好。

3

上周和小紫一起从朝阳公园坐 402 到三元桥，然后一起进小区，21 楼电梯。我俩全程都戴着自己的耳机，不知道说什么。其实我的耳机里面是没有声音的，我既没有在听歌，也没有在听书。耳机只是作为我隔离人群声音的一个道具。在绝大多数的时候，这个道具相当好用，戴着耳机，表示你有可能听不到别人的说话，即使明明听到了，你也有选择是否真的听到了的权利。

进门后小紫并没有要求看我写过的东西，她好像忘了这茬儿。打开合租的大门的时候，她家的猫在撕心裂肺地叫着。她加快脚步按开了她房间的密码锁，那只半大的橘猫立马伸出舌头舔着她的裤腿。

这段时间没打扰到你吧。小紫抱起橘猫。

没有没有，你不在家的时候它基本不怎么叫的。

也是奇怪，我也发现了，我在家安装了一个 24 小时监控的摄像头，想随时看它。我上班后它在家挺乖的，基本不叫，但是我一回来就开始叫。特别是我在家但是不在房间里的时候，她叫得最狠。

我和小紫合租的是两室一厅，公共区域包括卫生间、厨房以及一条直筒的客厅，说是客厅，其实就是一条过道，连一张小小的椅子都放不下。

对这只猫我其实是有自己的看法的，因为工作性质是在家办公，而且我这个人是很怕吵的，之前隔壁住的是一个做淘宝的女孩儿。当然她的职业也是我们为数不多的打交道时偶尔说出来的。她是白天出去拍摄看样品，晚上按时下班，而且极为安静，基本感觉不到她的存在。甚至连洗手间和厨房的使用时间，我们都自觉错开。因为进出自己的房门都会随手关门，我和她基本都会等对方进入自己的房间关上门之后，才会去公共空间。当然也是有几次意外的。

因为是合租的青年公寓，住进来之前都会签订合同，是禁止带小孩、养宠物的。所以隔壁换人之后，刚开始我对猫叫声特别敏感，不只是叫声，因为房间都是木地板，猫窜来窜去跳在地板上的声音都会干扰到我。有好几次，我点开租房的 App，停留在投诉租客的页面，差一点儿就点下去了。但是转念想想，要是我是一位爱猫之人，茫茫北京 2000 多万人的人海，孤独无依，只有一只猫做伴，不管住宿条件如何恶劣，我又如何愿意舍弃这只猫呢？好歹自己也算是一个文字工作者，这点儿同理心还是有的。算是慈悲心作祟，我没有投诉她。那时我们还没在厨房和电梯间遇到，只是她匆匆过来打了个招呼。

最开始的几天不适熬过去之后，我发现自己竟然有些依赖这只猫。因为小紫早上 8 点便出门，漫长的白天，就我和隔壁的这只猫两个活物住在这套房子里，虽然隔着一堵墙。我窝在床上，隔壁墙那边传来的细细碎碎的声音正好调动了我作为一个作者的想象力。上午是猫活动较少的时间段，基本上没什么动静，偶尔动一下估计也就是从凳子或者床上睡腻了，跳到木地板上伸伸懒腰，不一会儿它又会跳上去的。一般中午过了 12 点，猫会活跃起来，开始吃当天的第一顿饭。我和隔壁房间都有一个阳台，那只猫的食盆就是放在隔壁阳台里的，当然这也是听声音想象出来的，但基本也差不多确定。我的阳台和隔壁阳台就隔着一块砖厚度的一堵墙，我猜这是房屋中介公司或者物主自己砌的。因为这块墙壁的白色跟其他墙的颜色有明显区别。下午是猫最活跃的时段，像是一个疯跑打闹的小孩子，急速从木地板跳到床上，冲过床又跳下来，来来回回，不知疲惫，基本不会歇息，一直会玩到接近 4 点。差不多 4 点半左右是猫吃第二顿饭的时间，这次吃饭的时间会比较长，咯吱咯吱的猫粮咬得脆响，引得我也会忍不住找点儿吃的嚼一嚼，哪怕我不饿。吃饱后，这次猫还会喝水，舌头也舔得挺响的。当然，为了听得更加逼真，这个时候我一般都会坐在我家阳台上放置的那把躺椅上的。

和猫相处的这段日子，我的生活变得更加规律，甚至连早餐也开始吃了，虽然也都是 10 点左右，但是跟之前 11 点前不会起床相比，已经改变了很多。

我看着小紫已经抱在怀里的橘猫，它弱弱地朝我喵了一声。

最近石榴好像变得活跃了，一有机会就想往出跑。

阿嚏，阿嚏。

我又连着打了两个喷嚏。把那只橘猫吓了一跳，挣脱小紫的怀抱，一溜烟跑进了房里。

不好意思，这两天好像鼻炎有点儿犯了。我用大拇指和食指轻轻捏着鼻子，好像是要把喷嚏堵住。

没事的。我好几个同事最近都犯鼻炎了，北京的夏天要来了，听他们说有鼻炎人的噩梦马上要到了，北京的杨絮要飘起来了。

是啊，到了那段时间我都不敢出门的。

回屋后我站在衣柜里抽出的全身镜面前，仔细观察了我的鼻子。来北京的第三年，第五次了。

4

不知道是不是心理因素作祟，这晚睡觉的时候总觉得鼻子不舒服，嘴巴干，鼻子也干，在床上辗转反侧到两三点，终于受不了爬起来找水喝。我站在厨房的公共冰箱前喝完了一整罐冰可乐，一口气喝完后才发现忘了加冰。又回房间躺着，还是睡不着，嘴里糖浆好像让自己变得更焦躁。索性打开头顶的顶灯，把两个棉质靠枕摞起来靠在床上。当初在淘宝上买枕头没注意，这个品牌的枕头当时正好在搞活动，买一送一，所以我有了两个枕头。刚收到的时候还挺错愕，双人枕头对我有什么用？但是后来发现将两个枕头摞起来叠在床头的高度正好，我可以靠在床上写剧本，而不用像之前坐班一样正襟危坐在凳子上。

我的眼睛四处在房间搜索着，从两扇衣柜，转到自己动手拼起来的两个木板书架，还有租房平台提供的一个写字桌，然后是阳台上的一张储物桌。那张储物柜的样式，感觉是之前的房东或者用户废弃的，颜色跟现在的房间不搭，但是好像还挺新的。因为我一个人住，东西不多，甚至两个衣柜都没装满，所以从来没有想到利用一下阳台上的储物柜。突然想到，这储物柜会不会有前面的住户遗留的某些有意思的小东西。

于是翻身起床，穿过玻璃隔断，打开了第一扇柜门。啥都没有，只剩下垫柜子的两张旧报纸。打开另一扇，咦，有一个玻璃缸。我小心翼翼地把玻璃缸拿到写字桌上。这是一个底部有浅浅的圆足，身子鼓鼓的半大玻璃缸，看它的样式，像是一只鱼缸。可能因为这扇柜门一直没有被打开，玻璃缸上还蛮干净的。我用手掌摸了摸，一点儿灰尘也没有。难道之前的主人在这间房里养过鱼吗？根据这只玻璃缸的大小来判断，如果真的养过鱼，那鱼肯定是小体型的，不然如何腾挪得开身体。不过也难说，看看这间出租屋，我的处境跟鱼缸里鱼的处境何其相似。要是按比例来说，这间房大概跟这个鱼缸也差不多大吧。

一边想象着这个玻璃缸之前的用途，一边突然想起上小学的时候，家里的二层楼房还没有装修，属于我的二楼卧室空空荡荡，墙上是简易粉刷的白石灰。因为是顶楼，夏天的晚上暑热难消。妈妈每天下午的时候会提一桶井水浇湿二楼的地面，然后再提一桶放在楼上的木床旁边，她说那可以给屋子里补补水，晚上睡觉的时候会凉快一点儿。

既然我的处境跟鱼的处境很像。而且我又犯有鼻炎，嘴巴和鼻子里都干得很难受。那为什么不试试呢？

经过隔壁房间去厨房接水的时候，那只猫好像还没睡，从高处咚的一声跳到了木地板上，没有叫。我把装满水的玻璃缸小心翼翼地安置在床头的小衣柜上，水波荡漾，竟然有一种平静悠然的感觉。看着这一小潭清水，慢慢地竟睡意来袭了。

5

这几天剧本的创作卡壳了，连做梦都是那几匹被不断转运的骆驼。而手头剧本里四匹马的问题还没有想到很好的解决办法。就这么对着墙壁枯坐。对面楼下的711便利店又开始播报月末打折广播了，平日吃的餐盒套餐第二份半价，部分商品6折起。坐到第二天傍晚，实在受不了，感觉屋子里空气稀薄，连呼吸都很吃力，而鼻子似乎也没有好转，干涩难忍。正好在豆瓣上看到一位不熟悉的友邻转发了一篇小说。

小说讲了一个家住通州，在西城区上班的文学编辑，某天早上醒来后突然发现自己的鼻子只能闻到"臭"这一种味道。无论是什么味道，经过他鼻子的过滤，都变成了臭味。他四处治疗，没有一个医生能查出来他的鼻子到底是怎么了，发生了什么奇怪的变化。治疗到后来，医生和家人都劝他去看心理医生。而这位文学编辑觉得滑稽，除了文学之外，他熟读心理学、哲学、社会学等各种人文社科书籍，自诩不是一个看不清现实的人。这世界上，尼采可以出心理问题，但是他不能。他既掌握了从哲学最底层思考问题的逻辑和世界观，工作这么些年来，他不是一个封闭自我的人，也习得了从现实的各种角度来全篇考虑问题的方法论。而且在熟识的朋友圈里大家都知道，他可是经常在星巴克开导涉世未深的年轻人的导师，即使在簋街的麻辣小龙虾又精酿小酒屋之后，他仍然是替喝多了的朋友们打好滴滴，然后自己坐夜班公交车回家的那一个人。故事的最后，他利用在大学实验室负责实验教学的初中好友的便利，拿到了一些可以配置为爆炸物的化学物品，然后同时吸进鼻子，把自己的鼻子给炸了。

我当然没想过炸掉自己的鼻子，但是遭受过鼻炎折磨的人应该就能体会，我们是有多想割掉自己的鼻子。两个鼻孔同时不通气不得不靠嘴巴呼吸的时候，我多想把桌上的这只铅笔捅进我的鼻孔里一气乱戳。我敞开临街的窗户，远处汽车嘀嘀声立即挤进房间来。打开好久没敞着的房间门，又打开这套房子的公用大门。一股新鲜的黄昏的空气，带着丝丝的水汽味儿从大门吹进来。我打了一个好久都没打出来的喷嚏，似乎有一只鼻孔瞬间开窍了，这世界真好啊。

我去公共卫生间上了个厕所，看到隔壁小紫的房间虚掩着。今天大概是星期一吧，小紫每个星期一休息一天。但偶尔也不，可能是加班后调休。对于一个不坐班的人来说，我当然从不按星期计数时间。更多的时候，我会列一个时间表，按写作剧本的集数记时间。干这行也有两年多了，这是我自己形成的个人工作节奏。但个人节奏归个人节奏，也经常会受到不可抗力的影响。比如手头这四匹马的问题，就是我没预料到的。按现在的情况，我可能需要跟徐老师见面沟通。像我这种作者，或者说写手，其实干的活儿跟杀手差不多，拿人钱财与人消灾。拿多少钱干多少活，甲方多一分要求，我这就多一分付出，多一分付出就得呵呵，加钱。

上完厕所回到房间的时候，看到有只小橘猫半蹲在我床边的写字桌上，摆出经典的狮子王造型，挺霸气的。但那只猫明显还处于年幼。幼猫摆出这样的造型，竟然有一种无可言语的喜感。我站在门口就不自觉笑出了声。

它一动不动地蹲在玻璃缸前，看着玻璃缸里的水。这一刻，我脑子里想象出的竟是一位诗人第一次面对大海的画面。我走近玻璃缸，它百无聊赖地回头看了我一眼，又快速地转过头去，看得出来它并不怕我，也并没有把我当作一个威胁。小猫伸出一只爪子朝玻璃缸里试探了一下，又很快缩回来，用舌头舔了舔爪子上的水，还咂巴咂巴嘴，似乎味道还不错。因为这水是我在洗手间的水龙头接的，我担心小猫喝了可能有问题，便伸手去抓小猫。它也不抗拒我的手，任我随手将它轻轻放了我的床上。它顺势竟躺了下来，弓起背，两只前爪伸得长长的，缩了一下脖子，伸了一个长长的懒腰。我看到它嘴里白白的尖牙和卷起来的红红的小舌头，有一丝心动。猫这种动物好像还蛮有意思的。

咚咚。

我回头一看，小紫披着头发，穿着一身长款睡衣站在房门口。

石榴跑出来了吧，刚没留神它就打开门偷跑了。小紫看着躺在我床上的小橘猫，一副又好气又好笑的样子。

没事儿没事儿，它会开门？

刚学会的，没几天。

合租公寓的门锁都是统一的，进来需要输入密码，但是出去，只需要将把手往下一拉。想象得出来，小猫肯定是跳起来，用爪子够到了把手。

真聪明啊，这小猫。

它叫石榴，是个小母猫。

这名字好玩儿。

因为我这间屋子太小，我又挡在进门的床前，小紫只能越过我看床上的小猫。刚才说话没觉得，我这样心里一慌乱，竟然觉得有些尴尬。我退开身体，站在床边。小紫伸出手，熟练地用一只手抓在了小猫的脖子上。小猫乖乖地伸直两只前爪，一动也不动，两颗圆圆的眼睛淡定地看着我。

咦，你养鱼啊？小紫指着写字桌上的玻璃缸。

没有没有。

那你这是……

最近鼻炎复发，想着弄点儿水摆在床头，加湿一点空气。

哈哈，怪不得是搞写作的，想象力真好。

喵。

小猫被这么抓着脖子，好像有些无聊，叫了一声。小紫伸手将猫抱在了怀里。

嗯？爪子怎么又湿了？小紫用手抬起小猫的脑袋，问。

刚它把爪子伸进了玻璃缸里。

它生下来就喜欢玩儿水，还是在它妈那儿形成的这个习惯。

它妈是谁啊？我也不知道为什么，随口问出了这样一个莫名其妙的问题。

它妈是卖金鱼的。哦，不对，它前主人是卖金鱼的。走啦，哈哈，打扰了。

没事没事。

6

人真是一种奇怪的动物。

之前日日都是关好门窗，半闭窗帘，通过落地窗透进来合适的光线。我喜欢一切都按照自己的习惯来，最好永远不要变动。纸质书会摞起来摆在左手边，和桌子的边缘对齐，马克杯就放在纸质书旁边。台灯摆在写字桌右边和图书对称的位置，然后是笔筒以及无线充电器。电脑摆在正中间。除此之外，写字桌上再也不会放置其他东西。即使偶尔放一下，也会立即收走，时刻让桌面保持自己的习惯的状态。而此刻，桌上多了一个玻璃缸之后，似乎打破了之前的某种平衡。一只玻璃缸，一只装满水的玻璃缸，静静地摆在写字桌上，是一种意象。这意象究竟是什么意思，我还未得知。但随之而来的似乎是生理上的变化，既然多了一只玻璃缸，就该有与之相对应的其他变化。于是面壁而坐，竟然感觉胸闷，两只脚不自觉地走到了房间的门锁前。直到我打开落地推拉玻璃和房间门，胸腔里才终于安宁下来。

这几天大概是周中，正常人的上班日。隔壁小紫当然不会在家，那只叫石榴的小猫似乎在睡觉，没什么动静。我靠在床头，忽然想起上次小紫的门没关好，偶然瞥到的那一眼。她的房间好像贴了粉色的壁纸，既然是连锁合租公寓，好像是不能自己随心所欲装修的，但我分明记得她屋里确实是粉色的。

穿堂风从厨房的窗户里吹进来，穿过狭长的所谓客厅，然后从没有关窗的阳台透过去。因为开门开窗的缘故，我关掉了空调。虽然明显感觉屋外的暑气涌入，但是有这股穿堂风在，好像也并没觉得热。扑通一声，房门被风吹上了。我站起来重新打开房门，听到隔壁有一声隐隐约约的猫叫。我站在门口，柔柔的一声咚，应该是小猫跳到了木地板上。然后是猫爪子不断抓在麻袋上的声音，接着就看到隔壁房间的门打开，那只小橘猫大大方方地从门缝里走了出来。

小猫抬头看了我一眼，没有做任何反应，绕开我所站着的位置，贴着门走了进来。我愣在门口，还没搞清楚是怎么回事。小猫轻巧地跳上了我的床，围着床边走了一圈，像是自然纪录片里在巡视领地的狮子。然后两只爪子搭在我的写字桌上，轻轻一跃，坐在了玻璃缸前，又是一动不动地看着玻璃缸。

上次小紫说过，小猫的前主人是卖金鱼的。既然是卖金鱼的，家里肯定是有很多玻璃缸。想象得到。小猫之前肯定是见过很多金鱼在玻璃缸游动的场景的。而眼前的这只玻璃缸里却什么也没有，不知道小猫会不会感到疑惑，这只玻璃缸怎么跟之前的玻璃缸不一样。难道上次小猫把爪子伸进玻璃缸是逗金鱼玩儿？这个念头一冒出来就刹不住了。也许在小猫的意识里，凡是玻璃缸里都是有金鱼的，有金鱼就都是可以用爪子伸进去玩儿的。但是眼前的这只玻璃缸里有水，它用爪子试过的，还亲自用舌头舔了证实过的。但是却明明没有金鱼，于是它陷入了迷惑？

发了一会儿呆之后，小猫伸舌头舔了舔玻璃缸，然后没有像上次那样跳到床上，而是直接跳到了地板上。稳稳落地，那种声音肉肉的，跟之前多次隔着墙壁听到的声音很不一样。我跟着小猫走到房门处。小猫站在隔壁房间打开的不大的门缝里看着，喵，看着我叫了一声。我走到小猫面前，它又喵了一声。然后甩甩尾巴，钻进了门缝里。我看着门缝里透出来的光，不远处是一床白底上满铺着秋刀鱼的床单，那些秋刀鱼头尾相连，一直延伸到床头的被子里。我轻轻带上房门。一种异样的感觉涌上心头，小猫刚叫的那两声是让我帮忙关门的吗？

有了这一次的交情之后，接下来的两天，小猫每天下午的那个时候都会自己打开隔壁的房间门来到我的房间做客。总是穿过我的床，跳到写字桌前的玻璃缸旁发呆。因为我没有任何养猫的经验，也不敢将自己叫的外卖随便给它吃。而且，在心底里，我对猫这种物种还是警惕的。因为上六年级的时候，我被学校门口的一只流浪狗咬过，当时还打了好久的针。自那以后，我对动物从心底里都有一些戒备。哪怕眼前这只小猫，一直表现得十分温顺喜人。

　　　　　　　　　　　　游荡者 |

第三天的早晨，我破天荒早起，去了昨晚在大众点评上查到的附近的花鸟市场，买了四条金鱼，两条红色，一条花色，一条黑色。回家后赶紧把金鱼倒进了玻璃缸里，四条小金鱼尾部的褶子很大，像是拖着一件硕大华贵的晚礼服。虽然早上早起了，但是我一点儿也不困。内心还有隐隐的激动和期待，不知道小猫下午看到金鱼会有什么反应。要是小猫会来的话。

7

这几天小紫回来得越来越晚。昨晚我写剧本到凌晨 1 点多，她还没回来。但是今早她还是按时起床上班了。我当然什么也没听到，但是早上冲凉的时候，我看到公共洗手间里小紫的牙刷和洗面奶被使用过的痕迹。她搬来好像也快一个月了，我至今对她一无所知。当然，如果小猫算是她的一部分的话，那我对她的某一部分算是非常熟悉的。关于我和小猫关系的进展，我不知道小紫是否知道。每天下午小猫过来看着玻璃缸发呆，然后回家，我帮小猫关好房门。

今天的时间仿佛过得很慢，我看着小区对面写字楼玻璃幕墙上的太阳一点点往下落，这令人讨厌的二手太阳。

我躺在床上，看着桌上缓缓游动的四条金鱼，不知不觉地睡着了。梦里有四匹长着金鱼尾巴的马，缰绳被一只变异的老虎牵着，路过三元桥 C2 出口那条还没修建完成的地铁施工现场。

傍晚我被脚步走动的声音吵醒，因为我没关房门，一扭头就看到有两位中年大叔在往外搬什么东西。我以为是做梦，又看到早上买的那四条金鱼，于是一下子坐起来。

我几乎是冲到隔壁房间，只见隔壁房间异常空旷，其实也不是空旷，这间房的面积甚至还没有我的房间大，一切都还原成这间房本来的样子，我刚住进公寓时房间摆设的样子。一张床，一张桌子，一把椅子，一个衣柜，其他什么也没有。地上只剩下几个不大的纸箱。大概其他东西已经被两位大哥搬空了。不对，我记得这间房的壁纸是粉色的。

顾不得多想，我抱起地上的几个纸箱，跟着两位大哥进了电梯。

一位大哥对着我笑笑，小兄弟，睡得够香的啊。

我对他笑笑，什么也没说。

电梯到达负一层，一辆金杯停在不远处，小紫正把地上的大包小包往车上抱。她看到我抱着纸箱，赶紧过来帮忙接。

还麻烦你了，这怎么好意思。

怎么这么突然？

嗯？

哦，怎么这么快就换房子？

本来就只租了一个月，上班在附近的公司，当时就不确定是不是能通过试用期，只是想试试。

哦。那现在是去哪儿？

先搬去高中玩得好的一个同学家，有可能不在北京待了。

我愣在那里，不知道说什么好。按说这些年已经见惯了身边的朋友结束北漂，开始一段全新生活，也没什么大不了的。而且眼前的小紫，大概还算不上什么朋友吧。

喵。

一声猫叫从车里传出来。

小猫在车里？

是啊。

小紫爬上车，从一个纸箱里抱出小猫。来来来，跟哥哥说再见。

小猫望着我喵喵叫了两声。我看着小猫，突然有些伤感，想到这段时间一起度过的那些无聊的令人发呆的下午。这是只属于我俩的小秘密，连它真正的主子都不知道。

我能抱抱它吗？

好啊。

小猫被放到了我怀里，它伸出舌头舔着我的手臂，一种奇怪的粗糙而又有质感的摩擦像是刮擦在我心里，手臂上立马起了一层鸡皮疙瘩。

我今天买了金鱼，你看到了吗？我第一次摸在了小猫的头上。

小紫离开以后的某一天深夜，四条金鱼被漆黑的夜晚所杀，手机日历显示，那天正是立秋。它们刚好陪我度过了这个夏天。我重新换了水，仍旧将玻璃缸摆在写字桌的左边。那四匹马的问题也顺利解决了，看新闻里该剧已经正式开机，男一号是我喜欢的一个演员。但是这些跟我没关系，我的名字不会出现在这个剧的任何角落。北京的秋天到来，从地坛的银杏大道回来之后，我洗好玻璃缸，将玻璃缸重新放进了阳台上那个废弃的柜子里。写字桌又恢复了我最习惯的摆设方式，但是我还是会不时看着写字桌的左边发发呆，好像那里有什么。而隔壁的门缝里，肯定会亮起新的灯光。

发表于《广州文艺》2019 年第 11 期

《小说月报·大字版》2019 年第 12 期转载

亲爱的爸爸妈妈

　　在二十二岁之前，我完全没有领会"欲哭无泪"这个成语的力量。每每参加一些长辈的葬礼，看着手臂上缠着白纱的死者家属一脸淡漠僵硬地站起来答礼，仿佛他们正在参加一场淡而无味的公司集会，有什么好说的呢？现在想想，葬礼都是死亡发生几天之后的事了，确实是没什么好说的。这个明摆着的时间差竟困扰了我好多年，事后想起，不禁让人感慨唏嘘。也许真的是像老莫开玩笑说的那样，我女儿的心生得可真大啊。

　　关于死，老莫从来没正儿八经地跟我谈过这个话题，只是偶尔碰到电视上报道哪里发生了地震车祸空难之类的天灾人祸，他会特别注意死者的年龄，有几次他甚至叫我把死者的姓名和年龄打印出来给他看看。他认认真真地戴上眼镜，像研究大会提案一样严肃地盯着那些陌生的名字，粗短的手指在纸面上滑动，不时地还提起笔来在笔记本上记那么一下。出于好奇，我曾经偷看过他记笔记的那个本子，全都是一些无规律的折线，那些稀奇古怪的人名和数字就夹杂在这些折线之中，有的线和线之间还留有缺口，像一块块木板搭起来的山路，中间缺失的地方便是万丈悬崖。有几次，我把其中几张折线图拍成照片微信给男朋友，他说他用计算机数学建模给那几张折线图设计了一个模型，通过复杂求解，最终从纯数学的角度来证明折线，发现老莫似乎是在求证某种回归，只是数据不够多，图形无法进行下去了。

我想，如今我大概能猜到他那时是在干吗了。

我曾经幻想过无数次，老莫在闭上眼睛的那一瞬间，脑海里是否跳出了那段他苦苦求证的折线。而那段折线，正像是架起悬崖两头那关键的一块木板。

出事那天，我正坐在北四环的出租屋里看一本情节复杂的日本旧侦探小说，窗外暴雨已经下了大半天，门口低洼的地方早已积起了一大摊水，大红色的拖鞋垫子浮在水面上荡来荡去，像一条断了缆绳的小舢板。我一天都没吃东西了，僵硬地靠在床背上捧着书等待着。那些天我就是在这样的等待中过来的，早上和陈郁一起在住宿区外的小摊上吃完早餐，然后绕着附近的一个小菜市场转一圈，听听大妈们今天是怎样抹去那两角钱的零头，或者强行"饶"来一颗价值四毛钱的蒜头。不是有社会学家说过嘛，看一个城市的文明程度就得去菜市场转转，菜市场是城市生活的一个窗口。

从菜市场回来之后，我便了无心情地开始拖地板、擦窗台、洗衣服，然后对着灰蒙蒙的天空长久地发呆；或者随便拿起一本什么书，一看就是一天。我收集了附近所有餐厅的外卖单，以应付陈郁中午打电话过来问我午餐吃什么的任务，沙姜焗鸡、韭黄叉烧炒蛋、烧鸭腿、五香牛腩饭……我随意组合着这些远在天边的食材，那语气真的像它们已经统统滚进了我那颗无所不包的胃袋里。陈郁当然没有发现任何异样，他还偶尔夸我吃这么多肉怎么都没长胖，他爱我的方式就像爱他未来的儿子一样，细致入微，且威恩并施，他是这么跟我说的。男人都得忙于应酬、接单，或者叫项目，不久前陈郁刚跳槽到东三环的一家广告公司做实习策划，他忙得是很有道理的，我不怪他。从另一个层面上来说，实际上那段时间是他在养着我。

打开春兰发来的短信时，我的手一哆嗦，手机摔在了地板上。我紧紧地抱住自己的双腿，把头像鸵鸟一样埋进手臂里，我的大脑被洗劫一空，具体的感觉就像是要睡着了。我感到好累，眼睁睁地看着窗帘外的天光渐渐收缩成一小团，压瘪，变得厚重，直至消失。我陷入了某种类似神游的氛围里。

有个比喻句叫仿佛过了几个世纪，说的就是当时的我。

我终于醒过来了，有那么一两秒钟我天真地以为我真的只是睡了一觉，做了场梦。但为何我的膝盖上满是泪水。伸手摸摸眼睛，我并没有在哭。

我弯腰捡起地上的手机，大脑也慢慢恢复了理智。这么大的事，难道不值得她打个电话给我？这一毛钱承载的信息未免太过沉重了。

我拨通了她的电话，她的周围似乎很嘈杂，有很多人在叽叽喳喳，但是她没有说话。我知道她在电话那头，我听到了她的呼吸声。

"你还好吧？"我强忍着泪水，挤出了一丝笑脸。我的脑袋马上反应过来，这是在接电话，又很快收住了那点笑。

"呜呜呜……"

"呜呜呜……"

我的这句话好像是导火索，把电话两端的人都给惹哭了。听到她那孩子般的声音，一种亲人般的温暖猛然袭上我的心间。

挂掉电话。以后我和她就要在这世上相依为命了，我心想。

半个月后，事故责任终于理清楚了。老莫当时正在右转，速度很慢，一辆 SUV 越野车刚刚等完红灯冲了出来，SUV 的车速很快，听交警说那辆车加速到 100 迈只要 3 秒。老莫的别克被完全压瘪了，SUV 的车头冲到了别克的引擎盖上，由于不是正面撞击，别克连安全气囊都没来得及完全弹出来，事故的目击者都说这场车祸挺惨的。

再次见到老莫时，老莫安安静静地躺在太平间的铁架床上，脸上被整理得很干净，只留下几个被指甲掐破了似的细微痕迹，头发也梳得一丝不乱，他甚至还用了头油。嘴唇饱满坚毅，额头的皱纹都少了很多，这使得他整个人显得非常有精神，像一个化好了妆在后台等待上场的演员。老莫长得还挺帅的，之前我怎么没发现呢？

我在太平间门口的那排铁椅子上坐了很久，春兰默默地陪在我身边坐着，既不安慰我，也没有哭。

送别老莫时，我的心里倒很平静，我想起了老莫时常提起来的菜园。他说等我有了孩子他就回老家，帮我带孩子。他最想要的就是一块菜园，他说这几年老是梦到年轻的时候跟着奶奶一起到菜园浇水的情形，夏天的傍晚，太阳失去热力之后，菜地里的茄子秧黄瓜秧都被烤软了，全都趴在地上。这时候你就用葫芦瓢把一满瓢温热的塘水泼在挖好的水凼里，你猜怎么着，那一根根小小的瓜秧会马上神奇地立起来，就是那么快。老莫每次说这段话时我的脑海里都会自动浮现出一幅领导下乡搞调研的场景，穿西服的老莫站在一个老农民面前抓起一把黄土，大声地问，老乡啊，今年的收成怎么样啊？我把老莫的梦想当成了一个笑话。

现在说说春兰。

我是大三那年才认识她的，在这之前，她是以一个类似远方仇人的形象存在着的，亲人们提到她的名字，都是跟一些最下流的词放在一起。在我很小的时候，身边的人经常提到她，他们一边感叹我和老莫的命运悲惨，一边咬牙切齿地骂她，我却并不喜欢这些人说的话，毕竟老师教导骂人是不对的。后来我慢慢长大了，身边几乎没人再提起她了，反倒是我，时不时地在心里狠狠地骂她一顿，似乎是缓解压力很好的方法。这两年和她有了一些交集后，心里对她竟产生了一丝丝同情，也许是人生阅历的提升，也许是因为对命运不定的伤感，谁知道呢？

她其实是被迫嫁给老莫的。老家那一带当时非常流行"换嫁"，也就是亲上加亲。你家儿子娶了另外一家的女儿，那另外一家的儿子就自动有了娶你家女儿的优先权。她刚嫁到杨树大街时，就有人指着她的背影说，莫家这个儿子怕是降不住啊。老莫年轻时也算是长得还不错的，家里的老相集上老莫一张标准的国字脸配两条又黑又浓的眉毛，很是英武。缺点是人有点儿憨，话也少，用奶奶的话形容就是"八竿子打不出一个屁来"。也正是因为这一点，爷爷和奶奶才坚决在嫁出最小的姑姑的同时要娶过来一个媳妇，那年老莫已经28岁了，爷爷和奶奶是真的急了，28岁在当时是一个足够让父母夜夜睡不着的年纪。

据当年的大人讲，她的容貌在整个里镇也是排得上号的，一张端端正正的瓜子脸，加上一对圆溜溜的大眼睛就足够让人受得了，再配上小巧玲珑的鼻子和微微摆动的大屁股，哎呀，连出差路过杨树大街的县里干部都直了眼睛，有人夸张地说，竖在我家门前的那根木电线杆硬是撞瘪下去。

这样一个漂亮的可人儿，偏偏性格又极乖张，见人就喊大哥，上至六十岁的老汉，下至还没结婚的小伙子。本来就已经快走不动路的人了，被她这么一喊，就只得坐下来了。她刚嫁过来那一阵，据说我家的那个小院子都快成了城里的聊天室。刚开始还只是杨树大街上的一些闲人坐在院子里扯话皮儿，老莫默默地为他们添茶，很少搭话，非得有人问到了不得不答一句的程度，老莫才会羞涩地回上一句。一两个月之后，聚会竟然发展到了要在门外加座的程度。奶奶本不想管，因为老莫结婚的时候就分出去了的，但是现在不管不行了，奶奶在杨树大街上走一圈，那些阿姨婶婶们都拉着奶奶不让走。

那天早上，吃过早饭刷完碗，奶奶悄无声息地去杨树大街东头的公共厕所挑了两担大粪，她走在路上就引起了别人的关注。因为田地都在东头，而奶奶是往回走。奶奶把两担大粪放在院门口，然后搬一把椅子出来坐在院前的门槛边，眯着眼睛看头上满树开得正盛的槐花，就像是在乘凉。所有人一下子都明白了，奶奶这一招可真够狠的。

老莫对奶奶的行为既不支持也不反对，权当是没看见这回事，闷头在田地里干活，把豆大的汗粒滴进土里。

从那之后，春兰足足有半个月没出门。半个月后，她再次出现在杨树大街上时，人们发现她已经不是从前的那个可人儿了，整个脸成了圆盘不说，腰也不见了。有好事的人不怀好意地问老莫是怎么弄的，老莫呵呵呵的一脸羞涩，就都不说话了。

次年5月，我就出生了。故事就是因为我的出生才转折的。

生产的过程很顺利，但是孩子拿出来后在场的人都呆住了，孩子的心脏竟然像布袋一样挂在体外。外公当场就建议把孩子扔到后山上，这才是第一胎，而且又是女孩。躺在床上的春兰坚决不同意，坚持要把孩子留下来。就在大家陷入沉寂时，老莫发话了，说，送医院吧，大不了多干几年。说完抱起我就往县里的医院走，我这条小命这才算保住了。当时住院花了1200元，是老莫求村支书开社员大会之后挪公款垫付的。1200元当时能在杨树大街起一栋房子。

待我满月之后，从没走出过里镇的老莫不得不踏上了去南方的火车，他要撑起这个家。

后来的故事情节就有点不堪入目了，有的人说她是对那事上了瘾，离不了男人的，有的人说她是收了钱的，说法不一。但大体上还是能反映出当时的一些情况：她成了一只破鞋。爷爷和

亲爱的爸爸妈妈

奶奶不愿听风言风语，整日不出门。当年中秋节的早上，她把不满半岁的我用棉被裹好装进大菜篮子里，静悄悄地放在爷爷家的门口后不告而别了。又有人说一大清早看到她和另一个男人急匆匆地走了，那个男人的背影有点熟悉，好像是县农技站的。

爷爷奶奶自然是无脸见人，找到外公外婆家。外公外婆遭遇如此奇耻大辱，当场发愿不认这个女儿，就当没生过。

杨树大街上流言四起，有人说早看出来不是什么好东西，那脸蛋那鼻子，哪一点儿像正常人，还有那走路的姿势，就找不出来这么走的。

老莫好几年都没回来过年，年底工地发了工资就直接汇给村里。老莫后来对我说，他是用那几年流的汗买了一个我。

还是有关于她的消息。在汉正街做"扁担"的田春说他好像碰到过一次她，做的是文具批发，因为当时背上压着货，看得不真切。第二天他再去那个铺子时，铺子改成了卖成衣的，看来她是逃了。爷爷奶奶本不想再管她的事，但人家好心好意特地上门告诉，爷爷不得不咬着牙说，要是找着了，一定要打断她两条腿。

此后十几年再也没她的消息了。

爷爷奶奶早已仙去，守了祖坟山。老莫混成了一个建筑公司的二级承包商，有车有房，算是事业有成，我也没给家里丢脸，拼死拼活好歹考上了一个二本院校。这么些年下来，老莫也遇到了几个女人，但他就是没提到领证。在法律上，老莫已经单身了二十几年，当初的婚姻关系早已自动解除。

这时候又有了她的消息。

我上大三那年，她突然出现在杨树大街。听街面上的人说她是被几个人抬下的车，一个男人从车里抽出一张折叠椅在地上支好，然后把她架在椅子上坐着，她傻呵呵地望着杨树大街上的行人。起初人们以为是乞讨的，但是她一身衣服干干净净，满身的肥肉显得人很富态，脸色也很红润，她面前也没有"求6元钱坐车"的字样。

天黑了，街上的人都出来乘凉，她还坐在那里，人们就围了过来。

又是田春先认出来的，当"扁担"赚了一笔钱后他在街上开了一间小水果铺，"这不是莫家三小子跑掉的那个媳妇儿吗？"田春吃惊地叫了起来。

所有人都来了兴趣，每一双眼睛都仔仔细细地盯着她看，虽然脸形完全变了，但是每个人还是凭着记忆中这一点那一点的特征凑出来了，没错，确实是春兰。

"傻了吧？"终于有人发现她一直没说话了。

有人当场打电话给老莫，当时我正在洗澡，老莫敲着卫生间门跟我说了。我把花洒调到最大，温热的流水一遍一遍冲刷着我的脸，一种窒息的快感流满全身，原来泪水可以流淌得这么欢快。

第二天老莫带她去协和医院检查，是阿尔兹海默症，就是通常说的老年痴呆症。她1966年生，49岁，离开杨树大街那年她24岁，她离开了自己一半的人生，和整整一个我。

不知道是医院误诊还是怎么的，经过一个暑假的休养，她的病竟然好了起来，以前的事也还断断续续地记得一些，但记得的都是24岁以后的事，她刚好把我给忘记了。以她现在的理解，老莫是她的情人，我自然是她情人的女儿。她的性格很开朗，就像一个邻家大姐姐，经常约我出来吃饭或者打火锅，还送一些很贵的化妆品给我，看来她是在贿赂我。我偷偷问过老莫给了她多少零花钱，这个老男人竟然很羞涩地笑了起来，不多不多，钱是王八蛋，花完了再去赚嘛。

亲爱的爸爸妈妈

私下里，春兰非得要我喊她为兰姐，就像她的其他闺蜜一样。老莫仿佛对我和她的关系很满意，他私下跟我说，幸亏她得了这个病，要不然还真不好弄。混熟之后，她跟我讲了很多以前的事，什么深夜摆地摊遇到黑社会斗殴，都吓傻了，等到打完了回去收地摊，在地上捡到了一条断开的金链子，给她送到金器店熔成了一对耳环两个戒指，说着她就把一只戒指框进了我的指头；什么在大西北的草原上替人放了两年羊，羊肉吃伤了，现在闻到羊膻味儿就吐……她还是一个很细心的人，大四毕业我和陈郁去四川旅行，出发之前，她把陈郁单独叫到房里教导了好一阵，房里嘀嘀咕咕的，不时传来陈郁的笑声。在火车上我问陈郁，她跟你絮叨了些什么。只见陈郁畏畏缩缩地从荷包里抽出一个盒子角，我一看要疯了：杜蕾斯。我问她还说什么没，陈郁的脸一下子涨红了，在我耳边说了三个字，让我彻底崩溃了：性教育。

　　老莫走了之后，她的心情挺不好的，光窝在家里看韩剧，哭得跟那个什么似的。

　　老莫走了快一周年，她突然打电话给我，深有感慨地说："哎呀，老莫找我算是找着了，哪家的情人能像我一样忠心啊，照顾了老的还要照顾小的，他这是提前给你找了一个妈啊。"

　　我的鼻子一酸，狠狠地冲向了卫生间。

发表于《广州文艺》2016 年第 6 期

《小说月报》2016 年第 8 期转载

《长江文艺·好小说》2016 年第 8 期转载

引 力

1

男人忘了是从什么时候开始注意到那只猫的。

那天下午下班之后,男人像平时一样背着工具包,拿着一瓶冰冻可乐大踏步走过民福街,拐进街角之前,男人还是在细叶榕旁边的公厕里方便了一下。其实并无尿意,只是有一次负责公厕卫生的大爷把水管滋到男人的裤脚后,男人就养成了这个习惯。若是正好碰上大爷,男人还会索性掏出白沙烟,欣欣然地点着,说一句,"×,白沙烟就是够味儿,厕所难道禁得了烟",男人自己都不知道是在跟哪个过不去。男人出了公厕,时间虽已近黄昏,万州城七月的阳光却毫无道理直直地杀进肉里,这让男人感觉更加恼火。在原地转了个圈儿,男人快步走到一块阴凉下,站了一会儿,自自然然地坐下来将身子歪歪地靠在路边的一棵大树上。这样大的一棵梧桐,为何却长在如此窄的弄口?男人仰起头看着高处树枝上的一只麻雀蹦跳,麻雀张开翅膀将栗色羽毛里的尘埃抖落下来,那动作却像是在摆脱某种追身的跟踪,有那么一瞬间,男人不自觉地打了个冷战,他仿佛是看到了藏身在麻雀羽毛里的那只魔鬼。

男人低下头,一只麻色的小猫轻轻巧巧地走在弄口的山墙上，它似乎还处于学步的阶段，或者是对脚下的路不太放心，走几步便停下来左右试探一番，然后抬起头看看四周。猫科动物的利爪让男人想起不久前看的一部BBC纪录片《猎捕》，无聊的超长镜头下，一只成年母狮子在高高的沟壑里优雅地走动，岸上是一只离群的角马，母狮蓄势待发，似乎是在等待上帝的授权。下一秒，角马落荒而逃，一阵微风吹来，草地上的野花轻轻摆动腰身，母狮站在了上风处。再下一秒，苍茫的塞伦盖蒂大草原的不远处，母狮的两儿一女正在被一群野狗撕扯。母狮败兴而归，朝西边的五彩落霞看了一眼，似乎还只是想到今天那三个崽子要饿着肚子上树睡觉了。男人也朝那只猫看了一眼，特别的左眼珠，发暗的棕红色，像极高中女生挑染的那一缕酒红色头发，藏得越深越刻意。

小猫走完整块山墙之后，敏捷地跳到了巷口小卖店的招牌上，顺势趴了下来。男人顺着巷口望进去，突然生发出要一探究竟的好奇心，他觉得这条巷子的尽头也应该是三林路，自己要去乘公车的那条路。男人走过小卖部门口之后，一个小老头儿扶着墙壁小心翼翼地走了出来。自从装上了这两只义眼，老头儿对陌生人格外敏感了，不只是眼力，他觉得自己的耳朵也有了极大的提升，熟人的脚步，甚至是经常路过门口的行人，他都能分辨了。他甚至觉得单凭脚步声他能分辨出一个人的好坏，所以凡是遇到感觉不妙的脚步声他都会亲自出来查看一番。

2

确认陌生人走远之后，老头儿又扶着墙壁回屋里把架梯搬了出来，立好，摇两下，然后敏捷地登了上去，从荷包里抽出一块擦嘴布轻轻擦拭着安在招牌反面的摄像头。这是社区民警小温过

　　　　　　　　　　　　游荡者　|

来安装的，说是要创建"智慧城市"，每条街都得安装"天眼"。社区干部也算体恤孤寡，还为老头儿安装了可随时回看录像的电脑，也是免费，社区办公室淘汰下来的旧家伙，放着也是换把剪刀。顺手还为老头儿拉来了宽带，当然也没人收费。老头儿自己是不会用那玩意儿的，但孙子可是对那东西爱不释手，一放学，便直奔过去，盐汽水也不喝了，电视里的两只臭狗熊也不看了。

为着孙子对电脑的这份喜爱，对于小温要求的要爱护"天眼"，老头儿更是无条件执行，自己这两只"狗眼"隔几个月还得泡一次药水养护呢，何况"天眼"。所以老头儿几乎每周都会拿毛刷先掸去灰尘，然后用软布蘸温水仔细擦拭一遍"天眼"。上上下下的，老头儿权当是活动活动筋骨。

老头儿从架梯上爬下来，听到屋里的挂钟响了起来。5点了，小安马上就要放学了，炸酱面还没买呢。老头儿坐在梯子的底部抹了一把颈脖子上的汗，急匆匆地朝巷子那头黄十三的铺子赶，可不敢让孩子饿着了，不光不能饿着，还得吃好。没妈的孩子，更得像个宝。这么一想，老头儿不自觉地加快了脚步。

刚走到马路对过，老头儿被脚下的什么东西绊了一下，一低头，一只脏兮兮的卷毛小土狗竟正好倒在了老头儿眼前。老头儿正要弯下腰查看一下，一个背着红色小书包的小孩儿飞快地出手将小狗夺了过去。老头儿刚准备问问怎么回事儿，一甩手，小孩儿将那只小狗重重地抛向了空中。扑通一声，小狗摔在人行道上，老头儿眼睁睁地看着几股红色的细线从小狗的嘴部、肚子涌了出来，愣在马路牙子上，心里恨恨的。几个同样背着红色小书包的学生兴冲冲地从背后冲了过来，将小狗朝更远的地方踢去。像踢皮球一样，卷毛小土狗在他们脚下一路滚过去。

真是作孽，老头儿看着一排红书包兴高采烈地走远，刺眼的"西峰路小学"几个大金字在书包上晃动，那也是孙子所在的学校。唉，老头儿叹了口气，满地的黄叶被气流搅动起来凌空飞舞，如今谁能明白这个世界是怎么回事呢，转身朝老黄的铺子走去。

3

男人从来没想过万州城还会有这样的小巷子，靠墙的青石板上甚至长满了青苔，偶尔打开的木头小门里竟是一幅江南小院的布局，回廊深井，衰草离披。穿过小巷，果然如男人所料，三林路的车水马龙一下子把男人打回了熙熙攘攘的万州城，仿佛刚刚经过的那条小巷是男人打了一个盹儿之后想象出来的。站在三林路的斑马线前，男人使劲地摇了摇脑袋，一只只棕红的眼珠密密麻麻地堆在眼前，挥之不去。

男人照例回家后先冲凉，然后赤身裸体站在衣柜前的全身镜前检视自己的身体。这是男人到万州之后才养成的习惯，也不过是五六年的时间，不知是怎么的，就是突然不喜欢身上的毛发了。先是剃了光头，也不戴帽子，就让同事们笑吧，笑笑也就过了。随后男人用剃须刀把自己腿上的毛也剃了，然后是腋毛、阴毛，最后用刀片把全身的汗毛也给刮掉了。刚开始还好，头发、腋毛、阴毛都是三天剃一次，汗毛是一周刮一次。随着男人一次比一次更加仔细的检视，最终形成了所有的毛都得一天刮一次的频率。即使刀片上并未沾染毛发，男人还是会认认真真地再刮一遍确保万一。他已经不相信自己的眼睛了，只相信手里的刀片，他在心里列了一个等式，刀片刮两遍 = 上帝，这是错不了的。

放下刀片，男人从硕大的鱼缸里捞出了孤独的小金鱼儿，用食指轻轻地抚摸它细小的鱼鳞。金鱼儿早已习惯了这种抚摸，不挣扎也不摆尾巴。男人觉得金鱼儿是上帝创造的最完美的生物，既无任何体毛又不容易死，吃得也少。在养金鱼儿之前，男人养

　　　　　　　　　　　　　　　游荡者　|

过蚯蚓、乌龟、青蛙，甚至蛇，当然全是些无毛动物，而且都没活满两个月，只有这条金鱼儿，整整陪了自己两年多，金鱼儿简直是一位生存哲学家，男人像尊重在老家剃光头剃得闻名十里的王三叔那样尊重这条金鱼儿。

干完这一切，男人便陷进了客厅里那条脱了皮的破沙发里打起盹儿来，今天是周四，男人有约。

按说以男人的条件，找个女朋友应该不是什么难事，读技校的三年时间里，男人谈过两个女朋友，一个谈了一个星期，一个谈了一个月。当时宿舍是一楼，简陋的八人间，门前就是学校的大操场，穿过操场，一分钟就能脱离学校的管辖。每日晚自习后，男人坐在靠窗的二层小木板床上，总能看到一对对红男绿女的美丽倩影划过窗前，偶尔还能看到熟人，甚至班上公认的"男人婆"任晓慧隔个十天半月都会被不同的男生带出去。怎么下得去嘴？男人总偷笑。带出去的一对对男女晚上自然不会回来了，得等第二天 5 点，胖脸的保安会准时坐在学校的侧门，面前的凳子上摆一个大铝盆（那是他的洗脸盆）等烟，烟的好坏不讲究，从游泳到中华均可，但数量不能减，一对儿男女一包，这是定规。所有人也都乐意遵守，刚度过一个妙不可言的夜晚，见谁都拱着脸笑。男人的两次分手就和这胖脸的保安有关，也不是和保安有关，是和保安的这定规有关。头一次，女友暗示今晚可随男人"私奔"。男人从那天早上就开始准备，一切已打听完毕，学校旁边最便宜的"红玫瑰"房 30 元，一包白沙 2 块钱。男人凑过来凑过去，到下晚自习，手里还只握着 30 块，他甚至产生了去向班主任老师借钱的想法，或者跑到操场上打劫。思前想后，男人虽不是什么好学生，但为了这两块钱自毁名声或者干非法的勾当，着实划不来。又不知该怎么向别人解释，一时急火攻心，男人竟拉了一整晚的肚子。第二天，男人脚酸手软地站在女友面前，正要解释，女友先开了口，"等了你一个小时，见你还不来，我跟别人出去了，以后别再找我了。"

这便是男人的初恋。

第二次，那是上技校的最后一个学期，男人终于又谈了一个。这回房钱和烟都事先准备好了，出发之前，女友摸到男人荷包里鼓鼓硬硬的，问里面是什么。男人说是烟。女友叫拿出来看看。男人将烟掏出来放在女友手上。

"就拿白沙？"女友将烟扔回男人手里。

"就白沙。"

"我在你心目中就值一包白沙？"

"保安不讲究，是包烟就行。"男人赔着笑脸。

"保安不讲究我讲究。"说着，女友掏出一支黄鹤楼点上，深深地吸一口，重重地吐在男人身上然后头也不回地就走掉了。

两次失败的恋爱之后，男人再也没谈过女友，身边的女人倒是没有间断过，特别是那种见一面就能跟着走的女人，男人似乎天生就具有这种非凡的分辨能力，一个浅浅的微笑，或者一个眼角眉梢的骚动，男人就能准确接收到发射频率。一旦接收到这种频率，女人在男人面前就像是身处浑水中的鱼儿，是逃不出海豚的追踪的。男人对这种女人大多采取"林中穿行过，片叶不沾身"的策略，上床归上床，从来不接触第二次，更不会带回自己的住处。但是，阿霞是个例外。

阿霞住在万州城中村的一间暗门子里，所谓暗门子，就是暗娼。门子里的摆设极其简陋，采用的是"全城连锁式"的摆设，一扇脏兮兮的玻璃推拉门打开，迎面便是一台显像管申视，旁边摆一张破沙发。内里隔成两间，各放一张床，这隔间便是农民工口中所说的"炮房"。

按说男人和阿霞是生活在两个平行世界的人，几乎无交集。

男人自己也忘了那天晚上是为何走到阳江边的，他记得那个烧烤摊离海港码头不远，当时烧烤桌旁坐着两男一女三个人，远远地男人就看到这三个人手舞足蹈，似乎是在划拳。待走近了，原来是在吵架，女人举着杯子大喊大叫，一杯一杯喝着什么，越喝越激动，先是要拿瓶子砸跟她同桌的一个男的，被截下来后，又举起酒瓶朝自己的脑袋上砸，眼看着砸了两下，一股鲜血顺着耳朵根儿流进脖子里。男人正疑惑这是怎么一回事，一眨眼，同桌的两个男人竟跨上立在旁边的摩托车，走了，只剩下那女人像个小学生午睡似的趴在烧烤桌上，一动也不动。

男人将醉得不省人事的女人送到医院，并在床边坐了一整夜。第二天男人醒来，女人已经坐了起来，盘着腿坐在窗前的长条凳上，早晨金色的阳光从女人散开的头发间穿刺过来，打在男人的心窝里。女人纹丝不动，整个身躯却在男人的瞳孔里不断膨胀，那一刻，男人觉得这眼前的女人似乎是一座神。

男人当然没把阿霞当成一座神，该上床还是上床，但表现得小心翼翼。上过几次床后，阿霞才把她住在暗门子里的事告诉男人。暗门子男人是听说过的，之前有一个也在万州城开挖机的小学同学跟男人提过，那个同学就常去，打一炮50，过夜200，男人记住了这两个数。男人当然很好奇，当天他就提出让阿霞带他去门子里看看，开开眼。阿霞听话地带男人来了，介绍同事阿荣和阿丽给男人认识。

众人一番寒暄过后，阿霞带男人穿过楼下的小隔间，上到了二楼。便是在这次，男人挖到了巨矿。

4

小安今年12岁，上六年级，之前喜欢放学后在小区运动场打乒乓球，打累了，便就着宣传栏旁边的白粉笔画画，画什么无所谓，自己开心就行。那是之前，自从安了这"天眼"，他最大的乐趣便是放学后用10倍速率看完"天眼"里当天的录像，当然，看录像的方法是他从民警那儿学的，有几次警察兴冲冲地过来看录像，说是抓小偷还是怎么的，小安也不知抓到了没，但看录像的方法是学到手了。先是偷偷看，爷爷好像并未反对，于是胆子大起来，看完后还讲给爷爷听，有哪些人经过了巷口，是叔叔还是阿姨，是长得漂亮还是太胖了，都说。他喜欢出现在画面里的所有人，尤其是那位酷酷的光头叔叔，他总是感觉光头叔叔走路的样子似乎在哪里见过，却又想不起来，只好每天都把光头叔叔走过巷口的那段录像多看几遍。小安看完录像后便会上楼做家庭作业，窗户朝向巷口，小安日日看着那只麻色猫走过山墙，竟觉得行走的姿态十分像光头叔叔。

小安喜欢边看"录像"边吃炸酱面，老头儿只得像块老木头一样等在一旁，听孙子咂巴咂巴小嘴。对老头儿而言，这声音是晚年幸福的标志。

"爷爷，四大娘家的子君不见了。"小安从炸酱面碗里抬起头说。

"子君是谁？"

"一只小狗，四大娘哭得都直不起腰，这会儿她该去张贴寻狗启事了。"

"那只狗是灰色，卷毛的？"

"嗯？爷爷见过？我跟子君可熟了，放学的时候它总是趴在三林北路等我，我有两天没见它了。爷爷，快带我去找找，兴许它还没走远，你是在哪里看到它的？"

"就在马路对过，人行道的垃圾桶那里。"

小安笑了笑，"它不会是掉垃圾桶去了吧，哈哈……"

"没有，下午放学的时候你们学校的几个同学在那里逗它玩儿。"

"之后呢？"

"之后我去买炸酱面了。"

"那子君呢？"

老头儿抬头看了看窗外闪着红光的招牌，"兴许已经回家了吧，狗和猫都是认路的。"

夜色变得深沉起来，安在巷口电线杆上的大罩灯发出黄闷闷的光，以一种规则的锥形光柱照射在小店的周围。目光往四周搜索了一圈，仍是寻不到那只麻猫的踪迹，再看那张招牌，红色的光圈里显现出五个大字——"西峰路小学"，老头儿觉得心里一阵恍惚，深深地吸了口气，空气中凉丝丝的草木味儿钻进鼻腔、食道、肺，最终留在了胸腔。"小安，爷爷问你，你们班有人欺负你吗？"

"没有，谁欺负我我就记谁的名字，我星期三值日，记谁的名字都可以，罚扫一个星期的厕所。"小安笑的时候两只眼睛眯成了一条短线，怎么就生成了单眼皮了。"哦，他们欺负猫。"小安恍然大悟似的说。

"你们学校有猫？"

"有，还有好几只呢。你知道他们是怎么欺负猫的吗？用502，摁住猫朝它的嘴里灌，已经不见了好几只了。"

老头儿皱起了眉头，"怎么能这样儿，学校不管管这些吗？"

"管什么？学校本来就想赶走它们。"

"赶走是赶走，还是不能这样对待小动物，幼儿园里不是学了'爱心课程'吗？"

"别管他们了，学校里的那几只猫脏兮兮的，保不准有什么病。"小安又浏览了一遍电脑里的录像，边看边向爷爷描述，只当爷爷是个睁眼瞎。

半夜，小安突然睁开眼睛，看到密密麻麻的酒红色的眼睛飘浮在白炽灯下方，满满的一面墙，那眼睛中间的瞳孔里成的全是自己的像，是倒过来的。小安从梦中惊醒，满屋的黑色空气重重地压过来，松开手心，满手都是汗，伸手摸摸眼睛，眼睛闭得好好的。原来是一场噩梦。

小安躺在床上翻来覆去睡不着，眼前不断回放着昨天下午在操场单杠那里看到的情景，不知是怎么的，他顺口就把这件事瞒过去了，只跟爷爷讲了同学们将502灌进猫的嘴巴。那只倒挂在单杠上的猫，连带那两个空洞的眼窝，似乎从遇到的那一瞬间小安就决定不跟任何人分享，那是小孩子间的一个无声约定，跟大人无关，哪怕那个大人是你亲爷爷也不行。

5

男人踏上阁楼后，阿霞便催促男人去洗澡，一边小力推搡着男人一边似有若无地在男人的胸前试探了几把，弄得男人心里毛躁躁的，却还是听话地把全身好好洗刷了一遍。关上花洒，男人听到房间里飘动着似有若无的钢琴声。

当男人穿着内裤踏出洗澡间时，全身立刻像被包裹在天鹅绒般舒适，刚刚还平淡无奇的房间此时已变成一间连走路都得小心翼翼的圣殿，头顶的彩灯闪烁着柔和梦幻的星光，打在房间的每一面墙壁上，如丝绸般顺滑的音乐缓缓流淌在耳畔，男人为眼前所展现的一切所迷住。自己怎么会置身此情此景，莫非是在做梦？男人正疑惑着，墙角处镶有全身镜的大衣柜缓缓打开了，一只"大花猫"低着头匍匐在地上，尾巴高高翘起，一对灰绿色的大耳朵从发丛两侧桀骜地立起来。

"大花猫"近乎赤裸地慢慢朝男人爬过来，除了胸前一小块

游荡者 |

布面装饰，"大花猫"只在腰间系了一条细细的灰白相间的毛茸茸腰带。看着那条腰带，男人腰间的浴巾像是接收到什么信号似的，自动地剥离了男人的身体。他朝那只"大花猫"坚定地走过去，一脚就跨到了"大花猫"的脖子上，狠狠地勒住了脖子上的那条黑色细皮绳。

……

在去阿霞的二层阁楼之前，男人看过的"那种电影"算是少之又少的，只记住一个叫苍井空的，那是因为每次买的碟片上写的都是"苍井空***"，但碟片的主角却又每次都不一样。于是男人也迷糊了，不知道究竟谁是苍井空。迷糊了便迷糊了，也并不碍事，只要能"解决问题"，不管黑猫白猫，只要能抓住老鼠就是好猫。那些碟片中经常也会出现一些凌辱女人的画面，男人每次看到那样的画面，总觉得脑子里有一种强烈的气团不断膨胀，耳根也明显滚热起来，直到脑子里的那团气充盈全身，慢慢朝头顶冲上去，直至冲出天灵盖，就算"解决问题"了。至于那些稀奇古怪的凌辱方式，男人以前一直以为是出于演戏需要，人为夸张了的，谁会去搞那些花样呢？

经过和阿霞在阁楼上待的那个下午之后，男人似乎是找到了真实的自我，夜里翻来覆去睡不着的时候，爬起来翻出之前被自己匆匆带过的那些稀奇古怪的画面，搔痒、冰块、鞭打、滴蜡、扇打、悬吊、紧绑、穿刺、木马、悬挂重物，甚至电击、窒息，电影里的每一帧画面都显得艺术而唯美，男人和女人，女人和女人，肉体和肉体，男人感觉自己是站在艺术的角度理解到了人作为一种高级动物本身所表现出的摄人心魄的美，这种美毫无偏见，甚至是纯洁的。录像机停止，红彤彤的朝阳穿过玻璃上的窗花射进屋里，落在男人的被子上。男人伸手摸了摸眼眶，心里充满了激情，一下子翻身掀开被子，跳下床来，深入到这个可爱的世界里面。

一觉醒来就得工作，男人当然也是有工作的，他是一名电脑维修技师。当然，名片上叫"客户经理"。他的工作内容其实就一项：保证客户的网络畅通，网络畅通这一点非常重要，是提升现代人幸福感的重要举措。男人自己并不喜欢上网，他更倾向于收音机，认为收音机是比电脑更高级的接收器。但这并不妨碍男人是一个技术精湛的电脑维修技师，以他的业务水平，其实早就可以升为真正的经理了，最次也是技术经理。男人拒绝了老板给他升职的决定，只愿安安分分地做一名"客户经理"。男人拒绝老板的理由也很自然，自己更适合和客户打交道。他这么说是有十足把握的，四五年来，经他手的客户给他的服务打的都是满分，更重要的是他是整个公司唯一一个没被投诉过的技师。能做到这样的成绩，光靠精湛的技术显然是不行的，更重要的是男人的职业素养和人格魅力。他不只保障客户的网络畅通，还会主动帮客户杀病毒、打补丁、维护系统、清理缓存，乃至根据用户的需求帮忙重装另外一套系统。不仅如此，男人还自带鞋套和垃圾袋，不留下任何一点儿工作垃圾，任谁都挑不出他的丝毫不足。总之，他天生就是那种"把天空和大地打扫干净，归还给陌生人"的人。

在工作中，男人遇到过各种各样的人，比如说去年，有一个20多岁的小姑娘因为他迟到了5分钟就站到了22楼的楼顶上，她对男人说，你要是再晚来一分钟我就跳下去了。男人感动得热泪盈眶，差一点儿就要抱起那个小姑娘在空中转一圈儿，他甚至感觉到了幸福。

男人是从一年前开始接触"猫天使"的。当时的客户是一个圆脸的小姑娘，似乎还是大学生，和男朋友或是其他什么人在校外租住的。男人习惯性地扫描了一遍电脑硬盘，一眼就看到了那个被命名为"猫天使"的文件夹。趁着圆脸小姑娘离开房间的间隙，男人点开了"猫天使"。

小兔子乖乖　2014/7/7　星期四　12:32:06
你试过其他手法吗？

刘 2333　2014/7/7　星期四　12:39:20
一般都是艺术流，"空中美人"之类的。也有喂药然后摆造型的。

小兔子乖乖　2014/7/7　星期四　12:52:53
尸体怎么处理？

刘 2333　2014/7/7　星期四　13:46:15
我用塑料袋一层层包好，丢河里。

小兔子乖乖　2014/7/7　星期四　13:49:06
不绑石头么
那还不如腰斩

刘 2333　2014/7/7　星期四　13:49:06
66666666666666
……

回到公司后，男人利用搜索引擎爬虫抓取了所有含关键字"猫天使"的网站页面。当晚，男人成为了"猫天使1007"。

6

　　小安第一次遇到那群学生是在学校废弃的"负箧园"。那天下午是小安盼望已久的体育课，照例是要先跑两圈热热身。在跑到一圈半的时候，小安突然肚痛如刀绞，底下便意袭来，于是暗暗脱离了队伍，向操场旁边的一条荒道跑过去，他知道那里有一间厕所。

　　哼哼哧哧稀里哗啦一番过后，小安浑身舒爽，便朝向四周望了望。因这间厕所已年久失修，对面原本坚固的水泥墙体的中间部位有一块砖已不知去向，被一大块土疙瘩临时填充着，经过日晒雨淋，土疙瘩已渐渐脱落，留下拳头大小的一方空间，刚好能看到远处同样荒废的一个桃园。该桃园所长桃树及其硕大，但无人为其嫁接，于是一年年便结出许多"毛桃"，味道酸涩，夏天被同学们摘来做"打仗"用。小安看着对面枝繁叶茂的桃树，眼睛被不远处一块晃动的白布所吸引，由于树枝和距离的遮挡，小安并不能看清那是什么，凝神细听，有人在那边说话。

　　从厕所里出来后，小安便奔着那块白布小心翼翼地走过去。待走近，才发现这里围着一群人。他们大概是四五年级的样子，六个人围成一圈，中间放着一个原本装尿素的老式蛇皮袋，袋口被一根包着塑料皮的旧电线捆了起来，打的是个死结。这群人对小安的到来显得不以为意，继续伸出脚不时地踢一下那袋子，每踢一脚，袋子里的东西都会呼应式地动一动。

　　"袋子里装的是什么？"小安好奇地看着这群人。

　　"你猜。"穿白衣服的同学笑嘻嘻地回答道。由于笑得突然而剧烈，白衣服同学齐整整的发沿儿微微晃动，似乎抖落出一丝淡淡的发香，飘进了空气里。

　　"你们抓住了麻雀？"

"呵呵……"又是一阵欢快的笑声。

"你说一句校长的坏话我就打开给你看看。"一个胖墩墩的同学说。

"校长都是禽兽。"

"哈哈哈哈……小学女生也是女生啊。"那位胖墩墩的同学将一把电工刀递到小安的手里,说,"你自己打开看吧。"

小安接过刀,弯下腰正准备割开旧电线,白衣同学也蹲下来,将一只脚踩在了袋子上,说:"割吧,这样免得被抓伤。"

割开电线后,胖同学将袋子翻了个底朝天,一只软绵绵的小花猫抖到了地上,迅速蜷起身体,像是在畏冷。

"学校东门垃圾池那里的猫你见过吧?这就是它们下的其中一个崽,之前有同学大扫除倒垃圾被抓伤过,我们这是在为校除害。"一个同学说。

"今天谁来动手?"白衣同学拿过小安手里的电工刀,环视着眼前的这几个人。

胖同学接过电工刀,"还是我来吧,你们这些人真是……"刚刚还挂在脸上的笑,一瞬间便消失殆尽。只见他一只手提起小花猫的一条后腿,在空中抖了抖,像肉菜市场里的售货员在约重量。小花猫在摇晃中勉强弓起腰,奋力伸出前爪朝抓住自己后腿的那只手伸了过去。咕咚一声,小花猫仰面朝上摔在了地上,像一只短腿的乌龟,行动似乎受背上的硬壳所限。胖同学骂了一声:"我×,抓我,"手里的电工刀朝着小花猫就去了。在碰到小花猫的那一瞬间,他似乎是想起了什么,站起身来朝扔在草丛里的一只书包走过去。

"差不多就得了,早点搞完去喝维他奶。"一个同学漫不经心地说。

胖同学并未理会别人的话,从书包里抽出一只老虎钳。此时小花猫的身体已转了过来，趴在地上一动不动，似乎是吓傻了，连叫一声都不会。胖同学虎虎地走过来，一只脚径直踩在了小花猫的一只前爪上，双手握住老虎钳，准确地夹住了小花猫的趾甲，猛地往上一下子，小花猫终于声音长长地叫了出来。伴着这声长长的惨叫，一根带着淡淡粉红的趾甲静悄悄地躺在了老虎钳上。小花猫停止了动弹，像泄了气的皮球一样趴在地上，只剩下那双依旧水灵的眼睛宣告着作为一个生物的所在。

接着是第二根。

接着是第三根。

接着是第四根。

接着是第一只眼睛。

接着是第二只眼睛。

胖同学放下电工刀和老虎钳，望着已无任何生气的小花猫发呆。一个同学从书包里摸出了一个白色塑料袋，将小花猫装进了塑料袋，然后整个儿装进了书包，背在肩上，蹦蹦跳跳地往外走，其他人也跟着那位同学，像排队打饭似的。小安抬头望了一眼还在半空中的太阳，那光芒失去了力量似的，眼前蒙上了一层黯淡之光。正愣着神儿，小安的耳边传来了下课的广播声，于是垂着头朝教学楼走去。

放学的时候，小安在操场的单杠上看到了那只小花猫。

7

早晨出门前，男人收到一封电子邮件，是"猫天使"网站的管理员发来的，邮件里写的是这次任务的流程和注意事项。他仔仔细细地检查了一遍工具，并多带了两盒备用刀片。

男人穿过三林路的红绿灯后拐进了那条熟悉的小巷子，麻猫果然睡在巷口的大树下。男人取出刀片，在猫的脖子上轻轻地划了一下，软绵绵的，很乖。

"天眼"默默地发着红光。

窗户里的小安睡得正香，他的语文练习本端端正正地搁在写字台上，本子的背面写着"猫天使3759"的字样，谁都不知道那是什么意思。

发表于《山花》2017年第1期

父亲的河流

　　如果说每个少年的成长都有一个特殊的节点，那么我的这个节点显然是在 13 岁那年的夏天。新麦收割之后，空气中飘散着满满的麦浆甜味，闻起来就令人食欲大开。大田里的野草也被牛吃得只剩下茬子了，田地里一下子显得十分安静，仿佛酝酿着什么大事。那几天，村子里四处都响动着磨刀的声音，家家户户都把闲置了大半年的犁铧拆卸下来，由当家的蹲在大门口的阶沿上使劲地磨着，小孩子则负责给磨石浇水，整个村子呈现出一幅欢快的景象。

　　但是父亲没有那样做。

　　我和弟弟很着急，隔壁几家的犁铧陆陆续续都磨完了，父亲仍然没有动手的意思，他依然是日日吃完早饭后坐在打谷场的石碾子上抽旱烟，不时地把烟管往身下敲一敲。下午则是去后山竹林里坐着，直到黄昏，残阳越过远处的第四个山坳口，父亲才会起身回家。

　　我和弟弟都很怕父亲，也不敢催他，于是跑去问母亲。母亲说他可能是太累了，要休息几天，还叫我们最好别烦他，当心皮痒。父亲本来就不是一个爱说话的人，突然变得更加沉默了，连母亲跟他说话都不理了，端起饭碗就发呆。晚上他倒是说话，但不是跟我们说，而是对着天空说，还指手画脚手臂大开大合，像是做广播体操。

那年的犁铧终究是没磨成。

一天早上，父亲早早起床提着斧子就走了，跟谁也没打招呼。父亲走到村头时，正好碰到起来解大手的王三叔，他对王三叔点了个头，由于王三叔走得急，没顾得上回个答应，但是之后据王三叔回忆，那天早上父亲的脸色发青，显得心事重重。他当时还纳闷，大清早提着斧子这是去干啥。

谁都不知道父亲在想什么。

那一天，父亲很晚才回来，似乎是很劳累，连扛着斧子的力气都没有了，那柄槐木斧子被父亲拖在地上。母亲连忙揭开用碗盖好的晚饭，父亲却懒懒地说一句，明早再吃吧，随即直接走进卧室倒在床上了。母亲打发我和弟弟进去看看，才眨眼的工夫，父亲已经响起了震耳的鼾声。我和弟弟望着床上的父亲，都感觉很陌生，最近一年，父亲已经很少跟我们讲话了，无论你跟他说什么，他都是一副淡漠的表情，似乎是耳背。跟母亲也是这样，有时候母亲叫他好几遍，他也只是回过头对母亲笑笑，不答应，为这，我和弟弟多次看到母亲偷偷抹眼泪。

第二天，父亲很早就起床用开水泡了昨晚留给他的晚饭，依然是提着斧子走出了家门。我和弟弟听到母亲在说什么话，但父亲全都没有回答。不一会儿，母亲就来到我和弟弟的床前，她叫我们跟着父亲去看看，看他究竟在干什么。

弟弟很兴奋，一骨碌就跳了起来，趴在地上系起了鞋带，还不断地催促我快点快点。要是当时我也像弟弟一样，跳起来就穿鞋跑出去，可能我们就能追上父亲。但是起床之后必须上厕所是我从小养成的习惯，所以从床上下来我直接冲向了门前的厕所。不知怎么搞的，那天早上我蹲在厕所里，精神完全不能集中，就像上一节数学课。弟弟在厕所外面不耐烦地大喊大叫，更加让我急躁，当时我有一种冲出去把弟弟提进来扔进粪坑的冲动。那是我上过的最煎熬的一次厕所。

等到我和弟弟赶到村口时，父亲早就没了踪迹。我们在村口问了几个排队上厕所的老头儿，他们全都没看到父亲。父亲究竟去哪儿了？

我和弟弟垂头丧气地往回走，弟弟一边走一边埋怨我，说我上厕所怎么这么慢。我都快烦死了，完全搞不懂今天早上是怎么了。听到弟弟的埋怨，火气更大，把弟弟逮过来使劲地踢了两脚。弟弟被打翻在地上，抱着被踢痛了的脚哭了起来，我也懒得理他，一回家就钻进了被子。母亲焦急地问这问那，我一个字也不想说，最后她也嘤嘤地哭了起来。

真是令人讨厌的一个早上。

母亲照例留了晚饭在饭桌上，我和弟弟也陪着母亲坐在堂屋里，盼望着疲惫的父亲拖着斧子再次踏进家门。夜越来越深了，母亲也越来越焦急，坐都坐不住了，必须隔几分钟就要站起来在堂屋里转一圈，我和弟弟张着嘴打着大大的哈欠，似乎是在坚持着什么约定，都没有提出先去睡觉，但眼皮越来越重了。

第二天我从床上醒来的时候，太阳已经升得很高了，照在卧室里亮堂堂的，弟弟咂巴嘴睡得很香。我下床去母亲的卧室看了看，床上的被子叠得整整齐齐的，我凑过去闻了一下，还有新鲜的阳光味儿。看来母亲昨晚是没有睡觉，也说明父亲昨晚没有回来。母亲应该是找父亲去了，一种不祥的感觉弥漫在我心里，像滴入玻璃杯里的一滴红墨水，慢慢地浸润、渗透、变形，最终呈现出一张毫无表情的中年男人灰色的脸。那张脸给人一种父亲的感觉，却不是父亲。那是谁呢？

我神情怔怔地走了出去，站在门前的打谷场上，刺眼的白光从竹林间射进我的瞳孔，每一根都深深地扎了进去。我不知道该往哪儿走，但我想去找母亲，如果有可能，把父亲也找回来。

就在我不知所措地立在门前的时候，大婆婆从下湾走上来了，她端着一个捆着粗铁丝的木盆子轻轻巧巧地登了上来，木盆里几件素色的衣服像扭好的大麻花一样安安静静地躺着，看来她是刚从大塘冲里洗完衣服回来的。

大婆婆走到了我身边，慢慢吞吞地说："快去河滩看看你妈吧，人都哭瘫了，也不听劝，几个人抬也抬不走。你爸也是的，搞个么事名堂……"我没听完大婆婆的话，抬脚就冲出去，几粒小石子硌在我的脚底板上，我也顾不得疼痛，冲过了竹林，冲过了小山岗，沿着田畈里细小的田埂一路冲到了平坦坦的河田边，河滩就在堤坝的那边。

我下到河滩时，并未看到想象中母亲哭得死去活来的景象，她坐在一块拴牛的花岗岩上，直呆呆地看着向东流去的河水，表情出奇地严肃，我从来没看过这样的母亲。我感到了一丝害怕，脑袋里想象着父亲可能遭遇的情况。我想到了去年夏天淹死在鱼池子里那个叫小安的男孩，他是在捞鱼草的时候遭遇了意外，潜水衣被什么东西划破了，他就像一条裂了船底的小舟，慢慢地沉没了，皮衣里灌进来的水就像一块千金巨石一样压在他的身体上，他没能解开皮衣的暗扣。被三文叔从水里抱出来的一刹那，小安的脸色很干净，很白，手臂完全扭转了过去，软若无骨。

我一屁股坐到地下，不知道该跟母亲说什么，或者去问问她父亲怎么了，我甚至连走路都忘记了。白惨惨的阳光毫无遮拦地洒在河面上，粼粼波光一闪一闪地晃动着，河岸边抽着白穗的芭茅芯子在微风的拂动下左右招摇，似乎在召唤着什么。

万里无云。

母亲后来回想起父亲出走的那个早晨，她完全不记得我的存在，她说，那天早晨的河水气味儿真好闻。

父亲的河流

父亲成了一个生意人，真是让人没想到。

那天早上就是父亲生意的开始，这当然是我们事后才知道的。在这之前的那两天，父亲在一公里之外的梅梓山砍了数十棵大枞树，然后一个人把树拖到河边用麻绳捆好，扎成一个小筏子的样子。那天早上母亲找到河滩的时候，正好赶上父亲启程，他划着一只竹篙子，不顾母亲撕心裂肺的呼唤，朝刚刚露出头的朝阳驶去，顺着奔腾的陈庙河划进浠河，融入巴河，汇进浩瀚的长江，把母亲和家乡留在了身后，他成了一个生意人。

母亲回家之后闩上大门，坐在床沿上三天没踏出房门，连觉也没睡。我和弟弟拿着小板凳坐在母亲面前，面面相觑。母亲的眼神涣散，好像我和弟弟根本就不存在，她的眼神飞向了虚无的远方，远方就是父亲要去的地方。

三天后，母亲打开大门，把堂屋里堆积的鸡屎清扫出去，然后抹桌子扫地煮粥，替我和弟弟整理好书包，就像什么都没发生一样。在饭桌上，母亲说，以后就当你爸死了。弟弟诧异地看着我，我端着饭碗，心想，既然母亲说的是"当"父亲死了，那说明父亲肯定没有死。在上学的路上，我把我的推理结果告诉了弟弟，弟弟一副疑惑不解的样子，问，那爸爸去哪儿了？我说，去了他一直想着的那个地方。我觉得父亲的出走和他之前在打谷场上坐着抽旱烟有关，但是究竟有什么关系，我也不知道。

一个月之后，去女儿家看外孙女的王三叔急匆匆地跑到我家门前的打谷场，告诉正在扫打谷场的母亲，父亲回来了，正在梅梓山上砍枞树呢。母亲连忙牵上我和弟弟，往梅梓山赶。

我们娘仨登上半山腰时，父亲正坐在已经放倒的树身子上用家里的那柄斧子砍着树的旁枝，空气中飘满了枞树汁液的独特芳香。父亲的脸变黑了，也变红了。父亲看到了我们仨，只是有那么一瞬间，斧子停顿了一下，然后又埋头干他的活去了。弟弟看到了父亲，表现得很激动，想挣开母亲的手。母亲把弟弟的小手握得更紧了。

"吴德贵，你今天给我说清楚，我哪里把你伺候得不好？"母亲的语气很柔和，跟说出的话有点不相配，但是她喊了父亲的大名，这还是第一次，在这之前，母亲一直喊父亲"六点"，父亲是在六点钟出生的，全湾人都是这么喊的。

父亲停下了斧子，从树身子上抬起脚，站起来在上衣的内口袋里摸索了半天，掏出一个扎紧了的红色方便袋，走过来塞在了弟弟没被母亲牵住的那只手里。然后回转身接着砍那棵树的旁枝。我和母亲呆呆地看着父亲的一举一动，他就像一位哑剧演员，在我们身边表演着谁都看不懂的后现代戏剧。

回家的路上，母亲仿佛松了一口气，她把红色方便袋里的一沓"大团结"数了一遍又一遍，似乎永远也数不清。你爸是在做生意，母亲说。

从此以后，我们每个月都能在梅梓山上见到父亲一次，当然，他都是在砍树，从来没跟我们说过一句话，钱也依旧是一沓"大团结"。关于父亲的一些细节，也由在巴河里铲黄沙的三旺父子给补充完整了，他们说父亲顺水穿过巴河之后，在入江口卖掉枞树，然后坐小舢板登上江心小岛上的那座寺庙，待半个月再坐挖沙船回来。他还替我们算了一下时间账，父亲的划子从陈庙河过巴河入长江只需要个把星期，但父亲每次一个月才返回，这就充分说明父亲在那座寺庙里是住了半个多月。我们都将信将疑，父亲去寺庙干吗，谁也说不出个所以然来。

有了父亲每月拿回来的那沓"大团结"，我们家似乎比以前过得更好了。母亲每个月都会炖一次猪脚黄豆汤给我和弟弟喝，猪脚黄豆汤让我和弟弟明显比同龄人高出一截，只是父亲仍旧没和我们说话，我们也很少提起他，仿佛他是我们家的一个禁忌。

父亲的河流

我和弟弟渐渐长大，见父亲的次数也越来越少，每见一次，父亲好像都比上一次更老了，但是他的目光好像越来越柔和了，看什么都饱含着深情。

在我高考那一年的夏天，整个村子都笼罩着一团喜庆，我考上了远在首都的重点大学，是县里的理科状元。看着家里亲朋好友脸上灿烂的笑容，我却怎么也笑不出来，因为父亲已经好几个月没出现了，母亲自然也高兴不起来。办考学酒那天，三旺送来一封红包，说是父亲特地跑到巴河交给他的，让他带给母亲。母亲捏着红包，问，他还说什么没？三旺抓着脑袋，过了好半天才摇摇头，好像就说了这。母亲的眼泪一下子就落下来了。

大三那年，我带着母亲和弟弟坐着挖黄沙的船顺河而下，走上了父亲已经走了千百遍的河流。我们要把父亲带回来，弟弟说。船一出浠河，水面顿时变得宽敞，两岸的芭茅草也不见了踪影，全部换成了身子妖媚的垂杨柳。我们找到三旺的儿子二黑，问了父亲以前常去的那个小岛的方位，二黑说他好几年没去那边了，那里采沙船不准进去，他也说不准父亲在不在那里。我们赶到入江口的时候，太阳已经奄奄一息，变成了一个温吞吞的鸡蛋黄，举目四望，哪里看得到什么江心小岛。下岸一打听，才知道三年前政府为了保护生态环境，把这段江给封了，顺便把偷采黄沙的工人歇息的江洲小岛也给挖了，那座小寺庙自然也不存在了。再问原先住在寺庙里的人呢，谁都不知道，"谁会注意那几个野和尚呢？"他们说。

又过了十几年，我和弟弟在人海中沉浮，终于混出了点儿样子，我当上了一家科技公司的副总，弟弟是一家日用品公司的经理。而母亲在老家孤独地去世了，她说她离不开家乡的那条河。我和弟弟赶回家奔丧，在母亲那架从外婆家带过来的老梳妆台上发现了母亲留下的一张字条，她说死后火化，把骨灰撒入陈庙河，她要顺着河水去寻父亲。她说那是父亲的河流。

我和弟弟两个大男人看着母亲的字条泪流满面，那一刻，这些年出门在外的艰辛一下子涌上心头。我们仿佛读懂了父亲。

发表于《作品》2015 年第 2 期

父亲的河流

蝴蝶发卡

1

　　刘晓东站在沾满黄渍的莲蓬头下，伸手把花洒开到最大。温热的流水迎面冲击在他肥腻的肉脸上，打得他微微刺痛。他扭过头看左手边镶着毛玻璃的窗子，心里一阵一阵恐慌，去他妈的，他产生了想要大哭一场的冲动，或者朝着空旷的山谷长长地喊上那么一嗓子。他张开嘴，却对着毛玻璃发起了愣。他不知道此时此刻该采取怎样的动作或者行为才能排遣掉心里的憋屈，竟一屁股坐到了冰凉的地板上，抚摸着大腿间这个垂头丧气的物件儿，就像看着一个不争气的孩子。随后，一种恶毒的仇恨涌上心头，他想冲进去掐死躺在床上的那个女人，先用浴巾，猛地从身后包住她的头，然后掐住脖子，出死力。看着她的双腿在地板上挣扎扭转着，最后像漏完汽油的摩托车，缓缓失去动力。于是，她进入了所谓的虚无。

　　婊子，他在心里恶狠狠地骂。

　　刘晓东怎么也想不通事情是怎样发展成了现在这个样子，他忘了这是第几次了，每次到了关键时刻就不中用，来来回回换了多少种姿势了，满脸都憋红了，都还是不行。难道自己真的得了什么病？他不禁在心里暗想。更让他觉得憋屈的是看到陈婷那一副不关我事的表情，又不好对她发火，明明是自己的问题，有什么理由发火呢？去他妈的，他真想把陈婷按在地上狠狠地扇几巴掌，能打多重打多重。

婊子，淫荡的婊子，看到她那一副无辜的眼神就来气。

等他擦干水从浴室里走出来的时候，陈婷已经穿好了衣服，被子也叠好了，正撅着屁股用两根手指勾后鞋跟，臀部性感的"♡"形状正对着自己。刘晓东一言不发，径直推开玻璃隔门坐到阳台上的小铁椅子上抽烟。烟雾缭绕，小区的绿化带里有两只纯白色的小狗翘着后腿撒尿，牵狗的是一个穿得花花绿绿的中年大妈。今天天气真不错，他想到了"惠风和畅"这个词儿。

他听到了陈婷解开皮带扣的声音，然后是滋滋的小便声，然后是卷筒纸巾被撕掉的声音，然后是抽水马桶的流水声。一切都很自然。他闭上眼睛，突然产生一种很奇怪的念头，要是自己的眼睛现在突然瞎了，自己肯定也能生活得很好。只要装得足够像，他甚至觉得都没人发现得了这个秘密。他笑了笑，重新点上了一根烟，顺手用手机连上了蓝牙音箱，熟悉的旋律飘散在空中。那是他手机里唯一的一首歌。

陈婷带上门出去了。刘晓东连眼睛都没抬，他不在乎，至少此时此刻他不在乎，爱死哪儿去死哪儿去。对，死了正好，死了就不用心烦了，去他妈的小区业主委员会和城南高端家具大市场。哦，对了，今天上午本来要去买沙发的，前几天就商量好的了。上午去宜家买沙发，陈婷喜欢纯木垫厚棉布的，坐着扎实。下午去买张新床，2米乘1.8米的就够了，这张换下来的旧床就拖到母亲的那个阁楼上放着，拖车就让哥哥来，反正他也是在拆迁区闲逛。

刘晓东扭了扭脖子，转一圈，骨头噼噼啪啪地响，舒服，又仰起头对着天空写起了"粪"字，这还是母亲特意转到家族群里的，说锻炼颈椎有效得很，刘晓东觉得挺有意思的，竟意外地保留住了这个小习惯。陈婷那件绿白菜帮子衣服出现在楼底的路灯下面，白色的休闲长裤在太阳底下很刺眼，他在心里祈祷陈婷现在就来大姨妈，他渴望在那件白裤子上看到一抹亮丽的红色。

刘晓东突然想起陈婷第一次找他的那天，好像也是这么穿的。

2

在这之前，虽然他和陈婷在大学同了四年班，但总共还没说四句话。当时的刘晓东，呵呵，真是可爱，一门心思待在图书馆准备考研，每天半夜梦醒了总觉得自己在呼吸着首都的雾霾，够味儿。他还梦到了一排排干净整洁的实验器材和嘀嘀嗒嗒的精密分析仪器，略显遗憾的是穿在自己身上的那件白大褂，袖子短得出奇，松紧口的袖口紧紧地勒着自己的手臂，怎么拉都拉不长。那场梦大概就是刘晓东大学四年的真实写照。如果把刘晓东比喻成一只呆坐在图书馆里的老乌龟，那陈婷就是一只翩翩起舞的蝴蝶，整天忙于各个社团的活动，在学校北门那间外墙爬满绿色爬山虎的大礼堂里挥霍着青春的活力，或者说是 kill time。可惜乌龟和蝴蝶的命运都是一样的，终究飞不出这个排名二线中游的小城市，唯一的区别是乌龟要比蝴蝶多转一次地铁。就像那个弹吉他的胖子写的歌词，这个世界不是你想象的。

陈婷第一次打电话过来是在今年的三月底，这是毕业两年来刘晓东接到的第一个大学同学的电话，也是刘晓东刚刚觉得上手"游戏"不久。当时是黄昏，玩了一通宵游戏的刘晓东趴在电脑桌上睡着了。手机显示是陌生号码，他以为是搞推销的，懒洋洋地连眼睛都没睁开，就这样把手机贴在脸上。迷迷糊糊地又快睡着了。不知过了多久突然惊醒，电话那头还没开始说话呢。

喂?

陈婷?什么陈婷?打错了。他准备挂电话。

生化 1701 班。他听到了这串熟悉的组合。

他差一点儿就把手机掉到了地上,脑袋一下子就清醒过来。这算是在约他吗?呷哺呷哺,7 点,一个人来。他慌慌张张地从箱子里往外翻衣服,用最快的速度洗完澡刮个胡子,出了小区门口就打的,最终赶到呷哺呷哺的时候还是迟到了 5 分钟。

一个为了喝醉而相聚的夜晚,成年男女的蓄意重逢,总是老套而又不能免俗。这么说吧,这是一个激烈到把命都交给了对方的晚上。

早晨醒来,刘晓东看着臂弯里的陈婷,心里一阵恍惚。他忘了自己的名字。陈婷的眉眼长得更开了,几乎褪尽了校园女生的那种稚气,给人一种轻熟 OL 女性的感觉。他伸手摸了摸她内裤的蕾丝边儿,使劲地捻了捻,将手指放在自己的鼻尖深深嗅着。然后幸福地闭上了眼睛,这大概就是自己之前日思夜想的"幸福"的味道了吧?

他们每个周末见面,在城市东边儿陈婷租的独立 loft 小公寓里。见了面就是昏天黑地地做爱,从黄昏做到午夜,爬起来就打电话叫外卖。吃完后再做几遍,直到精疲力竭沉沉睡去,不知今夕是何夕。刘晓东从来没问陈婷为什么跟自己在一起,一次也没问,偶尔他站在镜子前看着自己左边脸颊上那一大块红色的斑,再想想陈婷那张完美无瑕的脸蛋,他什么也不想问。就这样拖着,过一天算一天。

提到左侧脸颊上的这块胎记,对刘晓东来说,大概是已经麻木的了。真正让刘晓东开始注意起自己的脸颊,大概是在对异性春心萌动的初中。虽说那块斑是从小学五六年级开始愈加明显的,但是因为小学基本都是从附近的区幼儿园一起升上来熟悉

蝴蝶发卡

的同学，只需要面对偶尔心血来潮直接问刘晓东的脸是咋了的同学，当然他们发出此问的出发点是好奇和好玩儿，绝无伤害的成分。待到初中，明目张胆过来问刘晓东的人突然之间就灭绝了，或者说大家突然之间似乎都收到了"不准询问刘晓东"这样一条指令，对待刘晓东都客气起来，甚至连开玩笑和疯跑打闹都将刘晓东排除在外，好像刘晓东天生不适合参与此类活动。刘晓东刚开始还不太适应被赋予的新身份，偶尔主动参与其中，同学们也不拒绝，但是刘晓东还是感觉到了别扭。几次之后，刘晓东识相地只是看着他们玩儿了。

那是刘晓东心里最黑暗的一段时光。

爸妈大概也看出了刘晓东的心事，安慰刘晓东，说长大了脸长开了以后颜色会变淡一些，不碍事的。等刘晓东走开了，身后的两人又说，小时候咋没发现脸上的痕迹，早知道这样送医院治治，弄不好已经治好了。

刘晓东在心里暗暗骂道，不是不碍事吗，还治什么治？

也不是没有治过，中考考完的那个夏天，爸爸张罗着要带刘晓东去北京的一家知名三甲医院治疗，该医院拥有处于国际前列的激光治疗水平，对各类疤痕胎记有奇效。当然，这也是听妈妈的一个好朋友的好朋友介绍的，至于介绍者有没有亲眼见到治疗效果，这就不好说了。

刘晓东对这趟北京之旅并无多大期待，但是爸爸提议这次坐飞机去北京，还是让刘晓东兴奋了一整晚。

轰隆隆的加速起飞阶段结束后，飞机缓缓地穿过云层，耳边瞬间安静下来。刘晓东看着舷窗外面洁白无瑕软绵绵的云朵，脑子里的某根神经瞬间放松下来，一头坠入了深不见底的深渊。

一秒天堂一秒地狱。下一个画面就是自己手脚被医生狠狠按住，脸上被一个小射灯一下一下地点着，医生手法纯熟，轻描淡写似的，但是每一下都直接扎进骨髓深处，痛得心脏都在发颤。手术完后，爸爸对刘晓东说，你刚骂我了，第一次听到你骂人，竟然是骂我。刘晓东予以否认，他没骂过人，更不可能骂他爸。走出医院大门的时候，刘晓东心里竟然一阵轻松，也许它真的是所谓的"天使之吻"，自己不得不接受它会陪伴自己一辈子的这个事实。在宾馆里，刘晓东第一次认认真真地照了一次镜子，且持续两个小时。

3

陈婷第一次讲出那个传说是在某天的黄昏。

傍晚，刘晓东终于从虚无中活过来。他喜欢把做爱称为虚无。之所以这样称呼，还是他从一本所谓的超级畅销书里得到的启示。这本畅销书具体写的是什么他早忘了，只记得书籍的封面上是一个用集成电路板焊成的人类手指指纹的样子，甚至连书名都忘记了。但他牢牢地记住了那句话，那就像一个启示，他甚至能想象得到，作者本人可能都没有预料到自己能写出这样一句石破天惊的话。

人是悬挂在自我编织的意义之网上的动物。

多么轻巧，玄妙，而又意味深长。

在和陈婷第一次体会到成年男女身体之乐的那一个瞬间，刘晓东的脑子里就是出现了这句话，他觉得他找到了自己这个"人"所能编织的网，网上安放着陈婷的身体，还有另外两个字——虚无。

陈婷已经醒来，靠在床头抽着瘦瘦的"女人烟"。

刘晓东望着窗外的那条河流，呆滞，缓慢，模糊不清，马路上一闪一闪成片的汽车红色尾灯伪造了一种后现代都市庸俗的纸醉金迷的图景。远处的天边聚集起了庞大的乌云群体，微风吹进来，四月的天气竟有了丝丝凉意。

陈婷长长地吐出一口烟雾，将烟头按灭在可乐罐儿的铝制罐口上。你知道关于你脸的那个传说吗？

知道。刘晓东坐起身来，想将陈婷拉到怀里，但被后者巧妙地避开了。说是天使的吻痕，我们是被选中的孩子。刘晓东开了一个玩笑，他肯定陈婷也是看过《数码宝贝》的。

是另外一个。陈婷死死盯着刘晓东，在黄昏的光影下，刘晓东感觉到了一丝寒意。一个人死前，如果爱人的眼泪落在了他的身上，就会化为一块胎记烙印在他的身体上，来生，爱人就能凭借着这块胎记的位置和形状来寻找前世的姻缘。

刘晓东摸摸陈婷的脸蛋儿，你就是凭这个找到我的？

你信吗？

不信。

我信。你知道吗，我一直梦到你。

梦到我？哈哈，原来你大学就暗恋我啊。

在这之前。

之前？不会是大一吧，我俩人不同班啊。

还往前。

再往前你都不认识我，我在附中，你在四中。

我从小学六年级就开始梦到你，你信吗？

不信。

就那个印迹。

你梦见过它？

是的，几乎每天都会梦到。

不会弄错吧？你确定是它？

是它。我又看了一下午，它的形状和颜色深浅，丝毫不差。

你下午没睡吗？

跟你在一起我一直都睡不着，总是想着它。

怎么会这样呢，是不是最近工作太忙，紧张了？虽然这么说，刘晓东还从没过问过陈婷工作的事，做什么工作，在哪儿做，收入多少，均不知道。

不是，它一直盯着我。

它？谁？刘晓东指着自己的左边脸颊，它？盯着你？

是的。

刘晓东笑笑，它怎么会盯着你，是你在盯着它。

它是一匹马，你知道吗，奔马。陈婷伸手摸在刘晓东的脸颊上。

你说它的形状？

陈婷不响。

刘晓东突然对它又来了兴趣，他想起上一次认认真真看它还是走出北京的那家三甲医院后。他掀开被子走到衣柜前的全身镜前面，仔细观察着它的大小和形状，端详良久，除了凹痕被发胖起来的脸颊拉扯着变浅了一点之外，似乎跟记忆中的样子并无多大区别，至于形状，他是无论如何都看不出来那是一匹马，还是奔马。

你知道吗，它会动。陈婷手里又拿了一根烟，大拇指和食指在烟的尾部轻轻一捏，"嘣"的一声脆响，蛮好听的。

会动？我咋没发现。

你睡着的时候它就会动。从你的左脸跑到右脸，有时候还跑到你的大腿上。

你别吓我，那还了得，下次它要是动了，你拍下来给我看看。

拍是拍不到的，它跑得很快，一眨眼就回来了。陈婷吐出一口烟，烟雾在空气中升腾起来，像一头大象，白色的大象，然后变成连绵不绝的群山。

你是从什么时候开始看到它会动的。刘晓东看着窗外的那条河流，黑魆魆的，只能看到一条暗淡的影子，依靠河岸上的灯光勾勒出河流的走向。

第一次见到你的时候，它就动了。

那时候我可还不认识你，不光是你，大一的时候我几乎谁都不认识，同宿舍的三个人我都是半年之后才记住名字的。

但是我认识你。陈婷伸手从床头的皮包里拿出一个发卡，放在了刘晓东的手上。

看到发卡的一瞬间，刘晓东竟然感到脸颊微微发烫。

熟悉吧，这里还有另外几个。说着，她又从包里拿出了另外几个颜色样式均不一样的发卡，个个都令刘晓东心头一动。

你……你究竟是谁？刘晓东冲到陈婷的身前，跪下来看着手里的这个粉红色的蝴蝶发卡，蝴蝶的上部分是深红色，翅膀和下部分是浅粉色，点缀着淡蓝色和深粉色的小野花儿图案。他实在是太熟悉了。他又拿起另外几个发卡，一一回想这些发卡在他眼前微微摆动的样子和场景，教室，自习室，礼堂，餐厅，甚至网吧，公交车，大马路上……

你在跟踪我？刘晓东用两只手狠狠地攥住陈婷夹着烟的那只手。他仔细看着眼前的这个女人，感到分外陌生，心底里还生发出一丝凉意，他产生了一种如在梦中的错觉，眼前的一切似乎都变得模糊。

4

刘晓东又在网吧干坐了一个通宵，这次并不是"游戏"的服务器关闭维护。

从刘晓东真正在"游戏"里认识她以来，这是她首次没有在预定时间出现。第一次在"游戏"里遇到她是在三月底，他们在系统的随机分配下进入了同一间房，并由个性化推荐组成了一个小型的二人战队。像往常一样，他们接受了系统任务，并在一个桃花盛开的地方启程，踏上了"过境之旅"。"过境"是系统分配给他们的任务名。

　　刘晓东当然不会表现得像一个新手一样对"游戏"的发展进程问东问西的，她也不会，系统显示她的等级属性已经拥有了一个皇冠，而这个抢眼的皇冠标志可不是那么轻易获得的，它需要 1404 天的活跃。刘晓东的等级为 3 颗月亮，这在她的面前大概还算是一个新手吧。

　　像所有的旅程一样，"游戏"刚开始的路程不是很精准，每过一些节点便是各类烦琐的测试选项，这些测试题大到大学本科所学的专业课程，小到上周五晚上喝那瓶可乐的具体时间，"游戏"就是需要这样的耐心，或者说是需要这些信息的集合，系统称为"文件"。同类文件组成的子系统称为"域"，"域"与"域"依靠"信任关系"相连接。而在此"游戏"之中，"信任关系"只有唯一一种，那便是系统随机分配而组成的"战队"。简单地解释，在"游戏"里，刘晓东和她之间具有丝毫不用怀疑的"信任关系"，他们通过"信任关系"共享彼此。

　　"游戏"开始之后，刘晓东和她就同时发现了"过境之旅"的狡猾之处——时间是逆流的，他们是顺着游戏开始的时间（即 2023 年 3 月 27 日）往前追溯，游戏里的时间刻度十分精确，流逝速度恰好为地球真实时间的一百倍。游戏进度表明，他们将结伴三个多月，三个多月后，他们将再次面临选择。

　　度过最初的几天无聊之后，刘晓东便慢慢进入了状态，各种细节一一浮现，"本域"里不断累积分值，特别是在图书馆里的那一段记忆，他几乎获得了生涯最高分，他记起了他经常自习的那张桌子上刻着的一首诗和右手墙壁上学姐留下的一篇日记（字迹娟秀，肯定是学姐），说男生的三分球之精准直追库里，那肯定是情人眼里出西施吧，实在夸张。刘晓东的嘴角少有地微微上翘了。还有那只粉红色的蝴蝶结，他喜欢盯着蝴蝶结下部一片浅粉色中的那朵淡蓝色小野花儿，令人赏心悦目，闭上眼睛，他甚至闻到了那朵花儿散发出来的淡淡香味儿。蝴蝶发卡又为刘晓东获得了高分。

"游戏"继续。

慢着，刘晓东好像听到了熟悉的音乐声。他重新坐回课堂，凝神静听，终于听清了，确实是从前面传过来的：

> 不要着灯
>
> 能否先跟我摸黑吻一吻
>
> 如果我露出了真身
>
> 可会被抱紧
>
> 惊破坏气氛
>
> 谁都不知我心底有多暗
>
> 如本性　是这么低等
>
> 怎跟你相衬
>
> 情人如若很好奇
>
> 要有被我吓怕的准备
>
> 试问谁可　洁白无比
>
> 如何承受这好奇
>
> 答案大概似剃刀锋利
>
> 愿赤裸相对时　能够不伤你
>
> 当你未放心

或者先不要走得这么近

如果我露出斑点满身

可马上转身

早这样降生

如基因可以分解再装嵌

重组我　什么都不要紧

假使你兴奋

情人如若很好奇

要有被我吓怕的准备

试问谁可　洁白无比

如何承受这好奇

答案大概似剃刀锋利

但你知一个人　谁没有隐秘

几双手　几双脚

方会令你喜欢我

顺利无阻　你爱我　别管我

几只耳朵　共我放心探戈

情人如若很好奇

要有被我吓怕的准备

试问谁可　洁白无比

如何承受这好奇

你有没有爱我的准备

若你喜欢怪人　其实我很美

　　一遍又一遍，是单曲循环，时间似乎凝住了。四年以来，刘晓东第一次在大学课堂里抬起了头，可惜是在游戏里。他第一次看到蝴蝶发卡。

5

那天两人像往常一样在床上奋战着，刘晓东快要出来了，正在最后的冲刺阶段。陈婷的动作也越来越大，就快到高潮了。也许再过一秒刘晓东就要射出来了，但是他的耳朵里传来了一个名字：乔伟。他火冒三丈，他知道那是陈婷的前男友，生科院的学生会副主席，彭乔伟。他突然产生了一种强烈的想要报复这个世界的冲动，这种冲动让他身体充满了能量，于是他又发起了新一轮的冲锋。身下的陈婷身体不住地抖动，呻吟声越来越大，又喊出了"乔伟"。刘晓东就像一头被不断地注射着兴奋剂的巨兽，他要把自己强大的力量展现在宇宙面前，横冲直撞，随心所欲。

真是美妙的一夜。

刘晓东尝到了甜头，之后每次感觉自己快要不行了就让陈婷喊"乔伟"，陈婷也不拒绝。这两个字就像天然的伟哥，让刘晓东在床上百战不殆，就像一个身骑高头大马的将军奔驰在辽阔的草原上。他成了自己的王。

在这之前，刘晓东从来没想过结婚。即使和陈婷在一起之后，刘晓东也没想过要结婚。他觉得自己目前的生活挺好的，他不想打破这种平静。

但是事与愿违。

5月，陈婷突然在一个大晚上拖着行李箱出现在刘晓东的门口。她投奔刘晓东来了。刘晓东感觉莫名其妙，但是也没有多问。第二天他就请假在附近找了一套一室一厅还带室外阳台的房子，隔天便打理好行装搬了过去。他们正式同居了。

同居之后的生活其实也没什么变化，每天清早两人一起出门挤地铁，晚上回家后叫外卖，吃完之后洗澡，做爱，睡觉。刘晓东虽然每天身心疲惫，但也快乐，连经理都觉得刘晓东的干劲比以前足了，还在办公室表扬了刘晓东。

刘晓东怎么也没想到陈婷的父母会过来，那个周末真是手忙脚乱。当时快到中午了，两人还都没醒，在被子里补觉。外面的敲门声越来越响，陈婷终于起来了，打开门，突然尖叫起来。刘晓东不知道怎么回事，只穿着一条内裤就跳起来跑过去。他和门外的两个老人面面相觑，不知道怎么回事。直到陈婷关上铁门，不知所措地说，那是我爸妈，快穿衣服。刘晓东一下子蒙了，呆呆地坐在床上，不知道该干什么。

陈婷的父母是这个城市郊区的农民，他们趁周末进城来看看女儿，也没提前跟女儿打招呼，地址是陈婷有次跟父母抱怨上班太远太累时不经意说出口的，两个老人就拿笔记下来了。既然撞见了，他们问了刘晓东的家庭情况和工作，两人表示还算满意，四只眼睛最终都盯在了刘晓东的左脸颊上。

父母走后，陈婷对刘晓东说，我爸妈都是农民，思想保守，他们说既然住在一起了，就赶快结婚，你是怎么想的？刘晓东还没回过神儿来，心神不定地点点头，心想，我竟然要结婚了。他完全没这个准备呢。

真的开始准备起结婚的东西来了。陈婷利用周末的时间在网上淘了一个铁艺小桌子，配上几个铁椅，摆在空空的阳台上，你还别说，氛围马上就不同了。窗台上摆上了几盆花草，从天花板挂个绿萝垂下来，空气好像也真的变清新了不少。床也要换，还要买沙发，真不知道怎么摆得下去，又不是自己的房子。婚纱照也在网上看好了，团购的，还没付款。什么都准备好了，刘晓东却不行了。

也不知道是怎么了，突然间就不行了。喊"乔伟"也没用，越喊越没用，以往一喊刘晓东就来劲，现在喊，刘晓东的眼前就不断闪现彭乔伟趴在陈婷身上的画面，他们干得那么快乐。刘晓东觉得自己吃了亏，都快结婚了，女朋友在高潮的时候还喊前男友的名字，这算怎么回事，一想就来气。他来气，那个东西却泄气了，刚开始刘晓东以为是自己太急了，没太在意。接下来的几次又是这样，刘晓东真的急了，又是换姿势又是看片子，还是不中用。陈婷安慰他，别太紧张，可能是压力太大，恐婚。他又解释不了，他一点儿也不紧张。

6

刘晓东坐在阳台的铁椅子上，一边抽着烟一边看着长势喜人的绿萝，他觉得应该仔细分析一下自己的问题，以及自己和陈婷的问题。他越想越觉得陈婷可疑，无缘无故地和自己住在了一起，又突然被父母抓住了同居，现在竟然张罗着要和自己结婚，他觉得这是一个精心设计的圈套。想着想着，刘晓东听到屋里有手机在响，是陈婷的。

"您好，由于数据传输中断，我们很抱歉地通知您，由于9527号数据异常终止，请……"

刘晓东挂断电话，提前打开了"游戏"。游戏页面被定格，"过境之旅"已经结束，有人已经做出了选择，做出选择的人必然是她了。刘晓东打开游戏操作记录的缓存，从3月27日到今天，他刚好以一百倍的速度回到了娘胎里面，当然，是跟她共享的。陪伴他游戏的这三个多月，他们配合得越来越默契，虽说游戏玩到中间两人都产生了一些类似情愫的东西，但是因为游戏禁令的存在，两人对自己所取得的等级都倍加珍惜，没人主动说过一句游戏之外的话，所以他对于她究竟是怎么想的其实把握不

游荡者 |

大。他退出系统，用手机点了一份鸭血粉丝汤套餐，在备注栏写上"要两份餐具，谢谢"。

008 号系统管理员以"admin"身份登录游戏，将文件名为"9527"的文件夹拖入了文件粉碎机，它摇摇头，更加坚定了所谓感情这道题确实是无解的。它拿出工作笔记簿写上了本周工作小结：

"哪怕那个人是你的影子，陪着你过完自己的过往人生，知道你内心最细微的喜好，并通过系统的不断纠正和修饰，甚至可以说是你制造了她，你想象了她，为她构造身体，郊区的父母，为她配备发卡，微微摆动的乳房，前男友的名字，阳痿，一切都很真实。但系统就是系统，距离成为真正的人，我们究竟还需要实验多久。20230615。"

008 号拔下自己的插头，从"1"盒子里走出来，进入编号为"0"的盒子，它的头顶状态显示为"静默"。

初稿完成于 2023 年 6 月 15 日黄昏

发表于《作品》2018 年第 11 期

飞 地

1

关朗在后座上蒙蒙眬眬地睁开眼，他看到绵长的柏油路面突然消失在不远的地方，车子即将驶进这灰褐色的巨大背景里面。离开柏油路的一瞬间，他感觉到屁股底下颠了一下，像是进入另外一个世界的信号。柏油路所代表的，是文明世界的触角到达的极限。关朗隐隐地有些激动，也可能是心底里作为动物性的焦虑。车窗外面的景色立马换成了绵延到天边的更彻底的褐色，姿态各异的风蚀残丘在不远处静静地肃立着，像一艘艘鼓满了风帆即将远航的战船。这就是国内少有的未经人工开发的雅丹。出发之前，关朗特地在青港市公安局旁边的独立书店翻过一点儿旅游图册。图册里有利用小型无人机近距离对这块广大土地的摄影，这些无边无际的山丘就像千百万头浩浩荡荡的"鲸鱼军"，面向统一的方向，安详地静卧在沙海之上。

关朗伸手按下了越野车的自动车窗，浅灰色的细小粉尘顺着打开的玻璃缝隙瞬间涌进了关朗的鼻腔、肺部，经过大脑中枢神经的处理，竟然产生一种似曾相识的信号。那是一种土香味儿，他已经好多年没闻到了。在老家那些高低起伏的丘陵田地之中，一场骤然而至的春雨刚刚落下来的时候，空气中才会飘散出这样

游荡者 |

迷人的土香味儿。他不自觉地闭上了眼睛，贪婪地吮吸着。

一声咳嗽将关朗惊了一下。

不好意思啊，小柯，我关上。关朗慌慌张张地提了一下车窗玻璃的按钮。耳边一下子清静了。

没事的，关老师。

坐在驾驶座上的小柯回头对着关朗笑了笑，这画面在关朗的视网膜上卡住了。关朗看着小柯的脸，脸上有些微微发烫。刚刚光顾着用鼻子去体味那种香味儿，不自觉将身体前倾，头部凑近了前座。小柯这一回头，距离关朗的脸过近，已经超过了让人舒服的距离。

关朗有些尴尬地将屁股往后挪了挪，后背靠在了皮套子上。

哎关老师，真没想到您这么年轻啊，这是您第一次来青海吗？小柯似乎也觉察到了关朗脸上的异样，坐正身子双手把住方向盘，看着前面的路。

嗯，是第一次。你知道土族吗？

几年前关朗在青港市陪读村破获的一件案子里有一个来自青海的 13 岁男孩儿，土族人，信仰藏传佛教。男孩儿家养了几十匹马和三只藏獒，马匹平时就放养在山上，需要用的时候就去山上找。所以关朗脑海里的青海是草原，跟内蒙古差不多。

听说过，也是这边的。小柯的坐姿让人想起在教室上课的小学生。

那你是哪个族的？

我是汉族。

哦。

对话停止，两人都陷入了沉默。关朗看着前座上小柯白白净净的侧脸和一身全白的打扮，感觉有些好笑。他以前想象过青海人的样貌，穿着五颜六色的民族服装，戴着叮叮当当的佩饰，这都是被新闻媒体洗脑的。裤兜里的手机振动了一下，是搭档陈实发来的微信，问关朗着陆了吗。关朗捧起手机回复了陈实。关朗又看了一眼窗外，不过才下午 3 点，车窗外的天色已经开始发暗了，太阳已经变成了一个囫囵的暗红色小球。他闭上眼睛，慢慢地感觉到这红色在脑海里晕开，意识逐渐逃离，沉了下来。多么宁静，好久没有这样的静下来了。

从 2011 年"借调"到青港市公安局算起，至今已经 8 个年头。接警，出现场，分析整理各类线索，追踪嫌疑人，挖出作案动机，写案情陈述，转给监察机关，这一套流程不知道跑过多少遍了。接触的案子和嫌疑人越多，关朗越对工作产生怀疑，这个世界上的所有犯罪，哪怕是穷凶极恶的杀人狂魔，只要你愿意深入到这些人的具体生活里面，你就会不自觉站在了对方的立场上，一切都变得是可以解释和理解的。但是他知道自己不能这样想，连念头都不应该有，坏人就是坏人，既然人类发展出了"法律"这样一套规则，或者说是符号体系，只要按照规则运转，人类就能往前继续发展，哪怕那种规则目前并不一定是完美的。也许站在更高维度来思考这个问题，就像古代人并不知道地球是圆的，但是他们还是说出了"条条大路通罗马"的科学常识。目前的"法律"可能只是众多路径的一种，但是也是有效的。

作为一名作家，这是关朗作为刑警之外的副业，他觉得他可以进一步以此"故事眼"为核心，将故事继续在头脑里发展下去，可以写出一篇具有一定社会属性的批判性科幻小说，按自己的直觉，这只能是一个短篇小说的体量。除了科幻小说之外，关朗也写推理小说，要是按照更详细的分类，属于社会派推理小说，区别于古典推理，在制造各种精巧的谜题诡计之外，这种小说需要对当下的社会阴暗面有所指涉，要让读者在得到推理小说能给予的思维乐趣之外，对当下的社会问题进行深一层的反思。

游荡者 |

这当然跟关朗刑警这一职业是有关的。关朗觉得自己是幸运的，作为作家，他一直都在自己的写作题材范围之内工作。也正因为这个原因，在关朗的小说里面，警察的个人形象要远比一般的同类作家鲜活。他的好几本小说都登上过畅销书的排行榜。但是这次来青海，关朗是被当作科幻作家而邀请的。在科幻小说这个领域，关朗算是一个不折不扣的新人，总共就写过两个中篇小说，数个短篇小说，其中一个中篇小说获得了某科幻文学比赛征文的二等奖。让关朗在科幻小说界崭露头角的其实也并不是因为他获得的这个商业性文学奖，而是在这篇小说的情节中，主人公关于"人造肉"和"脑机接口"这两个问题的讨论，准确地预言了这两项科技在短时间内将获得质的飞跃。小说里的主人公站在更宏观的角度上，利用最新的科学研究进展详尽地论证了这两个领域之所以即将爆发的理由。小说获奖不到一年的时间里，艾隆·马斯克即宣布"连接人类和计算机的超高带宽脑机接口"技术取得重大突破，并且可以与 iPhone 连接互动。艾隆·马斯克在发布会上向全人类演示了在高端光学设备的帮助下，在小白鼠头骨上人为制造 4 个直径为 8 毫米的微小孔洞，把电线"精准"植入其大脑，利用内置微小芯片，通过 USB-C 的有线连接方式能够传输数据。马斯克进一步透露，通过与加州大学戴维斯分校的科学家合作，他们已经在猴子身上进行了此试验，发现作为灵长类的猴子能够通过大脑来控制计算机，随心所欲挥动由计算机程序控制的机械手臂。马斯克用激动的语音现场宣布，该技术将在 2020 年开始进行人体测试。而在涉及当时人们还普遍不熟悉的"人造肉"概念时，关朗准确预言到了大豆根部所含有的亚铁血红素所具有的独特性，能同时解决"素肉"该具备的味道和颜色这两项阻挡"人造肉"好几年的发展瓶颈。而如今，主打从豆类植物中提取的蛋白加工成的肉类纤维口感相近的"人造肉"概念公司，

飞地

已经有好几家在纳斯达克成功敲钟上市，所生产的产品已经出现在众多国家的饭店餐厅的菜单上。

车子猛地颠簸了一下。关朗睁开眼睛，伸手抓住了右手边的抓手。窗外黑乎乎的，什么也看不到。

关老师，这段路不好走，你扶好，就快到了。小柯正襟危坐地直视前方，看得出来，她好像有些紧张。

好的。

关朗身上有些冷，把脱在座位旁边的羽绒外套穿上。右手边的车窗玻璃上蒙上了一层水汽，水汽上朦朦胧胧地看得到自己的身体和模糊的脸。他下意识地伸手在玻璃上写了两个字——冷湖。这正是他即将到达的地方。第一次听到这个名字的时候，关朗就上网百度过。冷湖镇，上世纪新中国第一块油井的发现地，石油被抽干之后即被废弃，从此沉寂，撤市为镇。除了石油之外，唯一算得上特色的便是窗外这隐藏在无边的黑暗之中的雅丹。因为冷湖这与世隔绝的荒凉，加上酷似火星地貌的雅丹，在政府大力扶持发展第三产业的前两年，有一家北京的文化公司落地冷湖，与政府签订了开发"冷湖火星小镇"的协议。目前项目一期已经验收，已建成包括总部大楼、火星舱等各种体验功能的"火星营地"。而关朗正是作为科幻作家代表，被该文化公司邀请体验"火星营地"的。参观完"火星营地"后，关朗需要写一篇"游记"作为参观作业。

关老师，你看到冷湖的新闻了吗？小柯突然回过头问。

你说的是异常光波辐射的事儿吗？上个月初，在关朗确定行程之后，朋友圈看到好几个写科幻小说的同行转载了那条微博，冷湖地区出现了多次异常光波辐射，有关专家怀疑是长期生活在地表下的火星人面对能源枯竭的窘境向地表转移发射求救信号，也有专家怀疑是有智能生命在意暴露地球坐标。

嗯，是的。我看过您的资料，您是一名警察，这个案子就交给您啦。

哈哈，要是你失踪了我准能把你找回来。破译光波辐射的事儿还是交给霍金们吧。

哎，到了，关老师。小柯拉开车门快速跳了下去，帮关朗从外面打开了车门。

寒冷瞬间侵入骨髓，虽然关朗还穿着羽绒服。眼前是一排集装箱式样的房子，像是美国西部公路片里看到的箱式住宅。房屋顶上排列着"火星旅店"四个火红色的大字。

因为关朗到达的时间太晚，旅店值班的工作人员回家吃饭去了。小柯联系了工作人员，正在往过赶。关朗和小柯就坐在前台的沙发上等。让关朗吃惊的是，小柯居然是北京某重点外语学院的研究生，因为喜欢火星文化，应聘到了这家位于北京朝阳区专门开发"火星旅游"的文化公司，之后公司在冷湖镇设立办事处，她便被派往此处，已经待了有半年了。除了总部一两个月一次的进度检查之外，小柯是办事处的唯一的工作人员。

不会无聊吗？关朗从前台的柜子上拿了两个纸杯，倒了两杯热水，递给小柯一杯。

谢谢关老师。当然无聊了，不过我不怕，我有这个。说着小柯按开手机，手机显示屏上是一个有很多小方块的正方形。数独游戏。

你喜欢这个？

是啊，我从初中的时候就喜欢玩这个。不光是数独，各种字谜、接龙，还有变形魔方之类的，我都喜欢。

旅店的工作人员终于来了。小柯帮关朗把小铁皮箱提到了101房。皮箱刚放下，砰的一声，房门不知道什么原因自己关上了。两人不约而同地看向房门，又不约而同地看着彼此的眼睛。

因为这个房间很小，一张不大的单人床旁边摆着一张小桌子，剩下的就是一个小小的洗手间。两个人站在屋里本来就觉得有些挤，而房门关上后，气氛就变得有些不自然了。

小柯扬了扬手里的房间钥匙。关老师，我是102。明天上午是雅丹徒步的活动，别忘了哈。

房门被重新关上。关朗愣在那里，突然一下子笑出了声。

洗漱完毕之后，关朗将床上的两个枕头叠在床头，靠在了上面。这是关朗多年来出差外地的习惯，每晚在床头靠一会儿。除却社会性的警察身份，在心底里，关朗觉得自己是一个文人，虽然他知道自己创作的这些推理小说和科幻小说在真正的文学圈是层级最低等的类型小说。但是关朗从来都觉得真正的文学应该是百花齐放的，阿加莎·克里斯蒂和雷蒙德·钱德勒的读者，未必比博尔赫斯或者米沃什的读者低级。读者在阅读时获得的不同乐趣和体验，是阅读不同文学类型的作品才能获得的。

关朗的手机振动了一下。是小柯发来的微信。"关警官好，异常光波的'案子'我其实之前在图书馆发现了一些线索，明天见～"

好。

这个小柯挺有意思的。关朗感觉得出来，小柯对自己好像有点儿感觉。难道这次参加采风，能解决自己母胎单身的问题？关朗摊开被子，把刚从双肩包里拿出来的《1367》放在了床头，然后钻进了被子。关朗准备美美地睡一觉，参加明天的雅丹穿越，顺便还要见小柯。他无论如何都不会想到，这是他和小柯的第一次见面，也是最后一次见面。明天，一切都将改变。

游荡者 |

2

一名胖胖的男警察走进审讯室，他的手里拿着几页纸，脸有些黑，两颊暗红，像是喝了酒。关朗知道那是高原红，长期待在户外或者高海拔地区的典型标志。他坐了下来，将手里的几页纸放在身前的白铁皮方桌上，关朗的身份证压在那张纸上面。他看到关朗走近，朝关朗爽朗地笑了笑。

关队。您的同事是这么称呼您吗？

客气了，叫我关朗就好。

这是流程，希望你理解哈。

明白。

在这里签字就行。

关朗欠身签好了字。

你说这一个大活人怎么就不见了？

我也没碰到过这样的案子。

从早上搞清楚状况之后，关朗的脑子里就一直在转，到底是怎么回事。这样的事，他在青港市刑侦科这么几年是没有遇到的。但是类似的情节，各种侦探推理小说可太常见了。密室消失，几乎是所有优秀推理小说家一定会去触碰的母题。故事归故事，关朗却从没有期待自己能在现实生活中一展自己的聪明头脑，像夏洛克·福尔摩斯或者赫尔克里·波洛那样，成为一步步抽丝剥茧主导案件水落石出的那个主角。

我这儿就完事儿了，关队要是想起什么随时跟我联系。胖警察从裤兜里拿出钥匙，走，我送您回去。

那麻烦你了。

关朗跟着胖警察走出派出所，习惯性地坐在了警车的副驾驶上。系上安全带后才觉得似乎有些不妥。

胖警察打着车。是回旅店吧，关队？

嗯。

屋外风沙正紧，能见度很低。据胖警察讲，派出所位于冷湖镇街道的中心位置，算是附近方圆上百公里最繁华的地方。看着沥青小路旁边低矮的两层小楼房被漫天的风沙裹挟着，关朗的心里有些压抑。这样的荒凉的地方，又碰上这样的事，任谁的心情都好不起来。

哎，关队，昨晚你和小柯见面的时候，有没有觉得她有些怪？胖警察在道路拐弯的地方玩儿了一个漂移。

怪？没有啊。

其他人可都觉得她有些怪？

哪里怪了？关朗的好奇心被调起来了。

她对火星好像极其感兴趣。

嗯。

就拿不久前冷湖出现的异常光波辐射的事儿来说吧，听说就是她第一个发现通知专家的。

这个我倒不知道。

她还老想着去火星。

去火星？不会吧。

真的。美国不是有一个什么公司弄了一个火星移民计划吗？说是在全球征集 5 个男人 5 个女人永久移民火星。这种事当新闻看看就行了，但是这个小柯，真的报名了，还通过了第一轮千人筛选。你说她这不是闲得慌吗？她移民了，她父母家人怎么办？现在的孩子啊，一点儿也不为父母着想，要我说，都是读书给读的，读傻了。

哎，她家人调查过了吗？关朗回头严肃地看着胖警察。

胖警察看着关朗，愣了一下，脸上马上又挤出了大朵的笑容。关队，反正您在冷湖这儿的活动是参加不了，要不您跟我们一起调查。

关朗收回脑袋。不好意思，不是这个意思哈。

明白明白，职业习惯，哈哈。关队，要说这小柯的家庭，还真是个问题，二代身份证上都录了指纹存了电子照片的，这您知道，我们竟然没有在数据库里面找到任何她的身份信息。

全国的数据库里也查了吗？

都查了。这个人就像是从土里蹦出来的。肯定是超生的黑户。

我记得她说她是去年从北京 ×× 外语学院毕业的。

查了，没有这个人。

关朗看着不远处的雅丹，想着小柯昨晚最后发给自己的那条微信。这个像谜一样的女孩儿到底是怎么回事？他回头对胖警察说，能送我去图书馆吗？

镇图书馆吗？哦，忘了关队还是一名作家，是该去我们镇图书馆转转，图书馆的设计者可是著名建筑设计专家贝小毛先生。胖警察没有减速便将车平稳地掉了过来，看得出来是一名老司机。路上一辆车也没有，风沙好像变得更大了，马路两边的房屋已经渐渐隐去了身影。

关朗走进图书馆，偌大的阅览室里面只有不到 10 个人。他找了一个安静的角落坐了下来，闭上眼睛，好好在脑子里整理一下这一个上午发生的事。从早上被旅店工作人员和警察叫醒开始，关朗就觉得有些不真实，像是一场似真似幻的梦，又仿佛是脑海里盘旋着的某一篇没有写出来落在电脑键盘上的小说。甚至在出发之前，关朗都有点儿不敢相信，为什么邀请自己来到这个世界尽头的小镇采风，自己有什么资格？难道这一切都是某人预设好的剧情，或者是一个圈套？他努力去回想在西宁机场见小柯第一面的场景，那张脸迷迷糊糊的，像是被 PS 软件高度磨皮一样，五官已经有些不真切了，能够确定的似乎只剩下她那一身和这赤色的天地形成截然对比的一身白衣，还有她坐在副驾驶上的那个侧脸。但是侧脸，什么也不能说明。那有可能是小柯，也有可能不是。他有些不相信自己的记忆了。他拿出手机翻到昨晚小柯最后发来的那条微信："关警官好，异常光波的'案子'我其实之前在图书馆发现了一些线索，明天见～"她究竟发现了什么线索？刚和胖警官在车上聊天的过程中，关朗的思绪一直在跳跃，一个神秘不知来路的黑户女孩儿，加上一件密室消失案子，再加上异常光波的辐射和火星移民的筛选。在这之前，作为刑警的关朗一直试图避免将作为推理小说作家的关朗代入到工作之中，警方破案当然要依靠警察个人的头脑，有时候还需要想象力，但是说到底，这是一个团队配合的活儿，有物证痕检的同事，有微生物法医的同事，有群访监控摸排的同事，最后将所有资料汇总分析到关朗这儿，进行合理的想象和推理，抵达事件的"某一面真相"，然后试图还原真正的案情，移交司法机关。而写作，是单打独斗的活儿，作家既是世界的创造者，又是事件的制造者。作为以情节吸引读者的类型小说，关朗的写作从来都是心里有底儿的，即情节大致的走向和方向性的把握是手指在键盘上落下之前就在脑海里基本成型的，所以对主事件和情节的架构方式是从外到里的反向结构，作家是故事的上帝。作为职业的警察和作为作家的关朗之前几乎是截然的两个人，但是此刻，关朗明显感觉到这两者在融合交汇。

你好先生，可以抬一下脚吗？

关朗目光直直地看着打扫的阿姨，机械地抬起了脚。

既然她说过是在图书馆发现过某些线索，那就从这里开始吧。关朗在阅览室转了一圈，取到了几本关于冷湖镇历史的介绍图册，认真地研读起来。

据史料记载，在我国晋朝时，干宝所撰的《搜神记》第八卷中，有一段关于火星人的记载，这位火星人曾预言了当时的中国大势。事情发生在公元260年，当时是史上著名的三国时代，东吴、蜀汉、曹魏各据一方，逐鹿中原，都想完成统一霸业。东吴是草创之国，一切未上轨道，守卫边境是国防大事，东吴景帝（孙休）在位时，均将边屯守将的妻子儿女齐聚一处，美名曰保质童子，其实是将这些守将的家属当作人质，以防变节。这些孩子平日嬉戏娱游都在一起。景帝永安三年二月某一天，出现了一位年约六七岁，身高4尺的奇异童子，穿着青色衣服，来到游戏的孩童群中，所有孩童都不认识他，问他：你是谁家小儿，今日忽来？这位怪童回答：看见你们一大群在嬉戏玩乐，就来到这里。

孩童们仔细端详着这位怪童，见他眼有光芒射出，心生畏惧，又问一遍他来此的原因。怪童回答：你们怕我吗？我不是这里的人，是来自荧惑星（火星古名）的，我有话告诉你们：三公归于司马。

众孩童大惊，有的跑去告诉大人，大人赶忙跑来看他，怪童说：我要走了！于是耸身而跃，飞上天去，大家仰着头看他，只见他宛如拖曳一条白练飞上天空。晚来的大人还没来得及见到这个景象。只见愈飘愈高，没过多久就看不见了。

当时吴国政治峻急，大家都不敢散播怪童的话。4年之后，蜀汉亡国，6年后曹魏废帝，21年后东吴被平定。时值公元280年，三国时代终了，统一中国的就是西晋武帝司马炎。怪童的话应验了。

《搜神记》原文全文如下：吴以草创之国，信不坚固，边屯守将，皆质其妻子，名曰保质。童子少年，以类相与娱游者，日有十数。孙休永安三年三月，有一异儿，长四尺余，年可六七岁，衣青衣，忽来从群儿戏。诸儿莫之识也，皆问曰：尔谁家小儿，今日忽来？答曰：尔群戏乐，故来耳。详而视之，眼有光芒，熠熠外射。诸儿畏之，重问共故，儿乃答曰：尔恐我乎？我非人也，乃荧惑星也。将有以告尔：三公归于司马。诸儿大惊。或走告大人。大人驰往观之。儿曰：舍尔去乎。耸身而跃，即以化矣。仰而视之，若曳一匹练以登天。大人来者，犹及见焉。飘飘渐高，有顷而没。时吴政峻急，莫敢宣也。后四年而蜀亡，六年而魏废，二十一年而吴平，是归于司马也。

在20世纪50年代之前，冷湖地区在中国的所有史籍中均找不到任何记载，也从来没有过建制的。现在的冷湖地处柴达木盆地西北部，面积17460平方公里，海拔2800米。境内地形复杂，东北高，西南低，形成山地、丘陵、戈壁、沙漠、盐泽、湖泊兼有的特征，因而气候寒冷干燥，多风少雨，昼夜温差大。就是这片干涸得如同月球般的不毛之地，地下却蕴藏着丰富的石油资源。

这片残垣断壁，曾经见证了激情燃烧的石油会战岁月。冷湖最辉煌的时候生活着五六万人。60年代冷湖人还奔赴大庆、胜利等地支援建设，一度有"哪里有石油，哪里就有冷湖人"的说法。

1954年，柴达木盆地迎来了第一批石油垦荒者，在这里他们凭着"一卷行李一口锅，牵着骆驼战沙漠；渴了抓把昆仑雪，饿了啃口青稞馍"的革命干劲，经过四年的辛勤工作，发现了第一口标志性油井"地中四井"。由此，冷湖油田成为我国当时四大油田（玉门、克拉玛依、四川、冷湖）之一，中国的地图上也从此有了冷湖镇。冷湖油田生产的原油源源不断地拉运到玉门、兰州进行炼制，为青海、西藏的发展和西南地区的国防安全做出了重要贡献。

1958 年 8 月 21 日，1219 钻井队开始在冷湖钻井。9 月 13 日，当钻头钻至 650 米深时，"地中四井"发生井涌，继而出现井喷，原油激情澎湃地从地心射向高空，喷势如脱缰的野马，在原野连续畅喷 3 天 3 夜，初步估算日喷原油高达 800 吨左右。由于没有储油设备，出井的原油一时拉运不出去，探区指挥部只好组织人员筑堤储油，将喷出的原油围堵成了一片"油海"。据说，当时，有一群野鸭从高远的蓝天飞来，误把"油海"当成湖泊，结果被原油粘住了翅膀。

"地中四井"为当时步履艰难的祖国带来了希望，也使冷湖迅速崛起为一个初具规模的石油城镇，在浩瀚的戈壁沙漠上展露出一个亲切而迷人的笑容。由于成为闻名全国的石油基地，也为了方便指挥作战，1959 年青海石油勘探局从大柴旦迁至冷湖，相继在冷湖成立了钻井处、采油处，建设了炼油厂、水电厂，局地质处、器材处、运输处、职工医院、社会服务处等科研后勤单位也从茫崖、大柴旦迁至冷湖。那时，冷湖地区石油职工迅猛增加到 2 万多人，占到全局职工总数的 84.4%。1959 年 9 月，国务院批准冷湖地区建市，直到 1964 年才改设冷湖镇，1992年改为冷湖行委。1992年，由于没有新增储量等原因，大部分油田停产，只有三号油田产油，日产量仅为4至5吨。同年，青海石油管理局机关及后勤服务部门迁至甘肃敦煌。据说在奔赴新的驿站的长旅中，许多石油人的胸前都包裹着一捧冷湖的沉沙。那是他们不能忘却的记忆，也是他们发自心底的留恋。

地球在火星和太阳之间时就发生火星冲日。当火星与太阳视黄经相差180度时，称为火星冲日。这时，火星和太阳分别位于地球的两边，太阳刚一落山，火星就从东方升起，而等到太阳从东方升起时，火星才在西方落下，因此整夜都可观测火星。一般来说，冲日时，火星离地球较近，它的亮度也是一年当中最亮的。

当地球在远日点附近时而火星在近日点前后发生大冲时，就是所谓火星大冲。冲日时的火星距离地球最近大约6000万千米以内，最远可达1亿千米以上。由于火星轨道的偏心率近1/10，近日点时距离太阳有20670万千米，远日点时距离太阳24920万千米，二者之间相差4250万千米。

2003年8月27日，火星与地球的距离为6万年来的最短，约5575.8万千米。当时火星的视直径达到了25角秒，亮度为−2.9等。在火星冲日的时候发射探测器能大幅度减少登陆火星需要的燃料，美国航空航天NASA于2003年7月7日在火星冲日之前发射了"机遇号"和"勇气号"火星探测器，并于2004年1月25日成功登陆火星，它们的大小与一辆高尔夫球车相当，主要任务是搜寻火星上水的痕迹，并研究其地质结构和天气环境。

两艘探测器最初的设计目标是在火星表面"生存"90天，行驶640米。因为按照计划，该设备无法熬过火星冬季。2004年2月17日，即两辆探测器登陆火星23天后，一场巨大的沙尘暴袭来。沙尘暴过后，科学家发现"勇气号"不知所终，其身上携带的所有传感器和信号源均消失，NASA尝试各种方式呼唤寻找信号均宣告失败，成为当年科学界的未解之谜。而"机遇号"探测器的使用寿命则远超设计，在火星上行驶了28英里，并在此工作了14年多。在耐力、科学价值和长寿方面大大超出了所有人的预期。它传输了217594张图片，包括它的自拍照。"机遇号"的研究结果表明，火星表面确实曾流淌过水，这颠覆了先前科学家对火星的认识。为了表彰"机遇号"做出的突出贡献，小行星39382被以"机遇号"命名！据报道，新一代探测器将在2020年登陆火星，继续NASA的火星情缘。NASA的"火星2020号探测车"（Mars 2020 rover）和欧洲航天局的ExoMars探测车都将于2020年7月发射，将承担首个旨在寻找火星上曾经存在微生物迹象的探测车任务。

3

走出图书馆的一瞬间，关朗无意识地掏出手机看了一眼，有好几个未接电话，显示都是来自青海海西的，估计是此次采风活动的其他工作人员打来的，小柯之外的。才下午5点多，屋外已经彻底黑了下来，天空看起来很低，好多年没看到过这样的星空了，银河上那一条玉带上星星点点地散落着小颗像丸子一样的星星。因为小镇道路两旁的屋子都不高，和这样壮阔的天空相比，眼睛很容易就忽略了这些房子的存在，给人一种身处辽阔无人天地的错觉。这就是暗夜星空保护区，关朗在资料上看到过。在图书馆门前站了一会儿，关朗觉得周身冰冷，他知道他应该打电话给工作人员，派一辆车接他回到火星旅店。但是关朗并没有这么做。他收好手机，信步往来的路走。冷风拂过耳边，呼呼的声音让关朗觉得头脑特别清醒，而他此时需要清醒。

　　下午在图书馆，关朗以平时快速跳读的方式，将图书馆拥有的和冷湖的历史以及火星相关的图书介绍册、复印资料，全部浏览了一遍。冥冥中，他感觉似乎能找到一根无形的线将这些有的像传说一样的资料串起来。当年科学家一句"为什么我们看到的天空是黑暗的"这样一句天问，导致狄拉克以天才的想象力将爱因斯坦的相对论引入量子力学，建立了预言式的狄拉克方程式，无限扩充了人类认识宇宙的版图和精确度。当然，也可能是自己想得太多。因为一个大活人就这么失踪的事发生在现实，关朗心底里确实有点儿无法接受。但是小柯的那一袭白衣，和无法查到的学历以及警察没有找到的户籍资料，这一切就像黑洞一样。特别是1954年，在冷湖发现第一座石油井之前，关于这块地方地形地貌的历史记载，实在与目前的样貌相差太远，冷湖以及分布其上的雅丹几乎是一块凭空出现的飞来之地。还有2003年1月初，赶在当年"火星大冲"同时发射的"勇气号"和"机遇号"，耗费如此巨大的"勇气号"为什么在着陆23天之后无故失踪，而这种失踪，跟小柯的密室消失又有什么关联？关朗的脑子越来越乱，不知不觉脚下失去了准星，走到了沥青马路的中间。

　　嘀嘀，身边响起两下喇叭声，有辆车停在了关朗旁边。

　　上来啊关老师。是那个胖警察。

226　　　　　　　　　　　　　　　　　　　　　　　游荡者　|

关朗犹豫了一下，拉开车门还是坐进了副驾驶。

谢谢。

客气啥。您在图书馆待了一下午？

是啊，随便翻翻。

今天这事儿，真是奇了。胖警官明显情绪高涨，有些兴奋。

奇了？

是啊。今天上午不是在旅店找到了那失踪女孩儿的手机吗，哦对了，小柯是吧？下午解开了她的手机，在她的手机里发现了一些东西。

关朗默不作声。昨晚睡觉前，小柯说她发现了一些线索，准备今天告诉他，究竟是什么线索再也无法得知了。上午在派出所的时候，关朗就按捺住了自己的好奇心，毕竟现在自己的身份是采风作者，而不是查案的警察。

什么东西？不会是火星人的作战计划吧？关朗微微一笑，看着胖警察红红的耳朵，不知道是冷的还是热的。

在她手机的记事本里，小柯记录了最近的异常光波辐射，冷湖最近的大新闻，关老师知道的吧？

嗯，听说过。

她画下来了这些光波的波谱，竟然在记事本里破译出来了。这样的案子您也知道，算是命案了，命案必破，省厅的人上午就来了。本来我们没把她手机记事本里写的这事儿当一回事，但是省厅的那个高队，实诚人，较劲，非要联系上级，发给科学院的专家看了。那些专家按照笔记本上记录的方法研究，竟然觉得她写的是真的。现在这案子闹大了，听说省厅已经报告了部里，准备成立专案组，带上科学院的专家和设备来冷湖调查这个案子。哎，到了。

关朗恍恍惚惚地下车。车子再次启动的时候，关朗突然冲到车前面拦住了车头。

你好，能告诉我破译出了什么吗？

胖警察敏捷地跳下了车。反正你也不是外人，我拍了照片。他掏出手机按开屏幕递给关朗。手机上是一张白桌子上随意摆着的四个词语。

坠毁。火星。能源。救援。

只破译出来这四个词，但是怎么样组合，表示什么意思还没找出来。北京的语言专家正在连夜研究，看看能不能把这句话组合起来。

关朗把手机递给胖警察，走进了旅店的大门。前台的沙发上坐着一个穿西装的男人，看到关朗后站了起来。

是关老师吧？

你好，关朗。

你好你好，我是火星小镇的领队。下午到处找你呢，真是不好意思，出了这样的事。男人伸出手来和关朗握手。

走走走，其他人已经在大厅里吃晚饭了。

男人在前面引路。不一会儿，关朗就进入了大厅。此次活动的组织方和同行科幻作家，以及一些天文学家、理论物理学家，都是国内本领域的大咖，这里面的好多人的研究和作品关朗都读过。关朗看着不远处满桌的饭菜，喉咙不自觉地动了一下，早上出事之后关朗就一口饭也没有吃，真的有些饿了。关朗一进入大厅就被西装男拉着介绍给大家，喧闹着敬酒，交换微信，闹腾腾一直搞到关朗晕乎乎地坐在椅子上。等关朗醒来，整个大厅就只剩下西装男人和自己，那人坐在关朗旁边抽烟。

关老师醒了。

不好意思我睡着了。

没睡一会儿，大家也都是刚撤的。哦，刚刚晚餐前你不在，采风活动全部取消了，警察让所有人都待在冷湖等通知，可能得耽误您几天。毕竟是人命案子。旅店房间我们已经续了一周。

好的。关朗站起来，感觉桌面有些晃，但是回房间的路他还记得。他回房的第一件事就是冲澡，这是关朗自己的习惯，酒后冲凉，一下子就能清醒。他坐在床上，打给了陈实。出来已经两天了，这小子不知道在干啥。这些年来，他分析案情，陈实搞数据监控，两人配合得很不错，是亦师亦友的关系。关朗说了小柯离奇消失警察没找到任何个人资料的事。

头儿，要不你发张照片我，我利用"天眼"看看。

陈实这小子，连警察最绝密的数据库都能黑进去，全世界的摄像头都能为他所用。

第二天一早，关朗吃过早饭就拿出电脑，让昨晚认识的那个领队发来了一张小柯的照片，那是她去年入职的时候办理入职资料上面的证件照。一脸严肃，跟他见过的那个小柯有些不一样。他立即传给了陈实。随后，按照以往的破案习惯，建立了文件夹，开始在电脑上整理各类线索。

1. 公元 260 年，《搜神记》记载青衣小儿飞上天空，预言了天下大势——小柯只穿白衣服？

2. 1954 年冷湖油田被发现，之前完全无雅丹记载——为什么凭空出现了冷湖地区？

3. 2003 年火星大冲之前，火星探测器"机遇号"降落 23 天后神秘消失。

4. 2018 年 7 月 27 日，时隔 15 年再次出现火星大冲。冷湖火星小镇项目于当年 5 月份启动。

5. 2019 年 10 月 14 日，小柯在火星旅店 102 房消失，遗留的手机记事本里记下了四个关键词。

关朗直直地盯着电脑屏幕上这些支离破碎的线索，一直盯

飞 地   229

到旅馆窗外的天色变暗了，才等到陈实的电话。陈实在电话里报告了天眼系统第一次拍到小柯的时间。当陈实说出这个日子的时候，关朗一下子从凳子上跳了起来。

是这个日期没错儿吧？

肯定没错，头儿。

行。

关朗挂上电话。盯着眼前的屏幕，2018 年 7 月 27 日，正是它。这个小柯，难道跟去年的火星大冲有什么关联？关朗站起来在房间里四处乱转，胖警察手机里那四个关键词不停地在关朗的脑海里闪动。他将见到小柯第一面之后所有的行为都仔细地思考了一遍，有可能有用的线索好像都已经找到了。不对，多年刑事案件的经验告诉关朗，破案的节点往往在一些所有人都会忽略的、无意义的点上。从这个角度分析，小柯做得最无意义的事是什么？关朗继续在屏幕上写着，将小柯的所有行为都列在了文档里。他看到了它，数独。小柯说过，她喜欢玩各种智力游戏，数独，接龙，魔方。难道这四个关键词就是某种游戏？关朗将四个词按照不同的次序排列。因为这四个词的指向过于明确，似乎怎么样排列意思都是一样的。不可能这么简单的，她可是能在 3 分钟完成标准数独的人。关朗就这样，从不同的方向和侧面去破解这个谜一样的游戏，却一直没有找到合适的突破口。他看着屏幕上这张证件照，突然看到证件上面有一个钢印，北京 ×× 外语学院。既然她的身份是冒充的，为什么还要做得这么真，弄一个钢印，难道这也是线索？她说过她是英文专业毕业。

关朗利用 Google 翻译了这四个关键词。

crash

Mars

energy

rescue

关朗看着这四个单词，首字母，cmer？关朗将这四个字母输入翻译软件——环境资源管理中心。关朗在图书馆浏览过冷湖开发的历史，这个中心，他觉得有点儿眼熟，在图书馆的资料里肯定出现过。

4

一大早，活动领队开车带领关朗穿过了本地最壮阔的一段雅丹，领队的一只手把着方向盘，一只手向关朗介绍着他们的父辈在这一片地区波澜壮阔战天斗地的英雄事迹。

车子停在了一排废弃的土屋前面。那些土屋明显已经被废弃多年，多数只剩下当年的一半儿那么高。木质的房梁和巨大的椽子随意倒塌着，方圆几百米就像人类匆匆灭绝之后的景象。

就是这间，这是之前的指挥部，那个中心之前也在这里办公，什么也不剩了。领队从荷包里掏出一根烟点着了火，在屋前蹲了下来。

关朗朝那片废墟走去，在小柯的注视下。

尾 声

小柯站在这个奇异的空间，无数的时空和数据从小柯的眼前掠过。她看到了在她降生的那一天（其实也不过才一年），作为数据的记忆是如何侵入她的大脑，她看到了所谓真实的自己，是一辆火星探测器，23天的时候经过那个奇异的地点之后产生了变异，被某种强大的力量所房获，探测器上的数据在往地底流淌。她一回头，一棵无边无际拥有无数粒子的发光树上，是一台巨大的透明机器在运转着，只有 0 和 1，数据流动，对应着人类文明的进程。

公元 260 年，其中一个字符串侵入，正在和一群孩子玩闹。

1954 年，一个字符串在荒漠中行进，为那个风尘仆仆的人标记了一个地方，那是新中国的第一口油井。

……

发表于《文学港》2021 年第 6 期

遗　嘱

1

北京最美的是秋天，秋天最美的是银杏，这所有人都知道。今年"公司"窗外的银杏叶落得很早，宿舍里的暖气也提前半个月就来了。我每天趴在二楼的窗台向下看，对面院子里的停车棚旁边有一棵树，最顶上残存着几粒红透了的石榴，不知道是什么原因，那颗石榴就这么存在着，在众多鸟雀经过的树上。摊在桌上的笔记本被我写了大半，我没有想到，这是我第一次写这么多的字，我试着去理清这个关于"老板"的故事，关于我的故事。

在北京，我最熟悉的就是北新桥到东四那一带，准确地说是东四北大街，走在那条街上我就觉得安心。那天"老板"就是派我去东四北大街上的一条胡同，干那件事。我从来没听说过那条胡同，从胡同口进去的时候，我打开手机里的导航软件反复确认了好几次，确实是那里，没错。往里走，经过一棵枝叶茂盛的银杏树，还有 30 多米到目的地的时候，胡同旁边的公厕对过无缘无故地放着两张黑色的皮沙发，有个穿牛仔外套的男人蹲在皮沙发旁边抽烟，对着墙壁。我突然想抽一根烟，我以前从来没有这种冲动。我走到皮沙发前面，男人回头看着我，这是一张失去了文明世界种种迹象的脸，他的像雄狮一样散开的胡子对着我，两只浑浊的眼睛让你一眼就看得出来，这是一个还处在睡梦之中的男人，他肯定失去睡眠很久了。

我装作是个路人。能给我来根烟吗？

男人从裤兜里摸出烟，红色的烟盒已经塌下去一大半，被压得很扁，不像还有烟的样子。但是他抽出来一支，替我点上。

给。

谢谢。我接过烟，使劲吸了一口。一团辛辣带着丝丝甜味儿的气体瞬间冲进了我的肺里，我不自觉地吞了一下，将这团气体咽了下去。我准备说点儿什么。男人起身走过了转角，变戏法似的手里拿着扫帚和蓝色的铁皮簸箕，一抬扫帚，轻轻将脚下几个黄黑色的烟头带进了簸箕里面。

快进去吧。男人指指胡同里面的那一扇红色大门。

我一个字也没说。

大门口挂着木牌子，提示我没有进错门，看得出来这里的工作人员很用心，木牌子的四周用干枯的花草包裹着，像是一个很小清新的点缀。一个穿灰色制服的年轻女性走过来，引导着我穿过一个青色砖块的长廊，走到了四合院的后面。

您好，请先在休息室填一下预约信息。工作人员给了我一张表和一支圆珠笔，我填上个人信息后，她将表和笔都收走了。您好，请您稍等，您前面还有三名客户，待会儿我过来叫您。

我点点头。原来她们对我的称呼是"客户"。这个称呼我太熟悉了，在"老板"那间卖户外设备的小店里，有很多"客户"走进来走出去，我还会对每一个客户鞠躬，我甚至比她们做得更加专业。在进来之前，我设想过无数次，这是一个什么样的神秘地方？肯定很安静，像是一个太空舱，安静，而且干净。深红色皮沙发显得厚重而典雅，我往后靠了靠，喉咙里泛起了一股干涩的气味儿，有些怪怪的，都是那根烟害的。

之前在网上查资料的时候我看过一些案例，有人因为紧张，到这里来之后竟然忘了怎么走路，只能硬生生地站在门口，被工作人员抬进来。还有人在录制视频的时候直接晕厥过去。真是丢脸。休息室里空空荡荡，也有可能是因为这屋子太高，在屋子的正中间有两根红色木柱子支撑着，至少有五六米。进门的地方有两扇一人高的屏风，上面画着一些仕女，甩着长袖子，在唱着什么。我坐到靠近门口的沙发上，想听得更清楚一点儿，但是她们也站起来远离，像是在躲着我。我有些生气，毕竟现在我的身份可是"客户"，我从来不会这么粗暴对待我的客户，在店里，我每个月都是优秀员工。凡是登山上的事情，没有我不清楚的，而且我"具有耐心"，"老板"告诉我的。我的"老板"是一位好人，他知道我每天下午需要去另外一个"公司"，他同意我每天只在上午工作，下午可以去那家"公司"。想到"老板"，他现在肯定坐在货架后面泡茶，用上个月刚买的那个自动上水的冲泡壶。我的喉咙不自觉地动了一下。我站起来，走到外面。

刚才进来的时候有些紧张，我没有抬头。原来这个院子还挺大的，不远处有一棵很高的柿子树，柿子树旁边搭了一些木头架子，应该是给紫藤搭的，但是并没有紫藤，也可能是有过但是死了，围着木架子的四周摆着凳子。我顺着凳子看过去，发现在拐角的地方坐着一个人。我走了过去，坐在那人的身边。

是一个女孩儿，年纪不大，应该跟我差不多。她背对我，弓着腰坐着，一只大腿压在另外一只大腿上面。手里拿着一根瘦长的女人烟。她没有抬头看我。

我特别想跟一个人说话，那个强烈的感觉让我的嘴唇都在颤抖。

你……你好。我终于控制住了自己的嘴唇。

女孩儿回头看了我一眼，我看到了她眼睛里面快要冲出来的愤怒。看到这双眼睛，我又紧张了起来。可以给我一根烟吗？

女孩儿没有犹豫，顺手就把手里那根抽了一半儿的烟递给我。

我赶紧接过来插进嘴里。

后来我问过李寒，为什么当时要把手里的烟给我。她说就是不告诉我。

那根烟是薄荷味儿的，我喜欢。我静静地抽着烟，好像找到了一些抽烟的诀窍，烟雾在我的肺里变得很乖，不像之前那样横冲直撞了。

抽完烟，带我来的那个灰色制服的工作人员走了过来。

3号到了，李小姐。

女孩儿站起来跟着她走了，往我们来的方向走去，应该是走到了前厅。

我走在木架子旁边的长椅上看着那棵柿子树，现在是夏天，柿子树的叶子还都好好地挂在树枝上，有些鸽子会偶尔飞到柿子树上站立一会儿，然后飞走。鸽子起飞的时候，会发出"呼呼"的哨声，很好听。

没一会儿，工作人员叫到了我。那间神秘的办公室装饰得很亮丽，有三个人坐在桌子的另外一边，桌上显眼的地方摆着一架摄像机，上面放着一张打印的纸条，纸条上的字写得很大，意思是摄像机正在录像。

我很顺利地就填完了表格以及按照模板抄写的声明和视频证据。主要是我的财产不多，没什么好想的，而且我填的是捐献给慈善机构，并没有什么继承顺序上的问题。

填完资料，工作人员送我走出红色的大门。我伸着头往里面看了看，长长的走廊没有人，我有些失落。但是胸腔里的薄荷味儿还没有消失，我把右手伸进上衣的荷包里，摸了摸那根细细的烟头，软软的，还有些温度。

没想到她坐在这里。她看起来是在等一个人，有可能是我。看我走过来，她又把手里的烟递给我。我接了。她从手提包里翻出另外一支烟，不是女人烟，点上。

来，坐着抽吧。她拍了拍旁边的沙发。

我坐下来，看到这根烟的烟嘴上有一圈淡淡的红色。

怎么也来这个地方？她吐出一大口烟雾。

别人叫我来的。

他妈的，真不是东西。她突然把刚抽了一口的烟扔在地上，伸出鞋子踩住了。

怎么了？女孩儿身上有一种神秘的吸引力，让我的目光紧紧追随着她的脸。

你有空吗，一起吃个饭？她问我。

吃的是老北京涮锅。她叫了一瓶牛二，拿两个喝啤酒的大杯子，一人一杯。自从进"公司"后，我被禁止喝酒，但是现在是下午，我明天早上去"公司"，以我之前的酒量，我感觉应该没有问题，便拿起了杯子开始喝起来。

李寒告诉我，刚在那个地方她差一点儿就气哭了。她和她的那个男朋友，算是未婚夫，一起来的，未婚夫先进去，完事了轮到她。她看了一眼未婚夫的遗嘱，上面竟然有四套房。

他妈的，我们俩跟别人合租了大半年，住在那间常年看不到太阳的次卧，他说他在北京有四套房，搞毛啊。

我安慰他，这不是坏事。

原来他这样看我，我真的没想到。李寒自己大口喝着牛二。真没想到，他应该去当演员，他妈的，跟我演戏，之前我还纳闷，好端端的立什么遗嘱。哎，你怎么来这里的。

别人叫我来的啊。

谁叫你来的？

我"老板"。

爱谁谁吧，来喝酒。

我们一直喝到很晚，饭店打烊的时候才走，是李寒结的账，我没有钱，我的钱都在"老板"那里，他帮我保管，说怕我被人骗。

出饭店后李寒的两只手就拉住了我的肩膀，隔着薄薄的衣服，我感觉得到她热乎乎的乳房，这是一种全新的感觉，我之前从来没有感觉过。李寒在街道拐弯的地方抱住了我，把舌头伸进了我的嘴里。这对我来说也是第一次。舌头的感觉跟烟很不一样，软软的，有刚吃过的羊肉的香味儿，过一会儿又变成甜甜的。我闭上眼睛，完全被李寒所控制。女孩儿真美妙。

我们站在街边吻了好久。等我清醒过来。李寒已经伸手叫到了一辆出租车，她坐进出租车冲我招招手，消失在昏暗的路灯里。

幸亏这里离"老板"的店不远，我还记得来时的路。夜晚的凉风吹在身上很舒服。我觉得脚下轻飘飘的，以为是在做梦。我知道我的毛病，最大的毛病就是老是分不清楚梦和现实，每次我觉得自己在做梦的时候，发生的事情往往是真实的，而我很确定是真实的事情，"老板"又告诉我是在做梦。到后来我就留了一个心眼，不管做什么，我都会留下证据，比如刚刚。我把右手伸到荷包里，就摸到了两个烟头。

好久没有在晚上走在北京的街道上了，因为老板不让，而且每天上午 8 点我就要赶到"公司"，在顺义的另外一个胡同里。我每天早上 5 点 45 分起床，坐 756 路公交车，到一个地方换乘 404 路公交车，然后就能到"公司"门口。我坐公交车不用花钱。"公司"里的人不多，他们不叫我"客户"，而叫我"先生"，每个人对我都很礼貌，而且提供午餐。我一般在"公司"也没什么事做，就待在"办公室"里陪那缸金鱼。那里的金鱼每一只都有名字，但我总是记不住，因为它们总是会动。我看过其他"办公室"，每一间"办公室"都有一个鱼缸，但是里面的鱼不一样。上班时间不允许随意走动和说话，我没有跟"公司"里的任何"同事"讲过话，好几年了。关于其他"办公室"有鱼缸这事，还是我偷偷利用上厕所的间隙在别人的门缝里偷看到的。我不知道其他"同事"会不会这样做，偷偷看我的金鱼。我一般在午餐后坐公交车回到"老板"的店铺里。"老板"的店铺很大，在一个商场的底层，专门卖户外装备，准确地说主要是户外登山装备，背包、帐篷、衣物、炉具、鞋袜、睡袋、刀具、睡垫、绳索、导航设备、食品、头灯等等，凡是你有可能在户外用得着的东西，在这里都可以找到。

"老板"第一次领我到店里的时候，我差一点儿就昏过去。"老板"说是脑子转得不够快，所以容易死机。但是现在我就不会死机，我熟悉这些东西，而且敢跟"客户"说话。有的客户很凶，但是我不怕，因为我会笑，没有人能够对一个一直对你笑的人凶。只要我笑得足够真诚，时间足够长，"客户"总是会下单的。"老板"很好，经常夸我，说我"有一手"，没白把我从"公司"领到店里。

刚来店里的时候，"老板"就安排我在店旁边的一个小屋子睡，我现在也在那里睡。商场每天晚上9点准时关门，我就把店里的卷闸门也拉上，上到街道去散步。开始的时候，我经常一个人在街道上走到天亮，有时候忘了时间，没有按时走回去，好几次老板已经到店了我还没到。后来"老板"就规定不准散步，不然把我送回"公司"。不散步之后，"老板"给了我一部手机，让我学着玩游戏和看电影，但是我对这两样都不感兴趣。我还是喜欢散步。后来我发现手机上有个导航的软件，可以切换到实景模式，拿手指往前点，我就可以一直走下去，也可以走到天亮，直到"老板"敲隔壁的铁门。

2

那个人进门的第一秒我就注意到了，虽然我是反着坐的。他穿一身过于宽松的灰黑色运动服，左手拿着一只手机。右边脸的颧骨处有一颗黑痣，跟照片上一样。我看到他跟着工作人员走到了屋子里。透过玻璃看进去，他坐在屋里的沙发似乎有些不安，翻来覆去地在动，对着那几张中国屏风。不一会儿，他终于坐不住走了出来。于是我拿出一支烟。在这之前我其实是不吸烟的，吸烟对皮肤不好，而我的皮肤，是我认为我身上第二满意的地方，第一满意的，当然是这对乳房。没有男人能够站在我的面前而不看着我的这对乳房，虽然很多男人会假装，特别是那些见我第一面假装看着我眼睛的男人，在他们闪烁的眼光里，我看到了心虚，甚至愧疚。这样的男人，即使有女伴，肯定也是"飞机场"。他们说"飞机场"是现在的潮流，只有脑子不好的人才会去追求大胸，说这是低层次的审美，人类原始的生殖冲动。这些道貌岸然的伪君子，在夜总会的时候，我遇到的人都很真。他们打量女人的方式让我觉得特别真诚，有的时候甚至会感动，会在心里默读某一篇很久远的诗歌。干我们这行的，拥有像我一样素质的人不多，至少我没见过第二个。遇到小龙之后，我的生活开始真正有意思起来。以前在床上扮演的那些角色，实在是太儿戏了，没有任何延伸和内涵。真正的表演者都在生活里面，是小龙启发了我，让我的生命变得有意义，某种意义上，是他赋予了我生命的意义。我追随于他，同时听命于他。这是一个像黑洞一样的男人，我不得不沦陷进去，但是我心甘情愿。我们很少见面，最近一次却恰恰就是昨天。他给了我一张照片，就是刚才进来的

　　　　　　　　　　　　　　　游荡者　|

这个人。他让我勾引他，并爱上他。我们罕见地做了爱，在酒店的天台上。

我不知道该不该站起来走到那个人的面前，好让他看到我的身材，我的胸。就在我犹豫着抽几口烟的时候，他自己走了过来，站在院子里的木架子旁边。我想试探一下，听小龙说，这个人有些奇怪，让我注意一点儿。我见过的奇怪的人多了。

他主动跟我要烟。我把手里已经吸了一半的烟递给他。他想都没想就接住了，插进了他的两片嘴唇之间。他的这个动作意思就很明显，而且真实，我喜欢这样的男人。

根据之前的安排，陈实排在我前面，我算好了时间，在他录视频的时候我需要走进去，然后大吵一架，因为他骗了我，这个骗子。那个人站在我面前抽烟，他明显不会抽烟，连我也不如，他把烟雾全部吞进了肚子里，但是并不咳嗽，看来他有一个结构奇怪的气管、胸腔和肺。我们没怎么说话就到了时间。我进去的时候陈实正在录那段视频，站在陈实身边的工作人员见我进来有些惊讶，因为这里每次只允许一个客户进来。陈实回头看我，眼睛里真的能够看到爱，这个可怜的男人。

我伸手就给了他一巴掌，因为他骗了我。

他站到我身边开始解释，为什么要隐瞒我，他家在北京有四套房的事情，以及为什么要跟我合租那一间朝北的次卧，还没有暖气。他承认他骗了我，但是我不应该生气，因为按照之前商量的，他在遗嘱里已经把一切都留给我，当然，假如他意外死亡。这个傻瓜。

他扑进我的怀里，将头埋进我隔着毛衣的胸里。要不是我伸手抱住了他，我怀疑他会当场在那间房里跪下来，求我原谅他。我当然会原谅他，但不是在那个时候，我得按照计划来。

陈实的遗嘱弄完之后就回去上班了，我也按照计划立了像他一样的遗嘱，只不过我没有多少钱。在夜总会这些年赚的钱，全送给"公司"了。弄完这一套流程我走出院子，坐到了胡同口拐弯的沙发上，打电话给小龙，告诉他一切顺利。现在在等那个人出来。

那个人走到我身边来的时候，我又把嘴里抽了一半儿的烟递给他，他又接了，我知道有戏。抽完我提议一起去吃涮锅，入秋之后，陈实一直在忙，我好久没吃涮锅了。我点了一瓶牛二，和那人一人一大杯，他也没有拒绝。拿到他的照片后我问过小龙他是谁，小龙说也是"公司"的，而且现在还待在"公司"，每天待一上午，下午帮小龙看店。从"公司"出来之后，我还没见过"公司"其他人，认识认识也不错。小龙说不是认识，是爱，要爱上，让他爱上你。

那人酒量也不错，大杯的酒喝完了话也不多。出门的时候我亲了他，很奇怪的感觉。我很少主动亲别人，别人也很少亲我。我把舌头伸进他的嘴里，他好像有些怕，舌头一直在躲避，但是我还是抓住了。

我故意把他放在饭店门口。听小龙说，他刚从"公司"出来的时候有晚上在大街上散步的毛病，但是被他制止了。他自己应该回得去，我看他拿了手机的，而且是智能机，肯定可以导航，不然那间遗嘱办公室的四合院可不是好找的，他也找到了。我到家的时候已经过了零点，但是陈实还没回来。在写字台的台面上放着下周出行的计划，车票、住宿、衣物、登山设备这些东西的购买清单，都是陈实自己网上查来的。登山这事是我提议的，当然，其实是小龙，他让我提议的。陈实当然没有拒绝，他几乎什么都不拒绝，因为他说我们就要结婚了，然后共享彼此的人生和生命。为了这事，他上周末的时候还特地团购了一个短期速成班，练习了登山的一些基本技能。他说到时候在山里他教我，很

游荡者

简单的。

3

李寒是一个特殊的人，虽然当时夜总会的灯光闪烁，打在她的脸上显得有些轻浮。但是她的眼睛不一样，那是一双奇怪的眼睛。她仿佛看到了一切，又仿佛什么也没看到。在她面前的有一大排男人，像是在寻找猎物一样。准确地说他们其实是在寻找慰藉，而不是猎物。那天晚上，那个男人终于盯上了李寒，我也死命地盯着。但是他首先放弃，落寞地坐进角落里。我带着李寒走到他的面前，把李寒交给了他，然后离开了。

没隔几天，我再次见到那个男人，他还是坐在之前的那个位置，李寒坐在他的旁边。我走过去后他让李寒走开了，和我喝了起来。我们喝的是洋酒。他说自己是一个白领，在互联网公司工作，平时工作很忙，没有女伴。到这里来的人都有各种各样奇怪的理由，这不奇怪。我们喝得越来越多，他再次告诉我，他父亲之前在北京开厂做家具，留下了很大的产业，父亲死后将遗产全部留给了他，但是父亲临终留下遗嘱，必须结婚后才能拿到财富，但是他连一个女伴都没有，所以他只能在互联网公司干着，加班加点，没有希望，偶尔来这里消遣一下。

要是能够找到女伴结婚，我就去立遗嘱，我死后钱都留给他。真的，这是真话。

他趴在我身上，两眼放着血红色的光。

我把歪在门口发呆的李寒招呼过来。

我觉得她就挺不错的。

他摇摇头，没有女孩儿会爱我。

我说可以试试。

李寒爱上我已经一个星期了。我给他布置过任务，在夜总会，我只能是普通客人。李寒对我的任务绝对会坚决执行。在这一个星期里，我从里到外重塑了李寒。她说是我启发了她，赋予了她意义。这听上去像是一个软件工程师给产品加载了必要的程序。

我让李寒送男人回去。看着李寒扶着男人的样子，我觉得他俩还挺般配的。这是计划的第二步。因为第一步，发生在更远之前。

我没有朋友，当然，这个已经变成了禁忌。多年以前，我喜欢跟我的那群朋友在北京城深深浅浅的胡同酒吧里闲逛，蹦迪，喝酒。我们每天夜晚都会出动，一群一群，四处流窜，像是一群游荡在森林里的野马。自从"公司"建立之后，我们都得适应这种没有朋友的生活。很多人产生了各种各样的心理问题，不得不一直待在"公司"。而我，是那群人中唯一一个一次都没有进过"公司"的人。我的诀窍在于看电影。我不怎么出门，每天待在家里看电影，战争片，动作片，爱情片，动画片，什么电影都看。看到后来，我就只看一种片子，悬疑破案的片子。这种片子有独特的魅力，不看到最后你不会知道故事的真正顺序和案情，而且还考验人的观察能力和反应能力。而这些能力，正是当时的生活所必备的能力。用了好几年昏天黑地的时间，我把世界上能找到的这类片子全部看完了，一部不漏。看完的那天，我躺在床上，感觉获得了一种莫名的启示，我审视自己的生活，甚至审视以前人类的生活，和别人的生活。走在大街上，我看着别人迎风飞舞的衣袖，以及腰带上微微鼓起来那一小团，我就能在自己的脑海里构架出来一部电影。可以随意拉动的时间轴，合乎逻辑的剧情发展，连蒙太奇的剪接方式和机位的选择以及详细的分镜头都会显现出来。与其说是一部电影，不如说是拍摄电影的全过程，我都能想象得出来。

后来我开了一个小店，在一个大型商场的负一层，专卖各种户外装备。每晚店铺关门之后，我就在大街上晃荡，看我的"电影"，因为世界上所有的这类电影都被我看完了，这是不得不的选择。

那天，一个男人低着头，抱住电线杆在吐，明显是喝多了，他的身边没有女伴。按照规定，我不能接近他，因为我也是男人。我慢慢走过了他。听到他在喃喃自语。我又往复走了几遍才听清。他竟然在抱怨"规定"。按照最新的"规定"，没有女伴的男人将不能获得职场上的晋升。我很少碰到对"规定"发表意见的人，甚至这是第一次。有可能是因为他喝多了，但是他提起了我的兴趣。在我从他身边走过来走过去的时候，我一直在观察他。这个人从头到脚都平平无奇，是一个连我都找不出故事的人。这一点很罕见，在遇到他之前，我还没碰到过这种情况。我像一个第一次遭遇思路卡壳的作家，在他身上，我的想象力竟然无从发挥。没过多久，大街上的行人就绝迹，他依然趴在电线杆上，但是没有呕吐，像是睡着了。

我问他为什么。

他向我讲了一个故事，虽然声音很小，但是因为我靠得足够近，还是听清楚了。大意是他出生于富裕家庭，母亲很早就去世了，跟父亲关系不好。父亲留下了一笔财产，但是必须要找到女伴才能继承，他很苦恼，因为他没有找到女伴的能力，所以他觉得自己永远无法继承那一笔财产。他可能以为自己是在做梦，讲完他的故事他就醒来，跟跟跄跄地往前走，他没有回头看站在他身后的我。我一直跟着他，进了他住的小区，看到他住的那栋老房子。

在回去的路上，我的脑子终于找到了可以支撑的点。很久以前我就不再满足于将故事只映射在自己的大脑里，我有一种想要参与的冲动，我想进到故事里面，作为某一方势力。我构建了一个故事，我计划帮他实现愿望。

经过一段时间的尾随，我弄清了他的作息规律。怪不得第一次见他的时候，我会有那种感觉。他的生活确实乏味，无休止的加班，然后是去夜总会喝酒，抱住路边的电线杆呕吐，然后回家睡觉，周而复始。尾随了好几个月，他都没有找到愿意跟他回家的女伴。

我打算利用这一点。我在夜总会等他，然后就看到了李寒。

4

和李寒（我罕见地记住了她的名字）喝完酒的第二天中午，我刚从"公司"赶到店里，"老板"不在，我听到有电话在响。接起来，没想到是她。她问我昨晚是不是喝多了，我说没多，只是有点儿头晕，走走就好了。她笑了，我不知道有什么好笑的。她问我有没有时间见面，我说得等到下班，9点后。她同意了。说还是去昨晚那家涮锅，再请我吃一顿，有事请我帮忙。

我挂上电话，感觉有些不对劲。李寒怎么知道店里的电话，因为我自己都不知道这个电话号码。但是转念一想，也许我知道吧，无意中记下来了，而且喝完酒本来头就晕乎乎的，可能也就想起来告诉她了。我知道自己有时候有点儿问题，像前面提到过的，主要是有时候会分不清现实和梦，虽然我睡觉很少，但是我会做梦，哪怕是醒着的时候，我的脑子里都会自己做梦，我能感觉得到。

这天"老板"没来，9点一到我就卷上铁闸门走到楼上的商场，顺着昨天回来的路往那个涮锅店赶。快到那条街转弯的地方，我看到一个人站在电线杆旁边，像一块木头。走近了才看清是李寒。我记起来了，这是昨晚我们接吻的地方。

她背靠着电线杆，在抽烟。我拍了拍她的肩膀。她扔掉烟，牵着我手走到店里。

刚才在外面天太黑没看清，李寒穿一件长款的卡其色风衣，很酷。她一坐下来就脱下风衣，从风衣的口袋里拿出一个硬壳的笔记本。我看着那个笔记本，我不知道是什么意思。

没什么，我刚从图书馆回来，做做笔记。她又从风衣的口袋里掏出一支圆珠笔。来，点菜吧。

这次她点了两瓶牛二，我俩一人一瓶。我看着这瓶牛二，感觉有些心虚，我喝不了这么多，但是我没说，还是用喝扎啤的杯子倒了满满一杯。这一杯喝完，我感觉眼前就虚了，什么都在晃动，锅里的肉和眼前的桌子都在动。李寒跟我说登山的事，然后圆珠笔握在了我手里，笔记本在动。动着动着，一切又突然停止了。再次睁开眼的时候，我已经躺在了店里的单人床上，我按开手机看了一眼，凌晨 3 点 14 分。像是被一盆冷水从头淋下来，我感觉清醒极了。仔细回想李寒跟我在涮锅店的事，她好像让我帮她买一点儿登山用的装备。

距离去"公司"还有两个小时，我又想出去走走。起床侧身的时候，我发现外套左边的荷包里硬硬的。我伸手摸出来，是一个笔记本，就是李寒手里的那一本，里面还夹着一支圆珠笔。看来我喝多了也没有忘记自己这个小小的习惯。我把笔记本和圆珠笔放进抽屉里，就当她送给我的礼物吧。

早晨的风吹在脸上凉凉的，但是很湿润，跟北京白天的风很不一样，像是走在海边。虽然我从来没有去过海边，也不能这么说，人类不就是从海里上来的吗，而我是人类，所以我应该去过海边。

中午从"公司"回来的时候，"老板"坐在店里泡茶。他看到我，招招手让我过去。

最近干得不错。他推给我一杯茶，让我坐下。待会儿去把那个快递发出去吧。

我喝着茶心想，是什么快递。

在那边。他指了一下柜台，上面放着一个纸盒。

我点点头。

喝完茶我去看柜台上的那个纸盒。户外装备最上面放着一页纸。是李寒的地址。

早点儿送到快递点吧，干得不错。老板说。

我抱起纸箱往外走。脑子里迷迷糊糊记得昨晚李寒跟我说过要买一些户外装备的事情，但是我上午还来不及跟"老板"说，他怎么就知道了。难道是前天？我有些迷惑。不对，是今天早上我把笔记本和圆珠笔放进抽屉的，而不是昨天。上楼的时候我拿起发货清单，帐篷、炉具、睡袋、睡垫还有一套绳索，对，李寒说过她和未婚夫在结婚前准备去爬一座山。

在快递点我填了订单，上面写了我的名字，但是我没填电话，因为"老板"没有给我设置电话号码，他说我用不上。

晚上 8 点 55 分的时候，李寒打来电话，看来他记得我是 9 点下班，刚好提前 5 分钟打来。她说已经收到了纸盒，谢谢我，他们明天就出发。我说了几句无关紧要的话，反正也不知道说什么。虽然她亲过我，还是第一个给我烟抽的人，她乳房的感觉我也记得，但是她要结婚了，这没什么办法。

第二天中午我回店里就知道了这事，李寒的未婚夫死了，从山崖上面摔下来，当场断气了。是李寒打电话给我，但是我不在，"老板"接的电话。

"老板"看着我，像是不认识我。

警察肯定会找过来的。老板说。

警察？我没听明白老板的话。

你是不是忘了检查昨天寄出的装备？

我想了想，昨天我抱着纸盒就到了快递点，确实没有检查装备。

听客户说，是登山绳断裂才掉下去的，已经报警了，警察肯定会找过来的。我第一次看到"老板"紧张。

整个下午，"老板"都坐在货架前面的桌子旁边喝茶，那些茶好像是跟他有仇。我坐在柜台后面也很紧张，一个人死了，虽然他是李寒的未婚夫，但是也是一个大活人，就因为我没有做检查，摔死了。

警察比我想象的要来得晚，下午6点多，吃晚饭的时间，三个警察走到了店里。

谁是×××？一个戴着警帽的胖警察敲了敲铁闸门。

我举起了手，像是在"公司"里的点名。

胖警察朝我走来，另外两个警察护卫着他。他把手里的一页纸放在柜台上。这是你填的快递单吧？

我看了一眼，说是的。

那就带到局里说吧。胖警察拿出手铐，走到柜台里面铐住了我。

我被胖警察带到店门外站着，另外两名警察朝"老板"走去。"老板"带着警察去了隔壁我的宿舍。

不一会儿，他们就出来了，手上什么也没拿。

真是一个猪圈，其中一名警察满脸的嫌弃。也不知道对员工好一点儿。

是是。"老板"附和着。

警察带着我往上走，我回头看了一眼，"老板"对我点了点头，好像在夸我。我有点儿怕，不知道局里是什么样的，长这么大我还没去过局里，我待得最多的地方是"公司"。我想到明天上午我有可能去不了"公司"，心里就有些失落，不知道金鱼会不会想我。

局里其实很干净，甚至比"公司"还干净。警察人都不错，他们问了我一些问题，让我待了一晚，第二天吃完午饭就用车送我回来了，对我也很客气。

下车吧，这事儿跟你没关系。胖警察挥挥手。

我下车穿过商场往地下走的时候，想到"老板"昨天对我点点头，但是又不确定，因为没有"证据"，我什么都不能确定。我看到"老板"站在店门口在等我，似乎比昨天更着急。

你看看你干的好事。他指了指柜台上。

我走到柜台，上面摆着一些东西。两个烟头，看得出来其中一根是女人烟，还有一个笔记本和圆珠笔，旁边有一页纸，一把刀，和一些绒线。

我明白了，都是一些跟李寒有关的东西。

你怎么能喜欢她？你知道她是什么人吗？"老板"指着烟头。我还以为你不是这种人，才把你从"公司"接出来的。这些都是在你的宿舍找出的，你还有什么好说的。"老板"很气愤，拍着柜台的台面，上面摆放的东西都跳起来了。

别以为你干的这些好事我都不知道，别忘了我是干什么的，我看过的电影可不比任何人少。你是不是喜欢一个叫李寒的女人？

我点点头，我确实有些喜欢她，特别是她柔软的舌头。

所以你捡了她吸过的烟，你怎么这么恶心。要是我推测得不错的话，这根女人烟上肯定能检测出你的 DNA。纸上的这些东西都是你写下来的吧，到时候警察会测笔迹的，你为什么刚好把绳子圈起来，说明绳子有问题。还有这把刀和绒线，要是我猜得不错的话，你就是用这把刀把登山绳的每一根纤维都挑断了，表面上绳子完好无损，实际上那是一根已经完全断裂的绳子。

我看着"老板"发怒的脸，那张脸正在变形，和李寒的脸开始重叠。我脑子出现的第一个场景，是那天"老板"派我去立遗嘱，我坐在大厅里看到屏风上的画里很吵，所以走到院子里，李寒把还没抽完的烟丢在地上跟工作人员走了，然后我走过去捡起那根烟，吸了一口，把烟雾直接吞了下去，出门的时候再次遇到李寒，我们去吃涮锅，然后认识了。第二个场景是李寒第二次请我吃涮锅，说要买一些设备，凌晨从店里醒来后我拿出新买的笔记本写了这些东西，在登山绳上画了圈，然后用小刀挑断了登山绳的每一根纤维，早上出门的时候我跟"老板"说了有人要买装备的事，我找了一个纸盒，将那些东西都装进纸盒，放在了柜台上，准备下午来店里寄出去。

我一屁股坐在地上。一个模糊的男人不断在我眼前摔下，流血，飞起来，摔下，流血，飞起来，我感觉脑子都快炸掉了。我跪下来，求"老板"叫警察抓我回去。

开庭之前，检察院指定的辩护律师就告诉我，案子对我很不利。在烟头上检测到了我和李寒的DNA，小刀上检测到了我的指纹，那些被挑断的纤维，经过仔细比对，就是摔死李寒未婚夫的绳子上的。而那一页采购清单，正好和笔记本被撕下的一页纸的接头刚好可以接起来。

但是你不用担心，因为你是"公司"的人，他们拿你没办法的。律师走的时候拍拍我肩膀。

在法庭上我再次见到了"老板"，他竟然跟李寒坐在一起，他有些闷闷不乐。

庭审完，法官允许我和"老板"单独会见10分钟。

"老板"那种迷惑的眼神又出现了，他好像不认识我。

李寒的未婚夫在北京根本就没有房子，他妈的，这个傻×，他也是"公司"的人。"老板"丢下这句话就摔门走了出去。我看着老板摆动的风衣，笑了出来。

发表于《雨花》2021 年第 1 期

道　歉

从洗手间出来的时候，我看到宋老师坐在自动售卖机旁边的皮沙发上看夕阳。从 32 楼看下去，不远处的望京 SOHO 像是一个造型精致的小摆设，天空显得很低，那一大片已经刷爆朋友圈的火烧云渐渐在收尾了。除了宋老师外，整层公司里的人都行色匆匆，周五全天是每个部门开例行会议的时间，CEO 会深入各部门听负责人的汇报，以往的这个时候，宋老师总是握着一罐儿即食的听装咖啡，陪 CEO 从一场会议的中途穿到另外一场会议的中途。

昨天听另外一个编辑部的同事乔伟说，新来的高级副总裁不喜欢喝咖啡，而是喜欢喝冰红茶，从下周起，公司的自动售卖机便只卖冰红茶了。乔伟像个女孩儿一样撅起嘴巴，做出他标志性的白眼儿表情，算是在表示他的不满，但是他的脸上又是笑着的。我走到自动售卖机旁边，里面刚好还剩下最后一罐咖啡。我挨着宋老师坐下来，把那罐咖啡递给他。

宋老师接过咖啡，对着我笑了笑，说，真是夕阳无限好啊。

看着他脸上那副尴尬的笑容，我心里某条神经被触动了，五味杂陈，不知道说什么好。我把宋老师手里的咖啡接过来，低头帮他拉开铝制拉环儿，递到他手里。他一仰脖，咕咕咚咚喝下一大口。宋老师什么时候来的？我问。

来了没一会儿，也没什么事。他说。

我尬在那里，呆呆地看着窗外。

宋老师作为我们内容部之前的负责人，他的 title 是副总裁，要是按照传统的路数，那他算是我师傅。三年前要不是他收留我，带我进入这行儿，我现在肯定还在五环外哪个小公司编那些让人想起来就恶心的标题党新媒体文章。按照公司之前的架构，公司的三个编辑部都有各自的主编，而宋老师作为内容部门的总负责人指导主编的工作，偶尔听宋老师在吃饭的间隙提到，他之前有四五年幼儿园绘本教师的工作经验，后来才转到现在这家专做儿童故事的公司。五年时间，这家当时的初创公司成长为行业独角兽，每次一开策划会，在场的同事都会被宋老师天马行空的想象力所折服，从故事创意到人物形象塑造，再到 IP 版权的衍生开发和相关授权，他总是能一针见血地点到核心。在我看来，宋老师对公司作出的贡献跟创始人不相上下。但是一周前，公司突然空降一名高级副总裁，卡在宋老师和 CEO 之间。这个姓陈的VP，也不知道是什么路数，据传言是公司一个重要投资人的亲戚，之前在深圳一家擦着法律边儿的网络小说公司管行政。几次开会后，大部分人都知道了这是个什么货色，大家私下都说 CEO 要么是被什么女人蛊惑，要么是头脑发昏，这个人不仅不懂内容，连最基本的职场情商都没有，好好的内容策划会变成了他私人分享吹牛经历的时间，有时候说得都忘了自己坐在什么场合，把他跟一些女人的瓜葛也扯出来，搞得现场的女同事只能低头看着手里的笔记本发呆，男同事故作猥琐地赔着笑。没多久就传出风来，这个 VP 就是专门为挤走宋老师准备的。我进公司这三年来，公司发展飞速，一轮轮数字越来越大的融资金额不可能不让人心动。随着人员的暴增，人事方面的变动也变得越来越微妙，隔三岔五就要出一点儿幺蛾子，但是这次闹得宋老师一两个星期直接不来上班，美其名曰休年假。谁都知道年假只是公司为了应付法律的摆设儿，从 CEO 带头，在宋老师之前没有任何人休过年假。HR 的负责人早就放出过话，那些真想休年假的人先去人事部门办完离职手续再休，想休多久休多久。

宋老师这么多天没来上班，我的心里有些愧疚，好几次点开他的微信对话框不知道该跟他说点儿什么，无论是关心还是安慰，都说不出口。陪着宋老师看了一会儿夕阳后，我默默地溜回自己的工位上，坐立不安。

没一会儿，宋老师发来一条微信："手续都办完了，从明天起我就跟这家公司没关系了。我没怪过你，你别放在心上。"

我盘着手机，像是盘着一对儿老核桃。宋老师这事儿，要是放在纯粹的职场层面上，我之前的做法也是无可厚非的，但是作为一个人，还是一个大学时期喜欢看各种文学作品的人，那天回家之后我失眠了整整一夜，我是从哪件事哪一天变成现在的我？从某种程度上来说，这种变化不是一夜之间发生的，而是一个量变导致质变的累积过程。我终于把信息发出去了。

宋老师，待会儿晚上有事吗？好久没单独跟你吃木屋烧烤了。

在我刚来这家公司的时候，木屋烧烤是我们部门的根据地，几乎每个周六加完班的晚上，都会约上编辑部的同事一起撮一顿，很多时候都会喝到转点，我就是在那段时间体会到酒这种东西的妙处。我甚至开始学着去理解我爸，在我上初中高中那些年，每次看到我爸喝多了一点儿就躲他躲得远远的，与其说是害怕他，不如说是厌恶，从心底里泛起的彻底厌恶。

宋老师回复了一个字，好。

在我的印象里，这还是我第一次单独跟宋老师一起吃饭。宋老师之前是一个完全没有领导架子的人，一到饭点就在群里招呼，很快就有五六七八个人响应，一群人浩浩荡荡去楼下吃煎饺、米线或者赶时间的时候就 711 的中餐盒饭将就着，反正在公司里无论做什么总是一大群人。我跟着宋老师的时间长，照例拿着菜单自顾自地点菜。宋老师是湖南人，既不挑食也不挑口味。他之前提到过，是在某次持续半个月的加班之后出现的不明后遗症，食物对他来说完全没有任何感觉，仅仅是作为充饥的功能。但是为了照顾他人的情绪，他总是会像在公司会议上赞美他人一样，不吝赞美各种食物的味道。点完一堆烤串，我悄悄抬头看了看宋老师，他的眼神落寞，盯着桌子上那一大玻璃瓶的柠檬水。

"尿人乐"来几个，宋老师？我指着菜单反面的酒水笑嘻嘻问他，想把压抑的气氛搞起来一点儿。"尿人乐"这说法儿也是宋老师教给我的，据他说，在京城的酒局圈子里有一句人人都知道的贯口儿，"喝酒就喝绿棒子，尿人才喝尿人乐"。"绿棒子"指的是燕京啤酒，而"尿人乐"则指的是雪花勇闯天涯。

那就先来一打？宋老师扯出一个笑容，比哭还难看。

那行。

我掏出手机，扫描桌子上的二维码，点了酒菜。还没到两分钟，一堆酒先上来了，服务员起开三四个。我给宋老师和自己都满上杯。正在我犹豫着，这第一杯怎么提的时候，宋老师先端起了杯子。

来，去年就跟你说好了的，今年团建再去一次青岛，海鲜蒸汽大锅再搞一次，看来没机会了，咱哥俩走一个。

我端着酒杯有些发愣，这是宋老师第一次称呼他跟我为"哥俩"。虽然关系走得近，我大部分时间都叫他宋老师，偶尔在饭桌上叫他"老宋"，他则一直叫我志刚，跟其他同事一样，不带任何感情色彩地省去了姓氏。

任何酒局都是这样，第一杯是最难的，这一杯是酒局的基调，就像唱歌儿要先选定一个 key。

我刚在办公室就琢磨，我人虽然走了，那几个主编你也知道，都是跟我好长时间的，我应该还说得上句话，我明天跟他们都打个招呼，让他们照顾一下你，公司里面的这些事你多问问他们。宋老师拿起酒瓶，给我俩又都满上了。

我感觉到我的脸上有些发烧，而且很肯定不是刚刚喝下去这杯酒的原因。幸亏上菜小哥解救了我，一大堆串上上来，我帮着忙放在锡纸盛菜盘上，锡纸下面有一根小小的蜡烛在燃烧。再接着，我脑子里的影像就开始模糊了，我的酒量我是知道的，三瓶"尿人乐"就到顶，所以我一般是看得多喝得少。但是今天的酒是宋老师点的，而且都是一杯一杯地来，我根本就招架不了几下子。

每年总有几次，喝完了酒，回到东五环外的那间次卧后我才开始后怕。我一个人坐在床上，脑子完全停止了转动，连刚刚我是怎么从楼下爬上来的都不知道。我住在5楼，而且没有电梯。我试图去启动自己的大脑，回想在烧烤桌上的事情。虽然刚过去也许还不到两个小时，但是想要捕捉那些画面，就跟试图去捕捉一年前某个普通的深夜做过的一场梦一样困难。我不敢确认那句话是否从我的嘴里说出过。

一大早，宿醉未消的我抓起枕头底下的手机，是父亲打来的。我一下子从床上弹起来，冲到洗手间狠狠地用冷水搓了几下脸。我不想父亲能听出一丝一毫我喝过酒的事实，他是个酒鬼，我可不是，我不想他的预言成真。在我多次跟他因喝酒起冲突之后，他早就向所有亲戚都宣告了，我们杨家人没有不喝酒的，等我到年纪就知道了。我一直记着他的这些话。

还没起来吧？父亲的语气里带着一丝未卜先知的优越感。

起来了，正准备去吃早饭。我使劲地舔了几下嘴唇，往喉咙里吞了几口口水，让自己的声音显得没那么疲惫。

道 歉

哦，那我想错了，怕你大早上的还在困醒，没打电话吵你。你秦叔在楼下，你去接他一下。

我的脑袋迅速运转了起来，"秦叔"这个名字怎么这么熟悉，但就是想不起来。

你说的是我现在的楼下？我有些激动地问。刚才脑子太迟钝，一下子没抓住重点。

是的，就是你住的楼下。快下去接一下，他现在是村书记了，态度放好一点儿。父亲的语气很和蔼，就像村里我记忆中的那些老人说话的感觉。

你怎么知道我的地址？

上次你妈给你寄晒干的鱼腥草，抄的地址还在，我就给你秦叔了。

你怎么不提前征求一下我的意见？我有点儿恼火。

你妈不是跟你说了吗？我是你爸，我跟你征求什么意见？父亲恢复了惯常的说话口吻，我听得也更亲切一些了。我突然想起来，大概半个月前，我妈是跟我提过一次，说村书记要到北京来走动一下，其实就是找那些从村里出来后有了一定经济条件的人要钱，美其名曰为回馈家乡。中国有句老话，富贵不还乡若衣锦夜行，再吝啬的人对这样的事情都不会轻易拒绝。我爸之前当小队长的时候也跟前任的村书记一起出去要过几次这样的钱，后来小队里另外一个大家族跟我们杨家起了冲突，村书记为了缓和矛盾，把小队长的位置给了那个大家族才算了事。从此之后，我爸就变得有些怪。

那怎么办？我有点儿六神无主，脑子里和肚子里都空空荡荡的。

你搞快一点儿，你秦叔在下面已经等你半个钟头了。说完这句话，父亲就挂掉了电话。

我快速整理了一下思路，看来我爸是动了真格儿的，我不得不下去一趟。秦叔到北京来找有钱的老乡要钱，为什么要来找我？我想起来我妈确实跟我提到过，但是好像当时我也没追问，每次她打来电话我都是心不在焉地应付着，她说的无非是那些千篇一律的母亲对在外游子的话，或者是一些找都找不到人说的家长里短。在那一瞬间，我有点儿想打个电话给我妈，但又怕把她吓着了。来不及多想，我套上外套就往楼下赶。刚出单元楼的门洞，一个挺拔的男人后背站在落满枫叶的人行道旁边，我有一种感觉，那就是秦叔。我往前走，试探着用普通话叫了一声。男人回过头来，那张脸比我印象中要年轻很多，也精神很多。

是志刚吧？他说的老家方言。

是是是，不好意思让你久等了。

大周末的早上，是我吵了你。

秦叔拿起放在树下长凳里躺着的一个背包，是一个黑色的皮面双肩包。

好多年没见你了，老早就晓得你在北京做记者，莫忘了老家的人啊。秦叔从裤兜里摸出一包烟，打开烟盒，朝我伸过来。

不会抽不会抽，秦叔莫客气，应该是我给烟你抽。我连忙走到秦叔身边，把他手里的双肩包接过来。

我和秦叔走到小区门口，我本能地拿出手机准备滴滴打车，秦叔一招手已经拦下了一辆出租车。我们坐进出租车的后排，秦叔给驾驶员报出了那个小区的名字。

哎，高档小区啊。驾驶员转过身子看着我俩。

在车上我才搞清楚这件事的原委。原来秦叔这次要拜访的老板是搞印刷厂发家的，他不知道听谁说我在北京当记者，当记者不就是写文章发表在报纸上的吗，报纸不就是印刷厂印的吗，我也搞不清这些奇奇怪怪完全不相干的信息链条是怎么组织起来的。先不说我从来没当过什么记者，而是互联网公司的内容编辑，印刷厂好像也并不都是印刷报纸的。我懒得跟秦叔掰扯这些东西。他说他不会跟有知识的人打交道，特别是这位王总，之前还当过老师，而我跟王总好歹也算是同行，同行见面有得聊，所以把我带上。反正已经上了出租车，看来跟这位王总见面是不可避免的，我开始在脑子里想一两个待会儿可以直接甩出来的话题。这也是宋老师教给我众多工作方法中的一条。想到宋老师，今天是他恢复自由之身的第一天，不知道他是怎么过的。

经过两重安检之后，我们被一辆引渡车送到一栋别墅门前。刚下车，别墅的大门打开，走出来一个穿着羽绒马甲的老人，在这个季节，穿羽绒马甲还稍早了一点儿。秦叔抢先一步跑过去，跟老人的手握在一起。秦叔把我介绍给王总，说我在中央的一个什么报纸当记者，并发出年纪轻轻前途无量的感叹。我也懒得去解释。王总握住我的右手后，左手找上来在我手背上轻轻拍了两下，看来是秦叔刚刚那几句毫无根据的引见起了作用。我看着王总的脸，总感觉有那么一丝丝的熟悉，也许是错觉，是因为我先知道他是老乡所以才生发出熟悉的感觉。

我们三人在硕大的红木沙发上坐定之后，秦叔就一直在"目标"的外围绕圈子，这样的技巧我是多次在其他人那里见识过，显然他跟这位王总并不熟悉，搞不好跟我一样是第一次见面。终于，半个多小时之后才聊到王总的印刷事业，我端正身体，看来是用得上我的时候了。但是王总一解释，说他印刷厂做的是包装纸箱纸盒子，因为北京的环保要求，他的产业已经多数撤到北京以外的河北廊坊，甚至是山东下面的一些县城。我看着秦叔，他好像也没料到是这么个情况，三个人陷入了需要没话找话的尴尬。我们默默地喝了好半天功夫茶，秦叔才想到了另外一个话题，提起王总之前在我们村里的小学当过老师。

那是好多年前的事情了，那个时候你恐怕还在地上爬泥巴玩儿。王总看着我说。

我不知道这算不算一个玩笑，但还是笑了起来。那是什么时候的事情。我问。

1998年，我总共就待了一年多。王总泡茶的手法熟练，来了一套"关公巡城"。

哎？1998年，我就在村里的小学啊，上二年级。我说。

不会吧？我当时就教二年级的数学，没你啊。王总一边给水壶上水，一边说。

难道您是王清源老师？我小声说。

王总把烧水壶的按钮按下去，瞪大眼睛看着我，又看看秦叔。书记，你刚说记者叫什么名字来着？

杨志刚啊。秦叔说。

不对不对。

我初中的时候改过名字，我之前叫杨志强。我说。

王总手里拿着的茶海明显抖动了一下，差一点儿从手里掉下来。

你……你还记得我吗？王总的脸色变得严峻，直直地盯着我。

原来是您啊王老师，好多年没见您了。

哎呀，原来你们是师徒关系，志刚，今天你算是来对了，今天就算是认门了，反正都在北京，以后多跟王老师走动走动。我感觉得到秦叔松了一大口气。

秦书记，志强，哦不对，志刚，今天中午一定要吃个便饭。我跟志刚有很多话想聊聊。王总忽然变换了一种语气，低调中带着谦卑。

对对，好好聊聊，志刚在北京当记者，年轻人视野开阔脑袋也灵光，肯定有很多经历和见解，我也想学习学习。秦叔对我点点头，伸手拍了拍我的膝盖。

要不是在饭桌上王老师再次提起，那件事早已消散在我的记忆中。

之前在王清源老师家里客厅的时候，因为三个人坐在宽阔的客厅里，距离较远，而且不熟悉，所以我并未发现王老师的异样。酒过三巡之后，我在王老师嘴里又变回了"志强"，而秦叔，则变成了"杨书记"。有时候连"杨"这个姓他也想不起来。但是在反复提及的那件事情上，经过一次又一次记忆的回溯，王老师甚至将我上二年级那个普通的早上的天气都复述出来了。我恍恍惚惚地提着酒杯，甚至开始怀疑自己的记忆，是在他反复详尽的描述之后才产生的，这件事也许并没有发生，是他一厢情愿臆想出来的。

据他说，那天早上有些邪门，早读还没结束，太阳就已经挂到了正午才应该在的地方。我所在的二年级班上本来应该坐着36个同学，却缺了一个人，这个人叫陈刚。我的脑筋转起来，我已经多年没在老家长住，但是陈刚这个名字我还记得，也不知道是两年前还是三年前，反正是老家那一块儿开始兴起养鸡场的那段时间发生的惨剧。太具体的细节我描述不了，反正是冬天大雾的一个早上，陈刚作为搬运工坐在副驾驶上，加长的厢式运蛋车撞到马路边的楼房上，车毁人亡，而且是以一种血腥的方式，陈刚的脑袋被削掉，县公安局出动大批警力和警犬找了整整三天，最后还是宣布不知所终。为了凑出一个全尸，听我妈说他老婆最后是找一个什么公司定制了一顶假脑袋下葬的。车祸这事儿固然是惨烈，还有更蹊跷，当时坐在车上的驾驶员竟然只受了一点儿擦伤和脑震荡。不知道是哪里来的传言，本来死的应该是驾驶员而不是陈刚，在撞车前的那一瞬间，驾驶员猛打方向盘，将副驾驶那边的车头甩到了即将撞上的房屋上，牺牲陈刚，保全了他自己。

在陈刚二年级的时候，他已经是我们村小学最出名的学生，用教过他的众多老师的话来说，他是死皮肉，既不怕吓也不怕打。在那时候的学校里，老师是绝对的权威，家长送孩子到学校来都是求着老师"关照"，要打要骂都行，不像现在，家长还会倒过来找老师的麻烦。最多的"关照"是"吃棍子肉"，让学生一个个排好伸出双手，老师拿着有韧性的老竹条，让学生"吃饱"为止；还有一种常见的"关照"是"吃栗子肉"，当然不是真的栗子，而是老师手指坚硬的关节，这种方式多是对付脑袋的。后来学校说脑袋就不要碰了，会越打越笨，于是又换成了跪"狗儿刺"（方言，学名八角刺），一排一排的狗儿刺放在讲台旁边，让学生撩起裤腿跪在上面，尖利的刺尖儿扎进膝盖里，并不会出什么血，仅仅是疼而已。这最后一招是杀手锏，对付收拾不了的学生，最多一两次就能见效。但是陈刚是例外，老师几乎找不到什么收拾他的方法。那天早读快要结束的时候，陈刚才摇摇晃晃地出现在教室门口。新来不久的王清源老师经过几次试探，已经知道陈刚是油盐不进，打骂都没用。那天他想到了一种新办法，他让陈刚站在黑板前面，全班同学排着队去抽陈刚的耳光，每人抽三下，而且必须出全力。同学们都很兴奋，他们从来没试过这种玩法儿。陈刚本人也没有什么意见，呆呆地站在那里。

你知道吗，要是谁可以抹去我脑子里关于那天的记忆，我情愿把我的钱都给他。王老师说话的舌头大了，两只眼睛也绯红。它折磨了我，这么多年。

我感觉得到，酒精在流进我的血管，冲上我的太阳穴，一点一点儿地，我都想起来了。我又回到了二年级那天的课堂，排在一大队人身后，等着去抽那位叫陈刚的同学三个大耳光。我也不知道当时是哪根筋扭着了，我看着排在我前面的同学一个个耳光下去，陈刚竟然在笑。由于他的笑，耳光的力度明显在加大。而他笑得却更加灿烂。很快，我就排到了队伍的最前面，陈刚那两坨被扇红的脸蛋儿就在我面前。我感觉自己的两只手臂在消失，它们不再受我的管控，而是失去了知觉。整个教室像是陷进了真空一样，没有了任何声音，我甚至感觉不到时间的流动。这样的对峙不知道持续了多长时间。据王老师说，他先是让同学去掰我的手臂，掰不动。后来他亲自上手。而我的手臂就像是长进了自己的身体里，跟大腿外侧连接在了一起。由于全班同学注视的目光，王老师最后实在下不来台，伸出自己的手掌狠狠抽了我三个耳光，才结束了当时尴尬的场面。

二年级结束之后，村里的小学被撤销，并入镇中心小学。我要起得更早，走更远的路去到镇上。王老师是民办老师，就地买断了工龄下岗。当然，这都是他醉眼蒙眬地告诉我的。之后他就跟着村里的一个表叔到了北京，先是去建筑工地，后来收废品赚了一些钱，辗转多个行业之后开起了印刷厂，一举奠定了现在的经济地位。

随着桌上的空瓶子越来越多，王老师也越来越激动，已经从饭桌对面坐到了我这边的沙发上。一个没注意，王老师突然身子一个趔趄，跪在了沙发旁边的地上。他的动作太快，我和秦叔都没有反应过来是怎么回事。秦叔走过去试图将王老师扶起来。王老师一挥手，将秦叔推开了，说，我没喝多。王老师狠狠地抓住我的两只手，看着头顶的天花板，我仿佛听到他正在祈祷。很快，我的耳朵就被声音塞满了，我听到酒精开始哗啦哗啦地流到我的大脑里，我听到那场关于宋老师的批斗会，我听到自己在会议上对宋老师的每一句评价，全都是假的，我在解雇宋老师的决议里投下了自己的一票。我摇摇晃晃地甩开那双捏住我的手，站

　　　　　　　　　　　游荡者 ｜

起来，从荷包里摸出手机，我要买两张去青岛的机票，一张是宋老师一张是我的，我们去青岛啤酒厂喝塑料袋装的鲜啤，就像去年这个时候一样，我也要跪在他的面前，向他道歉。

发表于《长城》2021年第5期

道　歉

图书在版编目（CIP）数据

游荡者 / 马亿著 . -- 北京：作家出版社，2023.5

（21世纪文学之星丛书·2021年卷）

ISBN 978 - 7 - 5212 - 2215 - 9

Ⅰ.①游…　Ⅱ.①马…　Ⅲ.①中篇小说 – 小说集 – 中国 – 当代　②短篇小说 – 小说集 – 中国 – 当代　Ⅳ.①I247.7

中国国家版本馆 CIP 数据核字（2023）第 046588 号

游荡者

作　　者：马　亿
责任编辑：李亚梓
特约编辑：赵　蓉
封面绘画：余幼幼
装帧设计：守义盛创·段领君
出版发行：作家出版社有限公司
社　　址：北京农展馆南里 10 号　　邮　　编：100125
电话传真：86 – 10 – 65067186（发行中心及邮购部）
　　　　　86 – 10 – 65004079（总编室）
E – mail: zuojia@zuojia. net. cn
http: // www. zuojiachubanshe. com
印　　刷：唐山玺诚印务有限公司
成品尺寸：142 × 210
字　　数：208 千
印　　张：8.875
版　　次：2023 年 5 月第 1 版
印　　次：2023 年 5 月第 1 次印刷
ISBN 978 – 7 – 5212 – 2215 – 9
定　　价：49.00 元

作家版图书，版权所有，侵权必究。

作家版图书，印装错误可随时退换。